Irmela Körner
Witwen

Irmela Körner

Witwen

Biographien und Lebensentwürfe

Patmos Verlag Düsseldorf

Die Deutsche Bibliothek – CIP-Einheitsaufnahme

Körner, Irmela:
Witwen : Biographien und Lebensentwürfe / Irmela Körner. –
1. Aufl. – Düsseldorf : Patmos Verlag, 1997
ISBN 3-491-72372-8

1. Auflage 1997
Umschlagbild: Henri Matisse, Die Frau mit dem Schleier,
© Succession Matisse/VG Bild-Kunst, Bonn 1997
Satz: Fotosatz Moers, Mönchengladbach
Druck und Bindung: Bercker, Kevelaer
ISBN 3-491-72372-8

Inhalt

Die Leistung der Frau in der Kultur

(Auf eine Rundfrage)

1.

Zu deutsch: »Die klägliche Leistung der Frau«.
Meine Herren, wir sind im Bilde.
Nun, Wagner hatte seine Cosima
Und Heine seine Mathilde.
Die Herren vom Fach haben allemal
Einen vorwiegend weiblichen Schatz.
Was uns Frauen fehlt, ist »Des Künstlers Frau«
Oder gleichwertiger Ersatz.

2.

Mag sie auch keine Venus sein
Mit lieblichem Rosenmund,
So tippt sie die Manuskripte doch fein
Und kocht im Hintergrund.
Und gleicht sie auch nicht Rautendelein
Im wallenden Lockenhaar,
So macht sie doch täglich
die Zimmer rein
Und kassiert das Honorar.

3.

Wenn William Shakespeare fleißig schrieb
An seinen Königsdramen,
Ward er fast niemals heimgesucht
Vom »Bund Belesener Damen«.

Wenn Siegfried seine Lanze zog,
Don Carlos seinen Degen,
Erging nur selten an ihn der Ruf,
Den Säugling trockenzulegen.

4.
Petrarcas Seele, weltentrückt,
Ging ans Sonette-Stutzen
Ganz unbeschwert von Pflichten, wie
Etwa Gemüseputzen.
Doch schlug es Mittag, kam auch er,
Um seinen Kohl zu essen,
Beziehungsweise das Äquivalent
In römischen Delikatessen.

5.
Gern schrieb ich weiter
In dieser Manier,
Doch muß ich, wie stets,
Unterbrechen.
Mich ruft mein Gemahl.
Er wünscht, mit mir
Sein nächstes Konzert
Zu besprechen.

Mascha Kaléko

»Witwen kenne ich nicht«

ODER WIE ES ZUR BESCHÄFTIGUNG MIT DEM THEMA KAM

»Witwen – nein, kenne ich keine.« Wann immer ich im Kreis von Freundinnen und Bekannten über meine Idee erzählte, die Situation der Witwen in unserer Gesellschaft an einigen exemplarischen Beispielen schreibend zu erfassen, um ungeplante Lebensbrüche und deren Bewältigung zu dokumentieren, erntete ich zunächst hilfloses Erstaunen. Wann immer ich nach Namen, Tips oder Anregungen fragte, stieß ich zunächst auf kühle, teilweise sogar empörte Zurückweisung. Unbewußt reagierten viele meiner Gesprächspartnerinnen mit genau jener vorsichtigen Distanz, die jungen und alten Witwen heute in unserer Gesellschaft auf vielfältige Weise entgegengebracht wird. Häufig werden Witwen zu Unrecht aus der Gesellschaft der Paare ausgeschlossen. Sie sehen sich nach dem Tod des Partners in eine Rolle gedrängt, in der sie ausschließlich über den nicht mehr existenten Mann definiert werden und dementsprechend oft nachgeordnet oder gar nicht beachtet werden. Ein Anhängsel und Überbleibsel. Sie sind Überlebende, die der Tod heimgesucht hat, ohne daß sie selbst gestorben sind. Sie erleben im persönlichen Umgang die Abwehr, mit der in der Gesellschaft auf Tod und Sterben reagiert wird. In einer Gesellschaft, in der Gleichberechtigung und Emanzipation für Frauen inzwischen als selbstverständlich gelten, auch wenn die strukturellen Benachteiligungen längst nicht überwunden sind, ist diese Stigmatisierung in besonderem Maße schmerzlich und befremdend. Der Wandel, der sich bei der Frauenrolle im Lauf der Jahre und Jahrzehnte vollzogen hat, scheint in der gesellschaftlichen Bewertung vor den Witwen haltgemacht zu haben. Diffuse Berührungsängste, die aus dem merkwürdig gestörten und verkrampften Umgang mit Tod und Sterben resultieren, trüben den klaren Blick auf ihre Situation. Modernität und Autonomie, allenthalben von Frauen erkämpft und erwartet, lösen offensichtlich vor allem dann Mißtrauen aus, wenn Witwen diese Errungenschaften für sich in Anspruch nehmen. Sie werden dadurch nach dem Tod des Partners möglicherweise daran gehindert, andere als die traditionellen Lebensformen für sich zu verwirklichen. Die vielfältigen Lebensstile, im Zuge der neueren Frauenbewegung weitgehend selbstverständlich geworden, scheinen ihnen nicht zugestanden zu werden und bieten deshalb keine selbstverständliche Orientierungshilfe.

Häufig folgte in den Gesprächen der spontanen Verneinung auf die Frage nach Kontakten zu Witwen nach einigen Minuten, manchmal auch nach einer Stunde, ein erstauntes: »Ach, übrigens, da fällt mir ein.« Und dann waren wir schon mittendrin im Gedankenaustausch über Frauen, die von einem Moment auf den anderen, oder nach langer Krankheit und Leidenszeit des Ehemannes, Witwen geworden waren. Wir sinnierten über die Frage, weshalb uns heute der Status Witwe nicht mehr selbstverständlich präsent ist und ins Auge fällt. Bald drehte sich die Diskussion um die Wandlungen in der Mode, um den Abschied vom Ritual der öffentlich dokumentierten Trauer in Form der schwarzen Kleidung. Bestattungsformen, Erfahrungen mit dem Sterben, Todesängste, Krankheitsbilder und rechtliche Aspekte bestimmten den Gesprächsverlauf.

Wir reflektierten über bekannte verwitwete Frauen, über ihr Alter, den Beruf, die Kinder, über die Art, wie sie ihr Leben neu sortiert und gestaltet haben. Wir raisonnierten über die Vielfalt von Lebensformen, die sich in der Gesellschaft ausgeprägt haben. Wir debattierten über das Älterwerden und den Sinn von Wohngemeinschaften für alte Menschen. Wir stellten uns die

Frage, ob ökonomisch unabhängige Frauen, die erfolgreich im Beruf sind und deren Identität nicht ausschließlich von den Ehemännern abhing, mit dem Tod des Partners besser umgehen können als die sogenannten »Nurhausfrauen«. Immerhin verfügen Frauen über eine außergewöhnliche Fähigkeit zur Anpassung, nicht nur an Menschen, auch an Lebensumstände. Sie sind in der Lage, aus an sich unerträglichen Situationen Befriedigung zu ziehen, sie gestalten die Umstände und sind aktiv bemüht, aus Unverträglichkeiten das Akzeptabelste zu machen. Das – so debattierten wir – müsse sich doch im Witwenstand zu ihrem Vorteil auswirken. Doch Frauen, die sich mit der Heirat den patriarchalen Gesetzen und Anforderungen unterwerfen, die sie nicht als Person aus eigenem Recht definieren, sondern als Ehefrau des jeweiligen Herrn Gatten, sind mit diesem Akt auch merkwürdigen Verwandlungen unterworfen. Wie sehr entlarvt sich da die nach wie vor an Männern und männlichen Maßstäben orientierte Gesellschaft. Die Diskussionen über den Frauentypus Witwe bedeuteten schnell auch eine kritische Bestandsaufnahme des eigenen weiblichen Verhaltens, zeigten den Widerspruch zwischen Theorie und Praxis, den schwierigen Spagat zwischen Anspruch und Wirklichkeit. Das Wissen um die Bedeutung von Autonomie und Selbstbestimmung schützt nicht vor den konventionellen Reaktionen auf jene Frauen, die plötzlich nicht mehr in die eingefahrenen Schubladen passen. Patriarchale Fußangeln und Fallstricke allerorten.

Bald hatten wir im Gespräch eine stattliche Witwengalerie vor Augen, junge und alte, traurige und erleichterte, mutige und verzagte, einsame und unternehmungslustige, erfolgreiche und arme. Unterschiedlich die Biographien und Lebensentwürfe, die sozialen und finanziellen Bedingungen, gemeinsam für alle die Erfahrung vom Tod des Ehemannes.

Ob auch Witwen vorkommen, die bei ihrem Mann Sterbehilfe geleistet haben, wollte einer wissen. Wie empfinden Frauen, deren Ehemann durch den Freitod aus dem Leben gegangen ist, ein anderer. Wie hoch ist der Prozentsatz der Frauen, die nach dem Tod des Partners Erleichterung statt Schmerz empfinden, war eine ebenso spannende Frage wie jene, ob die Intensität der Trauer mit der Anzahl der Ehejahre wachse. Wie kann in der Ehe Flexibilität lebendig bleiben, die für später wichtig ist, wenn das Prinzip der bürgerlichen Ehe gleichzeitig auf Anpassung basiert? Namen prominenter Witwen von Yoko Ono bis Gloria von Thurn und Taxis schwirrten ebenso durch diese spontane Stoffsammlung wie Zitate über die altbekannte Witwe Bolte. Ob es nicht schrecklich bedrückend sei, nur über Tod und Sterben zu sprechen, wollten einige wissen, während andere das Interesse mehr auf die Regelung der Hinterbliebenenrente konzentrierten. Woher kommt die Bezeichnung »schwarze Witwe« für eine Spinnenart, und was genau ist eigentlich ein »Witwentröster«?

Fragen, Assoziationen, Bilder – ausgelöst durch das eine Wort: Witwe.

Ein interessantes Frauenthema, versicherten die einen, an dem sich der schwierige Weg von der nachgeordneten Rolle zur Autonomie dokumentieren lasse. Ein wichtiges Buch vor allem für Männer, prophezeiten andere. Besser jedenfalls als die Vielzahl von Frauenkrimis, in denen Witwen mit Arsen und Revolver, weniger mit Spitzenhäubchen am Werk sind, beseelt von der Mission, daß nur tote Männer gute Männer sind. Männer wollen lesen, daß sie gebraucht und vermißt werden, trauernde Witwen dokumentieren also die Bedeutung der Männer, war eine der Mutmaßungen. Wieder andere unkten, Feministinnen müßten den Tod des Partners nicht mehr beklagen, schließlich seien sie längst in der Lage, alleine zu leben, darüber hinaus über die Unzulänglichkeiten der Männer absolut im Bilde. Männer erinnerten mich vorsichtig mahnend daran, daß der Schmerz über den Verlust eines geliebten Menschen nicht nach Geschlecht zu trennen sei. Auch sie leiden, weinen, klagen, auch sie fühlen sich amputiert, empfinden die Schmerzen des Zurückgelassenen.

Eine Bilanz von Lernprozessen der Frauen zwischen Duldsamkeit und Aufmüpfigkeit, zwischen Anpassung und Widerstand erwarteten andere. Liebe, Ehe, Treue, Eigenständigkeit und Freiheit, Unterdrückung und Schicksal, Selbstaufgabe und Duldsamkeit, Glück und Unglück, Freude und Trauer – fast alles findet sich im Thema über Witwen auf eigenartige Weise zusammen, mit unterschiedlichen Akzenten und abhängig vom je eigenen Blickwinkel. Witwen in der Geschichte, in der Literatur, im öffentlichen wie im privaten Leben, ihr rechtlicher Status wie ihre gesellschaftliche Rolle bieten jedenfalls mehr als genug Anlässe zum Nachdenken. Beim Thema Witwen offenbart sich auch die Ignoranz der Männer gegenüber der Lebensleistung von Frauen, die hartnäckig immer wieder sprießt wie Unkraut. In der Mißachtung von Frauen verkennen viele Männer nach wie vor, daß das sogenannte Schattendasein der Frauen einerseits das Produkt ihrer männlichen Erwartungshaltung ist, andererseits ihre je eigene Leistung und Bedeutung wesentlich ermöglicht hat. Die Macht der Männer ist die Geduld der Frauen.

Anna Siemsen, die von ihren Freunden »Intelligenzbestie« genannte Pädagogin und Schriftstellerin, hat schon in den 30er Jahren im Exil bitter geklagt: »Es wird wohl nie in die Geschichte eingehen, wie sehr die Arbeit unserer bedeutenden Männer getragen, ja ermöglicht wurde durch solch stille, selbstlose und verständnis- wie opferbereite Hingabe von Frauen.« Die Hingabe reicht oft über den Tod des Mannes hinaus, die Frauen hüten und pflegen sein Andenken in stiller, ach so typisch weiblicher Bescheidenheit. Die Nachwelt flicht ihnen keine Kränze.

Der Stein, der schließlich den Anstoß für eine intensive Beschäftigung mit den Lebensentwürfen von Frauen nach dem Tod des Mannes lieferte, fiel mir mit lautem Getöse bei einem Geburtstagsfest vor die Füße. In die fröhliche Runde platzte mit einiger Verspätung der Redakteur eines angesehenen Kulturmagazins des Hörfunks mit der Nachricht, Carola Bloch sei gestorben. Ein kurzer Moment des Schweigens, dann machen Erinnerungen, Lebensdaten, Einschätzungen über Carola Bloch die Runde. Brecht, Eisler, Lukaczs, Kracauer,

Adorno, Chaplin, Heartfield gehörten zum Freundeskreis der mutigen Frau, die Architektur studiert hatte, aktiv in der KPD organisiert war und über die Partei praktischen Widerstand gegen die Nazis organisierte. Im amerikanischen Exil arbeitete sie als Verkäuferin, Vertreterin und Serviererin, um das nötige Haushaltsgeld zu verdienen, während Ernst Bloch an seinem »Prinzip Hoffnung« schrieb. Als er zu erblinden drohte, gab sie ihren Beruf auf, um als seine Sekretärin und Assistentin sein philosophisches Spätwerk zu ermöglichen. Bekannte Fakten aus dem aufregenden, vorbildhaften Leben einer großen Zeugin dieses Jahrhunderts, die nach dem Tod ihres Mannes auch als Witwe aktiv am gesellschaftlichen Diskurs beteiligt war. Der Redakteur des Kulturmagazins krönt seine Mitteilung über den Tod Carola Blochs mit dem stolzen Hinweis, er habe sich entschieden, keinen Nachruf auf Carola Bloch zu senden: »Sie war doch nur die Frau.«

Danksagung

Bei der Annäherung an das Thema Witwenschaft habe ich mich bewußt »nur« auf Frauen konzentriert. Ihre Erfahrungen beim Tod des Partners, ihre Schritte zurück ins Leben, ihre Kraft, ihr Mut, ihre Phantasie, ihre Freiheit und ihr Engagement außerhalb des Eigeninteresses haben mich interessiert und fasziniert. Ihre Offenheit im Umgang mit Tod und Sterben haben mich beeindruckt. Bei aller Traurigkeit fühlte ich mich durch ihre Stärke und ihren oft mühsam errungenen Lebenswillen immer wieder selbst ermutigt und bestärkt.

Das Vertrauen, das mir die Gesprächspartnerinnen entgegengebracht haben, empfand ich oft wie ein kostbares Geschenk. Manchmal haben wir zusammen geweint, mühsam die Tränen zurückgehalten, aber oft genug auch herzhaft gelacht. Jeder Augenblick war einmalig und wertvoll.

Allen, die mich durch Gespräche, Literaturhinweise und Anregungen während der Arbeit begleitet haben, danke ich. Mindestens ebenso bestimmend für das Gelingen waren für mich der Zuspruch, die Ermutigung, die Neugier, die Geduld und das Verständnis, von den Freundinnen selbstverständlich und fürsorglich offeriert.

Ich danke vor allem meinem Vater, Theodor Körner, für seine liebevolle Unterstützung und Hilfe beim Aufspüren mancher Texte, Namen und hilfreicher Literatur. Seine Geschichtskenntnisse waren ein Fundus an Ideen und Anregungen und Ansporn gleichermaßen. Ich danke Alfred Paffenholz für seine Dialogbereitschaft und das kritische Lektorat. Ich danke den Witwen, die mich durch die Gespräche über den Tod viel Hoffnungsvolles und Wegweisendes über das Leben gelehrt haben.

»Ich bin Witwe«

FACETTEN EINES FAMILIENSTANDES

Der Organist schwelgt in den Tasten und läßt das Halleluja zum Fortissimo anschwellen, während das frisch vermählte Paar benommen vor Aufregung die festlich geschmückte Kirche verläßt. Der Himmel trägt wolkenloses Blau an diesem Tag. Der kleine Park rund um die Hochzeitskirche protzt mit Grün und einer variantenreichen Farbpalette in den Rosenrabatten. Alles scheint intensiven Duft zu verströmen und sich besonders herausgeputzt zu haben. Die Hochzeitsgesellschaft gefällt sich in raschelnder Seide, fließenden Gewändern und den eleganten dunklen Anzügen zu frisch gestärkten weißen Hemden. Einige Gäste schwenken Blumen. Mütter tupfen verlegen ein paar Tränen der Freude und Rührung vom Make-up. Der Brautvater formt mit belegter Stimme merkwürdig steife Sätze vom besonderen Tag und dem Glück bis in alle Ewigkeit. Der Pastor schüttelt Hände und drängt die Kinder zu Knicks und Blumenstreuen in Reih und Glied. Die zunächst noch zögernden Hochrufe formen sich rasch zu einem gut aufeinander eingestimmten Chor der Gratulanten. Mit vollen Händen und Herzen werden Reiskörner und Segen über das beseelt lächelnde Paar ausgestreut. Kameras klicken und surren unentwegt, um keinen Augenblick des festlichen Rituals zu verpassen. Später müssen diese Dokumentationen helfen, die Besonderheit und Einmaligkeit der Situation wieder und wieder zu imaginieren.

So strahlend, so perfekt, so märchenhaft wie aus dem Bilderbuch, deckungsgleich mit dem gängigen Klischee vom kleinen

Stückchen Glück soll er sein, der Tag der Tage, an dem zwei Liebende den Bund für das gemeinsame Leben schmieden, erfüllt vom Glauben an die Selbstverwirklichung in vollkommener Zweisamkeit. Heiraten, so verraten uns die Trendforscher, ist in unserer an Ritualen und Geborgenheit verarmten Zeit wieder ein Ziel, aufs Innigste zu wünschen. Am liebsten mit allen Schikanen, für die Festkomitees, Frauen- und Fachzeitschriften Vorschläge en gros entwickeln. Blumig und bildhaft sind die Bezeichnungen, doch ob zwei in den Hafen der Ehe segeln, den Bund fürs Leben schließen, die Beziehungskiste amtlich besiegeln, die Ringe tauschen, ihren Kram zusammenschmeißen, sich dem Ehejoch beugen, einen gemeinsamen Hausstand gründen, eine gute Partie machen, oder ganz en vogue, mit Glockengeläut und Hochzeitskutsche, mit wehendem Schleier über dem Rüschenkleid und natürlich ganz in Weiß die Hochzeit feiern, sie zelebrieren den Augenblick und setzen auf Dauer. Pomp und Prunk, Glanz und Gloria beim offiziellen Schritt vom Einzeldasein zur Zweisamkeit stützen die Illusion von der selbstverständlichen Symbiose zwischen Liebe und Ehe. All die kostbaren oder kitschigen Assessoires beim Fest nähren den Traum vom Hochgefühl ohne Ende, vom Himmel auf Erden, in dem man sich am schönsten Tag des Lebens häuslich einrichtet bis in alle Ewigkeit. Davon erzählen auch die Märchen, die meist mit dem Akt der Hochzeit enden und die nachfolgenden Ehejahre verschämt im Dunkel lassen. »Und wenn sie nicht gestorben sind …« Märchenzauber, Traumgebilde, die der Realität selten standhalten. In der kirchlichen Trauformel haben sich die zukünftigen Eheleute gegenseitig versprochen, in guten wie in schlechten Zeiten füreinander da zu sein, fortan den Lebensweg gemeinsam zu gehen, bis daß der Tod sie scheide. Doch wer wird beim öffentlichen »Ja, ich will« auch nur einen Gedanken daran verschwenden, daß die schlechten Tage tatsächlich einmal kommen könnten. Mehr als zwei Drittel aller Hochzeitspaare kann bei der Eheschließung bescheinigt werden, in der Blüte ihrer Jahre zu stehen. Dabei leistet die Statistik Hilfestellung mit nüchternen Zahlen. Aus der durchschnittlich berechneten Lebenserwartung für Männer und Frauen läßt sich vertrauensvoll und mühelos folgern, daß die Jungvermählten den größten Teil ihrer Lebensjahre noch gemeinsam vor sich haben. Bei der Silberhochzeit wird es wieder ein Fest geben. An der goldenen Hochzeitsfeier geht er vielleicht schon am Stock, aber daß es dieses Jubiläum geben wird, scheint keinesfalls utopisch und außergewöhnlich.

Frauen werden laut Statistik älter, Männer haben meist einige Jährchen mehr auf dem Buckel als ihre Partnerinnen, sterben also früher. Vom Heute aus gesehen ist das ferne Zukunft. An einem von Sorgen oder Krankheiten ungetrübten Hochzeitstag sind die düsteren Unkenrufe nicht zu hören. Ahnungsvoll düstere Visionen auf mögliche Katastrophen finden bei einem Freudenfest keinen Nährboden. Scheidung, Ehekrise oder gar Tod des Partners kommen zwar im Leben vor, sie existieren in Romanen, in Klatschberichten aus der Prominentenszene, vielleicht auch in der Nachbarschaft oder in den Alltagsge-schichten vom Hörensagen, doch in der eigenen Vorstellungswelt, und gar am Hochzeitstag, ist dafür kein Forum vorhanden. Alle Lust will Ewigkeit, gerade an dem Tag der Tage. Da blüht die Illusion vom siebten Himmel, vom Himmel voller Geigen, da ist alles Jetzt und Hier und Heute. Für Morgen oder Übermorgen, für die Zukunft, die späteren Jahre, werden Pläne geschmiedet, Versicherungen abgeschlossen, Wünsche formuliert und Stützen eingezogen, die jedem Sturm trotzen sollen. »Ein Glückhaft-Schönes ist ein Glück für immer. Sein Liebreiz wächst und dauert, es kann nimmer im Nichtigen vergehn«, schreibt John Keats, der englische Dichter, den Brautpaaren verheißungsvoll ins Stammbuch, was gäbe es da zu sorgen oder zu zweifeln? »Immer soll die Liebe brennen nach dem göttlichen Gebot: niemand soll die Ehe trennen, niemand als allein der Tod«, heißt es in einem bäuerlichen Hochzeitslied des 19. Jahrhunderts. Da läßt es sich gut in Sicherheit wiegen, denn der Tod ist weit, nicht mehr als ein Wort, er hat keinen Stachel und keinen Platz in den Gedanken.

Wer käme beim Blick auf die geschmückte Braut im Siegerinnenlächeln auf die Idee, sie sich als Witwe in Trauerkleidung vorzustellen? Ihr Schleier ist weiß, nicht der schwarze der Klageweiber. »Geb sie mir Ihre Hand, Frauenzimmerchen! Topp! Über zehn Jahr ist sie Frau Generalin oder Witwe«, verspricht Major von Tellheim seiner Minna in Gotthold Ephraim Lessings Lustspiel vom Soldatenglück. Doch das makabre Gedankenspiel, es könne statt der Frau wirklich rasch die Witwe aus ihr werden, paßt nicht zum verklärten und überhöhten Idealbild einer Vermählung. Wenn dem Tod dennoch ein Gedanke gewidmet sein muß, gewinnt er allenfalls in der schön gefärbten Hoffnung Gestalt, daß er in fernster, nicht wirklich vorstellbarer Zukunft gnädig walten möge. Etwa so, wie er in der Welt der griechischen Vorstellung Gestalt gewann bei Philemon und Baucis, jenem Modellpaar der Antike, das in Liebe und Treue in Phrygien miteinander lebte. Viel hatten die beiden nicht, außer sich selbst und ihre Verbundenheit. Doch trotz ihrer Armut nahmen sie Jupiter und Merkur gastfreundlich auf, als diese Götter in Menschengestalt das Land durchwanderten. Das Ehepaar teilte mit den Gästen die wenige Habe und erbat sich als Lohn für die Gastfreundschaft von den allmächtigen Herrschern über Leben und Vergehen den gleichzeitigen Tod. Ohne den anderen oder die andere zu leben, schien den Liebenden schlimmer als Höllenqual zu sein. Die Götter der antiken Mythologie verstanden diesen Wunsch des treuen Paares, und als sich beider Leben dem Ende zuneigte, wurde Philemon in eine Eiche, Baucis in eine Linde verwandelt. Noch immer stehen die beiden Alten einträchtig nebeneinander, sie rauschen mit den Blättern, als erzählten sie sich etwas, sie strecken ihre Wurzeln tief in die Erde und aufeinander zu, sie legen im Frühsommer ihr Blütenkleid an und verströmen wundersamen Duft, sie tragen Früchte und spenden gemeinsam Schatten, allen, die ihn suchen. Das jedenfalls verrät uns die alte Sage, von der der römische Dichter Ovid in seinen »Metamorphosen« zu berichten weiß.

Welch tröstlich süßer Traum vom Glück, welch wunderbare

Hoffnung auf ein schmerzloses Ende eines gemeinsamen Lebens, in dem beide eins und doch verschieden waren. Welch krönender Abschluß für eine erfüllte Lebensgemeinschaft zweier Menschen, die im Gegenüber die zu ihnen gehörende und passende andere Hälfte gefunden hatten. So hat es Gottvater Zeus ja wohl auch geplant, als er die ursprüngliche Gestalt des Menschen gleich einer Frucht auseinanderschnitt und in zwei Hälften teilte. Vor diesem göttlichen Schnitt, so beschreibt es Platon im »Gastmahl«, war die ganze Gestalt jedes Menschen kugelrund, indem Rücken und Seiten eine kugelförmige Rundung bildeten. »Das Wesen hatte vier Arme und ebenso viele Beine, dazu zwei Gesichter auf einem runden Hals, durchaus gleichgeformt. Es hatte aber einen einzigen Schädel, der zwischen den beiden nach der entgegengesetzten Seite blickenden Gesichtern steckte, vier Ohren und zwei Schamteile, und die übrigen Körperteile alle so, wie man sich dies auf Grund des erwähnten Aufbaus mit der Phantasie ausmalen kann … Sie waren daher auch gewaltig an Kraft und Stärke und gingen mit weltumwälzenden Gedanken um.« Sie wagten sich sogar an die Götter heran, was denen keinesfalls behagte, bis Zeus eine zündende Idee entwickelte. »Jetzt werde ich nämlich jeden von ihnen in zwei Hälften schneiden, und so werden sie zugleich schwächer und für uns nützlicher werden, weil dadurch auch ihre Zahl vergrößert wird; und sie werden aufrecht einherschreiten auf zwei Beinen. Wenn sie aber auch dann noch zu freveln scheinen und nicht gewillt sind, Ruhe zu halten, werde ich«, sagte er, »sie nochmals in zwei Hälften teilen, so daß sie auf einem Bein herumhopsen müssen wie die Schlauchhüpfer.« Dazu ist es dann nicht gekommen, es blieb bei dem einen Schnitt durch die Menschen, »wie man Birnen zerschneidet, um sie einzumachen, oder wie man gesottene Eier mit einem Haar zerschneidet. Als nun so die Natur in zwei Teile zerschnitten war, erfaßte jede Hälfte die Sehnsucht nach der Vereinigung mit der anderen. Sie schlangen die Arme umeinander und hielten sich umfaßt, voller Begierde, wieder zusammenzuwachsen, und sie starben vor Hunger und

Lahmlegung der anderen Leibesbedürfnisse, weil sie, getrennt voneinander, nichts tun wollten.« In jeder der beiden Hälften brennt also seit der Teilung die Sehnsucht nach dem passenden Gegenstück, sie sind getrieben und beseelt von der Hoffnung auf die Vereinigung, sie erleben Liebeskummer und Eifersucht, Eros, Glück und Schmerz. Verlustangst beutelt sie ebenso wie das wohlige Sehnen in der Vorfreude auf gemeinsames Liebesglück. Sie verlieren sich im Selbstmitleid, wenn ihnen bewußt wird, daß sie halbiert sind, sie berauschen sich am gemeinsamen Begehren. Der messerscharfe Schnitt von Zeus hat in den Menschen die Fähigkeit für Empfindungen und Gefühle geweckt, für die Gott Amor einige passende oder auch verwirrende Ingredienzien in seinem Köcher bereit hält. Gleichzeitig hat der allmächtige Göttervater aber auch ganz praktisch die Zukunft im Blick gehabt. »Er verlegte die Schamteile nach vorne, damit sie in der Umarmung, wenn ein Mann mit einem Weib zusammenkommt, zugleich die Kinderzeugung bewerkstelligen und sich so das neue Menschengeschlecht fortpflanze.« Und offensichtlich in Kenntnis aller Spielarten der Liebe und Lebensstile fährt Platon fort: »Wenn aber ein Mann auf einen Mann träfe, sollte wenigstens die Befriedigung aus der Vereinigung erfolgen; sie sollten dann nach dieser Sättigung eine Pause machen und ihren Geschäften nachgehen und für ihre übrigen Lebensbedürfnisse sorgen. Seit alter Zeit ist also das Liebesverlangen zueinander den Menschen angeboren. Es will die Urwesen wieder vereinigen und versucht aus Zweien eins zu machen und die menschliche Natur zu heilen.« Ein uraltes, immer wiederkehrendes Prinzip, das in der chinesischen Weisheitslehre vom Yin und Yang, dem Nebeneinander für hell und dunkel, männlich und weiblich, Tod und Leben, ebenso anzutreffen ist wie in der modernen Psychologie. »Spürst Du nicht in meinen Liedern, daß ich eins und doppelt bin?« – diese Frage umfaßt auch im West-Östlichen Divan von Johann Wolfgang von Goethe sehr viel mehr als nur die Charakteristik des Ginko bilboa.

»Immer noch scheint es mir unglaubhaft, daß ich beides

habe bekommen können, die große Liebe und die Identität mit der eigenen Person. Und doch habe ich das eine erst, seit ich auch das andere habe. Weiß aber nun endlich auch, was Glück eigentlich ist«, schreibt Hannah Arendt an ihren Mann Heinrich Blücher. Vier Jahre nach dem Tod ihres Mannes veröffentlicht Marie Luise Kaschnitz eine der ergreifendsten Witwenklagen der Literatur, den Lyrikband »Dein Schweigen – meine Stimme«. Sie habe schreiben müssen, denn »Was ich bewahren wollte, war nur das Eins- und Doppeltsein. Ich wollte als einer von zweien gesehen werden und mit meiner Stimme, die andere, deine Stimme, noch immer vernehmlich machen.«

Die im vergangenen Jahrhundert entwickelte Rechtsform der bürgerlichen, vom Staat besonders geschützten Ehe und das darin enthaltene öffentliche Bekenntnis zum gemeinsamen Leben von Mann und Frau basieren – wenn auch unter anderen Prämissen – ebenfalls auf diesem uralten Prinzip von der Vereinigung zweier Hälften ohne Aufgabe der eigenen Identität. Ein Singledasein haben die Götter nicht im Sinn gehabt, denn es ist nicht gut, wenn der Mensch allein ist. Allerdings wurden im Verlauf der Geschichte je nach Gutdünken der Herrschenden die beiden Hälften immer wieder als ungleich beschrieben, in Abhängigkeit voneinander gehalten, keinesfalls aus reiner Liebe zusammengeführt und damit auch unterschiedlich in ihrer Wertschätzung und Bedeutung eingestuft. »Ehemann und Ehefrau sind eins, und das Eine ist der Mann«, postuliert Sir William Blackstone, Autor der Comentaries, die während des 19. Jahrhunderts als das maßgebliche Standardwerk des amerikanischen und englischen Rechts galten. Daß die »Weiber« dabei bis in unsere Tage den kürzeren ziehen, liegt für die Herren der Schöpfung und der Welt in der Natur der Sache. Doch Heirat als Lebensziel, das Finden eines passenden Versorgers im richtigen Alter, um nicht sitzenzubleiben, gar zur alten Jungfer zu werden, war für Frauen im Verlauf der Jahrhunderte eine entscheidende und zentrale Aufgabe, die die Gesellschaft von ihnen erwartete.

Zwischen dem Gläsersortiment, der modisch gemusterten Bettwäsche, den praktischen Küchenhilfen, den kunstvoll verpackten persönlichen Dingen, die sich auf dem Gabentisch für das jungvermählte Paar türmen, ist kein Gutschein versteckt, der ein so friedliches Happy-End wie bei Philemon und Baucis mit Brief und Siegel und einem Haltbarkeitsdatum von Dezennien versprechen würde. Einen Garantieschein auf den immerwährenden Erhalt der »besseren« Hälfte gibt es weder als Geschenk noch beim Ratenkauf. Der Blick auf die Statistik wäre durchaus geeignet, die erste Euphorie zu dämpfen, und läßt die Illusion vom ewigen Glück und dem immerwährenden Bund der Ehe zerplatzen wie eine Seifenblase. Jede dritte Ehe wird geschieden. Jede fünfte Ehe endet durch den frühzeitigen Tod einer der beiden Eheleute. Derzeit leben allein in Deutschland rund sechseinhalb Millionen verwitwete Menschen fast jeden Alters, der größte Teil davon Frauen. Zerhackte Zukunftspläne, gestörte Lebenswege, abgeschnittene Hoffnungen, vereitelte Geborgenheit, aufgezwungene Einsamkeit, verpaßte Chancen, nicht ausgelebte Wünsche, zerplatzte Träume, aus der Bahn geworfen durch den Tod. Von heute auf morgen, oft ohne Vorwarnung, ohne das Recht auf Widerruf. Das theoretisch vorhandene Wissen um die knapp bemessene Endlichkeit der gemeinsamen Zeit, die Möglichkeit zum Abschiednehmen, die Begleitung des Partners im Sterben, all das macht den Verlust um kein Gramm leichter, kein Quentchen besser. Aus der Traum von der Zweisamkeit. Wie gewonnen, so zerronnen. Vorbei, ein für allemal, die gemeinsamen Reisen, die Rituale des Alltags, auch die Streitereien, die Zweifel, die Zumutungen. Kein Abend mehr zu zweit, kein Morgengruß beim Aufwachen, nicht heute, nicht morgen – nie wieder. »Nicht gesagt, was von der Sonne zu sagen gewesen wäre, und vom Blitz nicht das einzig Richtige, geschweige denn von der Liebe«, wie es in einem Gedicht von Marie Luise Kaschnitz heißt. Nicht gesagt, nicht getan – zu spät. Vorbei. Der Tod kennt keine halben Sachen, er leistet ganze Arbeit und macht einen endgültigen Strich durch alle noch offenen Posten und Pläne. Kein Bitten, kein Weinen, kein betörend wehmütiger Gesang, wie ihn einst Orpheus anstimmte, um seine Eurydike aus dem Reich der Toten zurückzuholen, gibt das Leben zurück. Aus und Ende, im Handumdrehen. Nichts ist mehr, wie es war. Gestern noch Ehepaar, heute allein, der anderen Hälfte beraubt. Wie ein Blitz aus heiterem Himmel schlägt dieser Moment ein, entfesselt seine Zerstörungswut und läßt Leere zurück. Die distinguierten Herren von Pietät und Takt buhlen um Entscheidungen über Särge, Kandelaber und Kranzgrößen mit Trauerflor. Eine Situation, beängstigend wie für eine Nichtschwimmerin, die ins eiskalte Wasser geworfen wird und zusehen muß, wie sie am Ufer wieder Tritt fassen kann. Geradezu grotesk makabre Szenarien wie aus Filmen oder Alpträumen. Sie dauern – wenn der Überlebende Pech hat – so lange, wie das eigene Leben währt, hängen wie Kletten an jedem Tag. Ein Stillhalteabkommen wird mit der strapazierten Psyche geschlossen, auftauchende Erinnerungen, Jahrestage, alte Bilder können es von einem Moment auf den anderen zeitweilig wieder außer Kraft setzen. Der Tod des Lebensgefährten ist wie die Amputation eines Teiles der Seele, Phantomschmerzen inbegriffen. »Und dieser Übergang aus einer uns bekannten Existenz in eine andere, von der wir gar nichts wissen, ist so etwas Gewaltsames, daß es für die Zurückbleibenden nicht ohne tiefe Erschütterung abgeht.« (Goethe)

Vom »Wir« zum »Ich«

Ein paar Augenblicke nur, schon hat der Tod vom Leben Besitz ergriffen, ungebeten, ohne Vorwarnung, ohne Gnade. Von einem Moment auf den anderen verliert der beruhigende Satz »Ich bin verheiratet« seine Gültigkeit. Aus dem selbstverständlichen »Wir«, geplant, selbstverständlich genommen für Unendlichkeiten, muß plötzlich ein »Ich« werden, beschwert mit dem bitteren Zusatz »allein«. Die Existenz des Mannes ist innerhalb weniger Minuten nur noch Vergangenheit. Die Sterbeurkunde amtlicher Beweis für ein abgeschnittenes Leben. Die Erkenntnis vom »nie mehr wieder« reißt tiefe, dunkle Krater auf. So viel versäumt, vergessen, verpaßt, verschoben auf später, unwiederholbar. Unzählige Frauen erleben es täglich, seit Menschengedenken, in allen Ländern, in fast jedem Alter. Unermeßlich ist die Zahl der Schicksalsgenossinnen, der Schwestern im Leid. Damals, heute, morgen, immer wieder das gleiche Los, aus der Bahn geworfen, einer »Hälfte« beraubt, zur Witwe geworden. Auf Abertausenden von Schultern liegt diese schmerzliche Erfahrung, seit Jahrhunderten. Immer wieder wird sie auf neue Weise verflucht, und dann wird die Last doch irgendwie geschultert. Für das Leben als Witwe wünscht und sucht man sich keine Vorbilder. Da taugt das »genauso wie bei ...« nicht zum Trost, dröhnt eher wie Hohn in den Ohren. Schmerz duldet zunächst keine Vergleiche. Jede beweint und betrauert einen Mann, doch nur einmal ist es der eigene. Die Idee vom geteilten Leid garantiert keine Hilfe. Hinweise auf jene, die noch schlechter dran waren, noch härter getroffen wurden, lindern nicht den eigenen bohrenden Kummer. In der Gemeinschaft der Trauernden sucht man nicht freiwillig um Aufnahme nach. Ohne eigenes Zutun und Wollen ist man im Handumdrehen Zwangsmitglied.

Kein Trost, keine Rettung, weil die Qualen beim Verlust eines geliebten Menschen nicht kollektiv, nur individuell durchzustehen sind. Keine Aussicht auf halbes Leid durch geteiltes Leid?

Keine Vergleichsmöglichkeiten zu anderen Schicksalen?

Fürstin Gloria von Thurn und Taxis, Elietta von Karajan, Doris Dörrie, Marianne Dirks, Monika Plessner, Anne-Sophie Mutter, Charlotte Kerr, Eva Beuys, Brigitte Seebacher-Brandt, Greta Wehner, Grete Weil, Ilse Albertz, Irene Ludwig, Margarete Mitscherlich-Nielsen, Isabelle Vertès-Schütter, Elisabeth Johnson, Gretel Dutschke, Inge Meysel, Yoko Ono, Catherine Fried, Jenca Sperber, Ilse Aichinger, Lea Rabin und all die anderen prominenten oder der breiten Öffentlichkeit nicht bekannten Frauen. Finden sie sich unter dem verbindenden Rubrum

»Witwe« zur Leidensgemeinschaft zusammen? Ziehen sie sich gegenseitig aus dem Sumpf, trocknen die Tränen der einen, weil sie die der anderen ahnen können? Sind Witwen über Alters-, Länder- und Erfahrungsgrenzen hinweg eine verschworene Leidensgemeinschaft? Die Riten, mit denen früher der Tod akzeptiert und nicht ignoriert wurde, sind uns längst abhanden gekommen. Sie gleichen Ruinen, die man bewundern, aber nicht mehr bewohnen kann. Damit stehen die Trauernden auf merkwürdige Weise allein gelassen vor der für sie ungewollten und ungewohnten Lebenssituation. Jede muß für sich Wege, Abläufe, Mechanismen finden, damit das Leben zu meistern.

Witwen eignen sich nicht für Typisierungen. Sie fügen sich nicht in festgeschriebene Raster, auch wenn sich die Empfindungen ähneln, die Erfahrungen vergleichbar sind. Der Mann ist tot, unter der Erde, nicht aber die Individualität der Frauen, die durch das Ende seines Lebens zu Witwen werden. Die gesellschaftliche Erwartung, wie sie sich zu verhalten haben, wie sie die Trauer bannen können, schert sie alle über einen Kamm. Doch jede muß sich ihren eigenen, oft verschlungenen Pfad aus dem Dschungel des Schmerzes und der Ohnmacht suchen. Nicht alle erreichen das gleiche Ziel. Hindernisse, Rückschläge, Stürze mobilisieren die letzten Kraftreserven. Vorwärts, nur heraus aus dem Dunkel treibt es die einen, zurück in die gewohnte Geborgenheit zieht es die anderen. Hoffnung, Überlebenswillen spornt die einen an, Angst vor der Zukunft lähmt die anderen. Irgendwo, irgendwann, zwei, drei oder auch zwanzig Jahre nach dem Tod des Mannes ist der Gipfel erreicht. Da stehen sie, die mannlosen, ewig treuen Witwen und blicken bang in die Tiefe. Geschafft, freuen sich die selbstbewußten Frauen, die alte Spuren wieder aufnehmen, ein anderes Leben beginnen. Vorwärts, rufen die, denen ganz neue Kräfte zugewachsen sind, vorwärts, weil sich das Leben lohnt. Nur nichts überstürzen, keuchen einige etwas atemlos, setzen mechanisch einen Fuß vor den anderen, weil eben weitergewandert werden muß. Wenn ich das vorher geahnt hätte, sinnieren andere und vergewissern sich ihrer oft verschütteten Stärken. Sie kramen nicht gelebte Träume, gemeinsam gepflegte Pläne und auf später verschobene Vorhaben aus dem Gepäck, finden im hintersten Winkel ungeahnte Schätze und hauchen ihnen neues Leben ein. Starke und verzagte, junge und alte, traurige und zufriedene, weise und tüchtige Frauen sammeln sich auf diesem Gipfel. Nachlaßverwalterinnen, Gralshüterinnen der männlichen Vermächtnisse, Nutznießerinnen oder Profiteurinnen der Verstorbenen, traurige Hüterinnen eines zerronnenen Glücks. Einige treten heraus aus dem Schatten und der Obhut der Männer, tasten sich mühsam über die Klippen voran, halten nach neuen Wegen Ausschau und probieren bislang ungewohnte und fremde Lebensmuster. Witwen polieren, bewahren, korrigieren oder zertrümmern das bislang bekannte Bild des Mannes im Umgang mit seinem geistigen und materiellen Erbe, sie arbeiten für ihn, für sich und für die Nachwelt. Was immer sie tun und fühlen, anpacken oder unterlassen – sie sind und bleiben jedoch Unikate, auch wenn sich hinter der Individualität und Einmaligkeit das Allgemeine im Besonderen erkennen läßt. Die Spuren, die der Tod bei ihnen hinterlassen hat, graben sich wie tiefe Furchen in ihr Leben ein. An manchen Stellen führen wackelige Brücken über die Kluften, hin und wieder hilft ein Geländer, um die Balance nicht zu verlieren. Teilweise sind die Spuren der Vergangenheit verwischt, der einstige Abgrund ist mit frischem Humus aufgeschüttet. Neues kann an der Bruchstelle des Lebens wachsen. Die Erinnerungen und Narben aber bleiben, können jederzeit wieder ausgegraben werden und schmerzen auch noch nach Jahren.

Witwen verfügen über einen unendlichen Erfahrungsschatz. In ihnen versammeln sich die verschiedenen Methoden, Hilfsmittel und Rezepte, um einen ungeplanten und ungewollten Bruch im Lebensplan mehr oder minder haltbar wieder zu kitten. Sie finden Wege aus dem Selbstmitleid, bezwingen Verzweiflung. Sie haben die Gabe, den winzigen Keim des Positiven auch im schweren Los zu erkennen, der vielleicht erst nach Jahren Früchte trägt. Friedrich Nietzsche, alles andere als ein Frauenfreund, hat das durchaus erkannt: »Eine volle und mächtige Seele wird nicht nur mit schmerzhaften, selbst furchtbaren Verlusten, Entbehrungen, Beraubungen, Verachtungen fertig. Sie kommt aus solchen Höllen mit größerer Fülle und Mächtigkeit heraus.«

Wer seine Frau liebt, erzieht sie zur Witwe, heißt ein zynisches Sprichwort, das in den USA auch zum Titel eines Ratgeberbuches wurde. Doch welcher Ehemann macht sich diesen Ratschlag zunutze, zumal in einer gleichberechtigten Partnerschaft Erziehung ohnehin nicht mehr auf der Tagesordnung steht? Und selbst wenn, wie soll eine Frau lernen, einen Mann schmerzlich zu vermissen, der noch da ist, dessen Stimme sie hört, dessen Geruch sie wahrnimmt, dessen Unordnung sie murrend beseitigt, dessen Gegenwart real und kein Traum aus einer vergangenen Zeit ist? Wie soll sie üben, auf kleine, liebgewonnene Gesten, auf seine Nähe zu verzichten, solange es noch die Möglichkeit gibt, sich selbstverständlich seiner leibhaftigen Gegenwärtigkeit zu versichern? Eingefahrene, vertraute Rituale vom Aufwachen bis zum Abend, Woche für Woche, Jahr für Jahr. Manchmal verflucht, verhaßt, aber doch zur unverzichtbaren Selbstverständlichkeit eingebrannt. Der endgültige Verlust des Lebenspartners taugt nicht für Unterrichtsstunden und Schulbücher. Er muß durchlebt, durchlitten werden, ausgehalten Stunde um Stunde, Tag um Tag, auch wenn es kaum zu ertragen ist. Jede Frau wählt dafür ihren eigenen Weg, baut sich die nötigen, ganz individuellen Brücken, damit ihr Leben trotzdem weitergehen kann, wie auch immer. Es kann reicher werden, freier, glücklicher und friedvoller. Es kann die Hölle werden.

Während Witwer häufig schon nach ein oder zwei Jahren der Trauer und des Alleinseins eine zweite Ehe oder Lebensgemeinschaft eingehen, lehnt mehr als die Hälfte der verwitweten Frauen eine weitere feste Bindung ab. Schließlich suchen und vermissen sie keinen »neuen« Mann, sondern ihren, der verstorben ist. Viele Witwen fühlen sich über den Tod hinaus mit dem Lebensgefährten verbunden, sie hüten sein Andenken, bewahren die sichtbaren Beweise einer einmal gewesenen Existenz auf, sie halten wenigstens die Erinnerung an ihn lebendig und gestalten ihr Leben in seinem Sinne. »Natürlich muß ich den körperlichen Tod meines Mannes akzeptieren. Aber ebenso muß der Tod akzeptieren, daß ich meinen Mann in meinem Kopf und meinem Leben lebendig halte«, schrieb Georgette Magritte, die Witwe des Malers René Magritte, und wies jeden Gedanken an eine andere, ihn ersetzende, neue Verbindung als Zumutung weit von sich. Eine andere, neue Partnerschaft käme vielen Witwen einem Treuebruch gleich, hieße Verrat an der Liebe, an ihm. Sie bleiben vom Toten besetzt, für Nachfolger im Herzen und in den Gefühlen ist meist kein Platz vorhanden. Der Wunsch nach seelisch-körperlicher Ganzheitlichkeit, bei Frauen sicherlich sehr viel stärker bestimmend als bei Männern, gewährt keine ideelle oder auch sexuelle Erfüllung durch ein falsches Objekt. Maria Theresia verwandte nach eigenem Bekunden die fünfzehn Jahre ihrer Witwenschaft vorwiegend darauf, sich auf das Jenseits vorzubereiten, »das mich mit dem Gegenstand meiner Liebe wieder vereinen wird«.

Die emotionale Vereinsamung wird zum verborgenen Begleiter der Witwen, den auch die Freundinnen und Verwandten nicht verbannen können.

So will und wollte es die christlich und patriarchal geprägte Gesellschaft durchaus auch haben. Im Jahr 1957 sprach Papst Pius XII. auf einer Konferenz der europäischen Familienverbände über die Vorbehalte der Katholischen Kirche bei der Wiederheirat von Verwitweten. Der Tod des Partners zerstöre die Bindungen der Liebe nicht, sondern vervollkommne und verstärke sie auf einer anderen Ebene. Deshalb sollten die Hinterbliebenen dem Gatten in der Symbolik des Sakraments der Ehe treu bleiben und den flüchtigen Freuden körperlicher Art entsagen. Erklärend fügte das Oberhaupt der Katholiken hinzu, das gelte für Witwen, die anders als die Männer in der Lage wären, für sich selbst zu sorgen, und weniger Beistand benötigten. Die in früheren Jahrhunderten üblichen Zwänge zur Wiederverheiratung einer Witwe waren dennoch kein Aufbegehren gegen die Kirche und ihre Richtlinien, schon gar kein mitleidiger Akt mit Blick auf die emotionalen Entbehrungen und die Verlassenheit der Frauen. Ökonomische Interessen und Besitz- oder Machtansprüche der Herren auf ererbtes Witwenvermögen waren die Väter all der amtlichen Regelungen und Vorschriften für das »angemessene Handeln der Weiber im Verwitwungsfalle«, wie das schon damals im schwerfälligsten Bürokratendeutsch hieß.

Die Einschränkungen und Restriktionen der Frauen durch rechtliche Regelungen gehören der Vergangenheit an. Doch Verfassungs- und Rechtsnorm sind etwas anderes als die Wirklichkeit. In den Köpfen vieler hat sich das Rollenklischee hartnäckig festgesetzt, Männer seien zwar stark für das feindliche Leben, aber unfähig, für ihren Haushalt oder sich selbst zu sorgen, geschweige denn für ihre Kinder. Damit ist die rasche Wiederheirat der Witwer bis heute gesellschaftlich sanktioniert, wenn nicht gar erwartet und vielfältig befördert. Witwer scheinen eine magische Anziehungskraft auf emsige Helferinnen auszuüben, die Knöpfe annähen, Süppchen kochen oder Kuchen backen. Um Witwer gruppieren sich Trösterinnen, die immer wissen, wann und wo es Unternehmungen gibt, die den Trauernden auf andere Gedanken bringen können und die alles daransetzen, den armen, verlassenen Mann rasch wieder gut versorgt zu wissen. Bei Gesprächskreisen und Seminaren, die zur Trauerbegleitung für Verwitwete vielfältig angeboten werden, sind Männer deutlich unterrepräsentiert. Und während Frauen mit dem Wunsch kommen, einmal mit Gleichgesinnten den Kummer teilen zu können, steht für die Mehrzahl der Männer die Möglichkeit einer neuen Bekanntschaft im Vordergrund des Interesses. Männer scheinen selbstverständlicher und rascher mit dem Bruch im bisherigen Leben umgehen zu können, zeigen in dieser Hinsicht mehr Flexibilität als Frauen. An wohlmeinenden Kupplerinnen fehlt es den verwitweten Frauen allerdings nicht, doch gehen sie bei Kuchen und anderen Köstlichkeiten meist leer aus, wenn sie nicht selbst den Teig anrühren. Stilles Dulden und Leiden, Bescheidenheit, gelernt in der harten Schule des Vorliebnehmens, setzen wir unterschwellig bei Witwen immer noch voraus, gerade so, als gehöre das auch im 20. Jahrhundert noch selbstverständlich zur weiblichen Biographie dazu. Die zu schnelle Rückkehr zur Normalität des Lebens bringt sie in Verruf, wobei das Tempo nicht sie selbst, sondern die Umwelt bestimmt. Zufriedenheit und Dankbarkeit gegenüber dem, was sie hatte, soll sie an den Tag legen und dabei möglichst unauffällig bleiben. Das haben Frauen ja auch gelernt, eingesogen von Kindertagen an, das haben sie an Müttern und Großmüttern, an Tanten und Schwestern gleichermaßen vorbildhaft sehen können. Diese Prägung, gepaart mit der gesellschaftlichen Erwartungshaltung, macht es heute vielen Frauen nahezu unmöglich, den einmal beschrittenen Pfad durchs Leben mit einem anderen zu tauschen. Witwe ist neben Jungfrau, Ehefrau und Mutter einer der Archetypen, der dem Frauenbild zugrunde liegt. Traditionell sollen sie handeln und agieren, selbstverständlich fürderhin »mannlos«, um die verbleibende Zeit darauf zu verwenden, männliches Andenken zu ehren und zu pflegen. »Das ist eine rechte Witwe, die einsam ist, die ihre Hoffnung auf Gott stellt und bleibt am Gebet und Flehen Tag und Nacht«, heißt es in der Bibel bei Timotheus.

Die über den Tod hinaus bestehende Bindung der Frau an den Mann ist schon im Wort Witwe enthalten, das aus dem Indogermanischen stammt und so viel bedeutet wie sich trennen, sich dividieren, sich den Mann rauben lassen. »Witwe bezeichnet den Stand einer Frau, die vom Mann verlassen, von ihm nachgelassen wurde, die also hinterblieben ist«, belehrt das Grimmsche Wörterbuch, als wären diese Frauen nichts weiter als traurige, eher nutzlose Reste, überflüssig wie der Dreck an Weihnachten. Die Sprache ist ein verläßlicher Seismograph für bestehende Herrschaftsverhältnisse. Das Indogermanische kannte übrigens keine eigenständige Bezeichnung für einen Mann, dessen Frau verstorben war, offensichtlich weil dieser Witwerstand nur von kurzer Dauer war, so daß er nicht eigens benannt werden mußte, möglicherweise auch, weil Abhängigkeitsverhältnisse des Mannes von der Frau undenkbar, also auch unaussprechlich waren. In dem Wort Witwe steckt außerdem der lateinische Begriff vidua, der mit die Mannlose oder die Leere übersetzt wird. »Was bin ich denn anderes als ein verstümmelter Schatten«, klagte Claire Goll nach dem Tod ihres geliebten Mannes, des Schriftstellers Ivan Goll. Jahre später hat sie mit einem anderen Partner nochmals einige erfüllende Jahre in wahrer und aufrichtiger Liebe genießen können. Die Schriftstellerin Margarete Hannsmann, im Leben und Schreiben durchaus selbstbewußt und eigenständig, beharrte auf ihrer von ihrem Lebensgefährten HAP Grieshaber »geliehenen Existenz«. Was bleibt ihr da noch nach dem Tod des Künstlers? Wie kann sie ein Leben aus sich heraus weiterführen, wenn bislang alle Existenzberechtigung von der sogenannten besseren Hälfte abgeleitet und gespeist war?

Mannlos zu sein brandmarkte die Frauen quer durch die Jahrhunderte wie ein Stigma. Und lange Zeit hingen sie an der Existenz des Mannes tatsächlich wie am Tropf. Existenz nämlich war mehr als nur der gesicherte Unterhalt, Existenz verhieß Rang und Namen, Sitz und Stimme in der Gesellschaft, die Gewißheit einer Gruppenzugehörigkeit und Achtung vor der jeweiligen Leistung und Könnerschaft. Nur im Windschatten der männlichen Existenz fiel für die Frauen ein Hauch ab. Außerhalb männlichen Schutzes und Einflusses galt das sogenannte »schwache Geschlecht« als nicht überlebensfähig. Starb der Mann, herrschte in jeder Beziehung Flaute, zumal sich die Gesellschaft, die Frauenerwerbstätigkeit lange nicht akzeptieren konnte, für die hinterbliebenen Frauen mit einem Versorgungsproblem herumschlagen mußte. Meist kam die Verwandtschaft zähneknirschend für das Witwenbrot auf, die Kirchen gewährten großherzig Almosen im Tausch gegen Caritas, die Sorge für die noch Ärmeren, die Frauen klaglos und selbstverständlich aufzubringen hatten. Schon vor Jahrhunderten bekam das bis heute gängige Klischee von der verhärmten, gramgebeugten Frau, die vom Leben nichts mehr zu erwarten hatte als den eigenen Tod, seine ersten Konturen. Wer auf die wenigen Brosamen angewiesen ist, die vom reichlich gedeckten Tisch der Reichen fallen, darf möglichst wenig auffallen. »Wer eine Witwe freit, der freit nur Schulden«, heißt ein altes Sprichwort, das einiges über die materielle Situation früh verwitweter Frauen aussagt. In den Zeiten strenger Zunftordnungen war es den Frauen teilweise gestattet, den Betrieb ihres verstorbenen Mannes weiterzuführen, damit sie nicht anderen auf der Tasche liegen mußten. Doch neidische Konkurrenten wußten sehr wohl zu verhindern, daß dies auch einen einigermaßen angenehmen Lebensstandard für die Frauen sicherte. Bescheidenheit bis zur Selbstaufgabe – das war es, was Witwen gesellschaftlich zugestanden wurde, gerade so, als hätten sie den Verlust des Mannes und Versorgers selbst verschuldet. Das garstig Lied vom »bösen Weib«, das den wunderbaren Mann in den Tod getrieben habe, klang im Lauf der Jahrhunderte vielen Frauen schrill und schneidend in den Ohren. Auch die eigenen Angehörigen nahmen da kein Blatt vor den Mund, und möglicherweise hat auch deshalb die Verwandtschaft im Verlauf der Jahrhunderte ihre Aufgabe und Rolle als »Sozialkitt« eingebüßt. Statt ihrer haben andere, nachfamiliäre, freiwillig gewählte Gemeinschaften diesen Platz eingenommen.

Witwen sind im Wortsinn also nur im Zusammenhang mit Männern denkbar, ohne sie leidige Versorgungs- und Problemfälle. »Allein der Begriff Witwe läßt mich erschauern«, grollt die Autorin Charlotte Kerr, Witwe Friedrich Dürrenmatts, und ergänzt provokant: »Verbrennt die Witwen.« Die tiefsitzende Abneigung vieler Frauen gegen den altmodischen Begriff Witwe und die damit verbundenen Assoziationsketten ist auch Abwehr eines antiquierten Frauenbildes und Lebensmodells. Wo die Kraft fehlt, sich gegen diese Rollenzuweisung zu wehren, wo die Partnerschaft zwischen Mann und Frau auf der Unterwerfung des einen unter die Bedürfnisse und den Willen des anderen basiert, bleiben die Frauen als Amputierte nach seinem Tod zurück. »Ich war nur eine Frau, seine Frau, und er brauchte mich«, schreibt Martha Feuchtwanger in ihren Erinnerungen über das Leben an der Seite Lion Feuchtwangers. »Mein Leben begann mit dem Tag, an dem ich Lion das erste Mal traf«, bekennt sie freimütig. Kindheit und Jugend bedeuten für sie nicht mehr als eine notwendige Vorstufe zum richtigen Dasein. Ein Leben für ihn, durch ihn, nur mit ihm. Er starb 1958 in Kalifornien, sie hochbetagt 1987, fast dreißig Jahre ohne ihren Lebenssinn und Mittelpunkt, mußte sie noch überstehen. War es für sie ein Trost, ein annehmbarer Ersatz, daß sie sein Werk verwalten und aus den Erinnerungen mit ihm schöpfen konnte? Der Mann als Maß aller Dinge, als Motor und Sinnstifter für das eigene Leben?

Witwen geben Aufschluß darüber, was sich an diesem festen Rollengefüge geändert hat.

Vom Wert der Frauen

»Ihr werten Herren, denkt an eure Weiber, versichert zeitig eure teuren Leiber, daß sie, wenn ihr vergessen und begraben, auf Erden reich und fett zu leben haben.« Dieser Spottvers machte am Ende des 17. Jahrhunderts in England die Runde. Er gilt als einer der ersten Werbespots für eine Versorgungskasse für Witwen. Mit diesem holprigen Reim wollte man den werten Herren ein Problem beleuchten, vor dem die Gesellschaft lange hartnäckig die Augen verschlossen hatte ... Verwitwete Ehefrauen sollten nicht länger der Kirche, Wohlfahrtseinrichtungen oder der Verwandtschaft mit einem Gnadenbrot auf der Tasche liegen. Vielmehr war man auf die Idee gekommen, den Ehemännern ihren Anteil an der ökonomischen Absicherung der Frauen in Rechnung zu stellen. Immerhin waren die Männer viele Jahre lang Nutznießer weiblicher Fürsorge und unentgeltlicher Haus- und Erziehungsarbeit. Lohn für Hausarbeit, nach seinem Ableben auszuzahlen, nach dem Verursacherprinzip erdacht. Dem Astronom und Mathematiker

Edmund Halley wurde damals die Aufgabe übertragen, eine Wahrscheinlichkeitsrechnung über die Lebensdauer von Frauen und Männern auszuarbeiten. Dazu sollte der kluge Rechner die Londoner Totenregister auswerten. Doch die Sache hatte einen Haken. Die statistischen Erhebungen waren längst nicht so umfassend und ausgefeilt wie heute. So hatte man damals zum Beispiel noch darauf verzichtet, das Geburtsdatum der Verstorbenen zu notieren. Die Toten waren alterslos, beim Heimgang der Seelen schienen Lebensjahre ohne Bedeutung zu sein. Lebenserwartungen ließen sich daraus nicht berechnen. Einer der gelehrtesten Männer jener Zeit, Gottfried Wilhelm von Leibniz in Hannover, konnte helfen. Er besaß ein seltenes Dokument, nämlich eine erste brauchbare Bevölkerungsstatistik, die ein Pfarrer in Breslau mit deutscher Gründlichkeit angefertigt hatte. Dessen Ziel war es gewesen, durch nüchterne Daten den noch überall wuchernden Aberglauben an Unglückstage oder mystische Zahlen zu bannen. Mit dieser Statistik konnte Halley nun seine Wahrscheinlichkeitsrechnungen über Lebensalter anstellen. 1693 wurde auf der Grundlage des Zahlenwerkes eine erste Sterbetafel veröffentlicht. Schon damals lag die Lebenserwartung von Frauen höher als die der Männer, weibliche Altersarmut und Versorgungsfälle waren also programmiert. Ein Pfarrer nutzte diese Kenntnisse, wohl weniger aus Nächstenliebe als aus Angst um seine kirchlichen Vermögen, zur Gründung einer ersten Witwen-Versorgungskasse. Möglicherweise verstand der brave Gottesmann jedoch mehr von Gleichnissen als von Gleichungen. Keine zehn Jahre später war diese erste Versorgungskasse trotz zahlreicher Einzahlungen selbst ein hoffnungsloser Versorgungsfall. Doch die Idee hatte Schule gemacht, das Problem war erkannt. Nach und nach entstanden Versorgungseinrichtungen für Witwen mit unterschiedlichen Systemen. Zum Vater Staat gesellte sich Mutter Fürsorge. Der Gedanke der freiwilligen Versicherung setzte sich Schritt für Schritt durch. In Deutschland ist daraus die Sozialversicherung mit Zwangscharakter entstanden, die zumindest eine Teilversorgung garantiert. 1911 erhielt die Arbeiterwitwen-Versicherung in Deutschland eine gesetzliche Grundlage. Die Väter der Sozialversicherung bewiesen damals Weitblick und kalkulierten in das Vertragswerk eine mögliche eigenständige Erwerbstätigkeit der Frauen ein. Gleichwohl bedeutete das keine gleichberechtigte Teilhabe der Frauen am Berufsleben, und noch längst keine gleiche Entlohnung bei gleicher Arbeit. Ob Kaiserreich, Weimarer Republik oder Nationalsozialismus: Die Erwerbsarbeit von Frauen stellte immer eine zu rechtfertigende Ausnahme dar. Sie wurde in der Regel damit begründet, daß Männer zu ersetzen waren, vor allen in Kriegszeiten. Leitbild des Denkens und aller gesetzlichen Regelungen zur Alterssicherung blieb die Ernährerehe, nach der der Mann von Staat und Betrieb abgesichert wird und die Frau vom Mann ihr Auskommen erhält. Noch in den 60er Jahren feierten es die Gewerkschaftler stolz als Errungenschaft, daß ihre Frauen nicht arbeiten müssen. Die Kehrseite dieser Medaille ist die weibliche Armut im Alter in vielfältigen Variationen. Auch die Kriegerwitwen sowohl des Ersten wie des Zweiten Weltkriegs lieferten die traurigen Beweise, daß die Hinterlassenschaft der Männer zum Sterben zu viel, doch zum Leben zu wenig war. Der Verkauf von Tabak und Briefmarken in einem kleinen, meist dem Wohnzimmer abgezweigten Kiosk wurde zum Beispiel in Österreich den Kriegswitwen gnädig zugestanden, damit sie ihre magere Hinterbliebenenrente aufbessern konnten. In Deutschland war man weniger erfinderisch, da mußten die Frauen selbst sehen, wie sie zurechtkamen. So entstanden nach dem Krieg die gern zitierten »Bratkartoffelverhältnisse« und die als »Onkelehen« charakterisierten Partnerschaften ohne Trauschein, die gleichzeitig den verklemmten und prüden Moralvorstellungen der Nachkriegsjahre viel Zündstoff lieferten. Mehr als 50 Jahre nach dem Ende des Zweiten Weltkriegs ist der Typus der durchaus zupackenden Kriegerwitwe im »Haus ohne Hüter« aus dem öffentlichen Bewußtsein und Erscheinungsbild nahezu verschwunden. Viele Frauen sind inzwischen selbst erwerbstätig und erwerben damit eigene

Rentenansprüche. Inzwischen denken allerdings Politiker der konservativen Regierung wieder laut darüber nach, den Witwen die Rente wegen der eigenen Anwartschaften zu kürzen. Die Möglichkeiten, Frauen zu benachteiligen, sind offensichtlich ungezählt.

Neue Lebensformen für Frauen

Singles, Karrierefrauen im geschickten Spagat zwischen Arbeitsmarkt und Haushalt, alleinerziehende Mütter in bewußter Distanz zu den Kindsvätern, Lesben, Junge oder Alte in wechselnden Liebesverhältnissen für einzelne Lebensabschnitte ergänzen heute die tradierten Frauenbilder. Lebensstile aller Art, immer wieder Wechseln unterworfen, dem Klischee bewußt entgegengestellt, blühen und gedeihen außerhalb der gesetzlich geregelten Beziehungen. Längst ist vom Idealbild der Ehe als einzig legitimer und »normaler« Lebensform der Lack abgebröckelt. Die Ehe gilt nicht mehr ausschließlich als sozialer, ökonomischer und emotional sicherer Ankerplatz im bürgerlichen Selbstverständnis. Frauen suchen und schaffen sich ihre eigene Existenz. »Eine Frau braucht einen Mann wie ein Fisch ein Fahrrad«, hieß einer der selbstbewußten Slogans im Zuge der neuen Frauenbewegung der 80er Jahre. Damit war der Mythos vom starken Mann, der die Frauen beschützt, endgültig ausgeräumt. Selbstbewußte Frauen benötigen keinen Schutz mehr, denn er ist Opfern vorbehalten, und Frauen wollen keine Opfer mehr sein. Ein Leben ohne Mann ist für viele ökonomisch wie auch geistig unabhängig lebende Frauen heute nicht nur eine Selbstverständlichkeit, sondern bewußt gewählte Form des Lebens, jenseits der patriarchalen Fesseln und Fallen. Ganz allmählich arrangiert sich auch die Gesellschaft mit der Vielfalt der Lebensstile und Entwürfe. Ob Lebensmittelhersteller oder Reiseveranstalter, ob Versicherungen oder Zeitgeist-Apostel – sie alle haben die Singles als Zielgruppe und kalkulierbare Größe entdeckt.

Selbst in den politischen Parteien wird die zunehmende Zahl der Einpersonen-Haushalte registriert und als neue Herausforderung und Zukunftsaufgabe der Gesellschaft zur Kenntnis genommen und diskutiert. Wahrnehmungen verändern sich, Bilder changieren, verkrustete Strukturen brechen allmählich auf. Der Märchenprinz bekommt seinen angestammten Platz wieder im Märchen und in der Phantasie, nicht mehr ausschließlich im realen Leben.

Doch diese Singles oder alleinerziehenden Mütter, die ohne »bessere« Hälfte außerhalb der gesellschaftlichen Norm von Ehe und Familie leben, werden in andere Schubladen gepackt, durch andere Brillen beäugt als Witwen. Für verwitwete Frauen werden nach wie vor die überkommenen Raster bereitgehalten. Vom Interesse an ihrem Schicksal und ihrem Status bei Trendforschern oder Vertretern der Freizeitindustrie, von politischen Debatten über ihren gesellschaftlichen Stellenwert können sie nur träumen. Alleinstehende Frauen werden wegen ihrer Freiheitsliebe teilweise bewundert, manchmal bedauert, auch mit Häme bedacht, aber sie werden wahrgenommen, bei aller Individualität als gesellschaftliche Größe akzeptiert. Singles und Geschiedenen schlägt ihr Familienstand nicht negativ zu Buch. Der schlichte Satz »Ich bin geschieden« oder »Wir haben uns getrennt« klingt zwar durchaus nach Streitereien und Krisen, nach Kampf ums liebe Geld und das jahrelange Gerangel um Mein und Dein, um die Teilung von Hausrat und Aussteuer. Doch das ist nichts Ungewöhnliches mehr, verliert auch allmählich den Hautgout und kommt in den besten Familien vor. Trennung steht für den eigenen Entschluß zum gut überlegten Befreiungsschlag, verheißt den Mut für den Aufbruch zu neuen Ufern, impliziert Leben, Eigeninitiative, freien Willen, steht für Vernunft und möglicherweise auch die Zuversicht, daß beim nächsten Mann ja alles anders wird. Bei Scheidungen können wir lauthals und ungefragt Partei ergreifen, die schmutzige Wäsche öffentlich ausbreiten, gute Ratschläge erteilen und für Vorurteile und krude Moralvorstellungen die inneren Schleusen öffnen. Das alles kommt mitten aus dem prallen Leben. Doch in diesem kleinen Wörtchen Witwe, da riechen wir plötzlich den Pesthauch des Todes in unserer Nähe und gehen auf Distanz. Mit Ehekrisen und Krächen, mit der Herausforderung der bewußt mannlosen Feministinnen läßt sich umgehen, das entspricht oft genug eigenen Erfahrungen, scheint im Lebensplan nicht mehr unvorstellbar zu sein, rührt möglicherweise an eigene, tiefliegende Wünsche und Träume vom eigenen Ausbruch aus der abgedroschenen alltäglichen Routine. Geschiedene können auch weiterhin daran glauben, daß ihre Ehe doch wieder in Ordnung kommt, sie haben die Wahl, mit dem früheren Partner eine andere, harmonischere Beziehung aufzubauen, sie können Kontakt zu ihm halten, sich mit ihm auseinandersetzen. Am Vorgang der Scheidung sind beide beteiligt, beide haben Einfluß auf das Tempo, reagieren entsprechend ihren Kräften und Wünschen, gönnen sich Pausen, Korrekturen, Rückzieher. Für jedes Gefühl, das im Verlauf des Trennungsprozesses aufkommt, finden sich Blitzableiter und Ventile. Wer plötzlich den Partner vermißt und von Zweifeln an der geplanten Scheidung befallen wird, hat meist viele Gelegenheiten, um das Gespräch wieder aufzunehmen: gemeinsame Freunde, noch nicht getrennter Besitz, die einträchtige Sorge um das Wohl der Kinder. Wenn sich Wut, Verzweiflung oder Enttäuschung Bahn brechen, helfen notfalls böse Briefe, Telefonanrufe oder auch hochgeschraubte Forderungen der Anwälte, um diesen Empfindungen erst einmal freien Lauf zu lassen. Selbst für das kleine Bekenntnis »Du fehlst mir« gibt es noch ein konkretes Gegenüber, eine Bestimmungsperson, ein Ziel, manchmal sogar ein Echo. Wo aber bleiben die Witwen mit ihren Gefühlen, mit den Wünschen, wenigstens einmal noch zu reden, sich zu streiten, sich zu umarmen? Wer diskutiert mit ihnen die Frage, ob der Sohn ein Motorrad bekommen, die Tochter ein Jahr ins Ausland gehen darf? Wo erhalten sie Antwort auf die vielen Fragen, die noch nicht gestellt waren, die dennoch für sie geklärt sein müssen? Mit dem Tod geht das Gegenüber, und das Echo auf die unzähligen Fragen nach dem Warum heißt immer nur

Tod, Tod, Tod. Der scheinbar so nüchterne Satz »Ich bin Witwe« läßt Bilder entstehen vom Bestattungsinstitut, das den toten Mann im hölzernen Sarg aus dem Haus trägt, von zerfetzten Leibern nach tödlichen Verkehrsunfällen, vom jahrelangen Siechtum bis zum bitteren Ende nach einer unheilbaren Krankheit, vom Kainsmal des Todes, das die Hinterbliebene auf der Stirn zu tragen scheint. Jetzt wird die Witwe begutachtet, auf den Prüfstand gestellt. Nachträglich wird ihre Ehe bewertet, ihr Zusammenleben mit dem Partner unter die Lupe genommen, posthum wird sein Berufsleben zensiert, ihre Rolle an seiner Seite kritisch gewogen. Gründe für Krankheiten werden ausgekramt, die Intensität ihrer Zuneigung und Pflege bemessen und benotet. Oft und schmerzlich genug für die Hinterbliebene denkt die Umwelt laut darüber nach, ob sie wohl fähig sein wird, ihren Kindern den Vater zu ersetzen. Der in der DDR lange Zeit übliche bezahlte »Haushaltstag«, den verheiratete Frauen selbstverständlich erhielten, wurde Witwen kurzerhand gestrichen. Was hatten sie ohne Mann im Haus denn noch zu tun? Für wen sollten sie kochen oder putzen, wenn nicht für ihn? Viele Witwen können ein trauriges Lied über ihre Erfahrungen im Umgang mit Behörden singen, haben die nüchterne Kälte erfahren, mit der der Todesfall zum Vorgang wird. Man trägt Menschen ein und streicht sie wieder aus dem Register. Damit ist der Fall vom Amts wegen erledigt. »Kaum war er unter der Erde, da wurde mir das Zeitungsabonnement gestrichen, das er als Angestellter des Verlages kostenlos bekommen hat«, klagt eine Witwe, und dieser kleine bürokratische Akt peinigt sie so wie die Tatsache seines Todes. Nie wieder, nimmt sie sich in ihrem Schmerz vor, wird sie eine Zeitung dieses Verlages kaufen. »Man hat mir zwei Tage nach der Beerdigung mitgeteilt, daß ich nun die Wohnung verlassen solle, da sie für eine Person zu groß sei«, erzählt eine andere Frau und schüttelt sich auch Jahre später noch beim Gedanken an solche Kaltschnäuzigkeit.

Wie sie es auch anstellt, die Witwe wird als Störfaktor gesehen, das Normale funktioniert für sie nicht mehr. Sie wird wegen ihrer Traurigkeit und Einsamkeit gemieden, gleichzeitig als Konkurrentin von anderen Frauen gefürchtet. Viele der Witwen spüren selbst, daß sie sich verändert haben, nicht mehr so sind wie früher. Der Tod ordnet die Welt neu. Scheinbar hat sich nichts geändert, und doch ist alles anders geworden. »Der Umgang mit mir ist für die anderen schwer geworden. Sie sagen, ich wäre verbittert, aber ich kann nun nicht Theater spielen, kann nicht so tun, als wäre alles nicht so schlimm, als würde ich es schon schaffen. Ich kann mich nicht so verstellen, nur um den anderen ein gutes Gefühl zu liefern. Nicht, daß ich ständig dasitze und jammere, nein bestimmt nicht. Ich bin einfach insgesamt anders geworden. Fremd: Ich weiß auch nicht, ob ich es schaffe, irgendwie weiterzuleben, und deshalb kann ich auch nicht so tun als ob«, beschreibt eine Witwe ihren äußeren und vor allem inneren Zustand. Die amerikanische Autorin Ruth Coughlin reagiert mit Fassungslosigkeit und hilfloser Wut auf eine Freundin, die wenige Wochen nach dem Tod des Mannes die drängende, ungeduldige Frage stellte, wie lange es denn dauern werde, bis sie wieder ganz die Alte, ganz sie selbst sei, gerade so, als ginge es darum, den Heilungsprozeß eines Insektenstiches oder einer kleinen Hautschürfung zu terminieren. Den wenigsten Witwen ist das »Glück« im Unglück beschieden, nach seinem Tod an seiner Statt viel gefragt und eingeladen zu sein, für ihn, über ihn sprechen zu können. Wie das Montblanc-Gebirge sei das Interesse an ihrer Person über sie hereingebrochen, beschreibt Lea Rabin, Witwe des im November 1995 ermordeten israelischen Ministerpräsidenten Yizhak Rabin, das geballte Interesse an ihrer Person. Gleichwohl wisse sie, daß sie nicht persönlich gemeint sei. Man schreibe ihr, wolle mit ihr reden, sie auf Vorträgen hören, weil die Welt noch immer nicht glauben könne, daß einer der entscheidenden Wegbereiter für den Friedensprozeß im Nahen Osten von der Hand eines Landsmannes ermordet wurde. Man pflegt den Schock und braucht dazu mich, konstatiert die Witwe nüchtern.

Der Tod ist ein großer Spielverderber, aber auch ein Wahrheitsfanatiker. Er erzwingt Abschiede und Trennungen, nicht nur die vom Verstorbenen, er zerrt langgehegte Illusionen ins klare Licht der Realität. »Gerne würde ich gelegentlich die junge Witwe besuchen«, schreibt Theodor Storm an einen Freund, »es wäre eine Zerstreuung an langen, trüben Abenden. Doch der Gedanke an den Tod ist mir bei ihr zu dicht, und so grüße ich sie nur noch von ferne.« Die Gesellschaft geht auf Distanz und räumt den Hinterbliebenen nur eine kurze Frist für das Trauern ein. Das wird schon wieder, die Zeit heilt alle Wunden, auf Regen folgt Sonnenschein, und andere Sinnsprüche dieser Art werden als Trost für die Witwen bereitgehalten. Aber heißt das nicht viel eher, daß wir von der Trauer und Todesnähe nicht belästigt sein wollen, weil sie das Getriebe einer schnellebigen Gesellschaft nachhaltig stören? Leidet bitte lautlos und behelligt uns nicht mit Tod und Trauer, kommt bei diesen vermeintlichen Trostsprüchen für viele der Witwen als Botschaft an.

Welch merkwürdiger Widerspruch offenbart sich hier zwischen der selbstverständlichen Annahme von der Gleichberechtigung der Geschlechter, der Befreiung der Frauen aus der Abhängigkeit der Männer, ihrer eigenständigen Existenzsicherung und der unbewußten, aber nahezu allumfassenden Ächtung, die den Witwen entgegengebracht wird. In den Angelegenheiten des Todes gibt es offensichtlich keine Gleichberechtigung. Witwen entwickeln das Gefühl, wertlos, unvollständig und beschädigt zu sein. »Ich bestand aus lauter krüppelhaften, unfertigen Stümpfen: Hände ohne Finger, Füße ohne Zehen, Gesicht ohne Augen und Nase, alles eingezogen, wie etwas, wofür man keine Verwendung mehr hat«, beschreibt Marie Luise Kaschnitz dieses Gefühl. Und sie wünscht sich:

»Ihr sollt in mir sehen
Einen von zweien
Und hinter meinen Worten
Unruhig horchen
Auf die andere Stimme.«

»Daß dein Tod für alle anderen eine bedauerliche Tatsache, für mich aber ein lebendiger Prozeß, noch immer Anziehung, Abstoßung, Nähe und Ferne war, wollte niemand verstehen. Allenfalls glaubte man, daß ich nachts in deinem Zimmer ein paar Tränen vergösse, aber die flossen nicht, weil da so viel mehr war als Wehmut, der leidenschaftliche und angstvolle Wunsch, dich dort, wo du bist, glücklich zu wissen.«

Der Tod eine bedauerliche Tatsache, nicht mehr? Er ist tabu in unserem Leben. Zwar gibt es eine Fülle an Veröffentlichungen – wissenschaftlicher und populärer Art, die sich mit dem Sterben, dem Suizid, der Rückkehr vom Tod ins Leben und den Todesritualen beschäftigen, dennoch ist das Thema Tod aus dem öffentlichen Bewußtsein weitgehend verdrängt. Tagtäglich wird der Tod aus aller Welt über Satellit in unsere Wohnzimmer übertragen, tausend Tote hier, abertausend dort, so groß sind die Zahlen, daß sie jegliche Vorstellung, jegliche Trauer übersteigen. Der Tod, die Toten, eine Nachricht, aufgesagt, amtlich verlesen vor dem Wetter. Auf schwarz umrandetem Büttenpapier und auf großformatigen Zeitungsanzeigen wird der Tod neben einem schlichten Kreuz angezeigt, doch er ist nicht wirklich da, nicht in unserer Mitte, nicht in unserem Bewußtsein. In die Ewigkeit heimgegangen, sanft entschlafen, vom Herrn zu sich gerufen, friedlich von uns gegangen, verschieden, um in Frieden zu ruhen. Gedichte, liebevolle Verse, Zitate von Rainer Maria Rilke und Bibelsprüche zum Abschied schwarz auf weiß. Was sagen sie wirklich über die Erfahrung mit Tod und Sterben? Selbst nach schweren Krankheiten oder im hohen Alter kommt der Tod »plötzlich und unerwartet«, die Hinterbliebenen reagieren mit Fassungslosigkeit. Traueranzeigen enthüllen die Unsicherheit gegenüber dem Tod. »Ein liebevolles, gütiges, stets hilfsbereites Herz hat aufgehört zu schlagen«, geben in stiller Trauer die Angehörigen bekannt. »Du bist nicht tot. Dein Bild ist stets in mir, und jeder Herzschlag ist ein Schritt zu dir, was ich an Liebe und an Treue hab, das wandert hin zu deinem stillen Grab«, reimt es sich auf den Todesanzeigen. Ein ungebetener Gast zur falschen Zeit ist Gevatter Tod in unserem diesseitigen Leben. Das ratlose Gestotter beim Beileidsbrief kann die Hilflosigkeit in der direkten Konfrontation mit dem Tod nur kläglich verbrämen. Das »herzliche Beileid« und die »aufrichtige Teilnahme« sprechen Bände über unsere Furcht vor dem Tod, dieses unerklärliche Mysterium, »dessen tägliches Vorkommen die Menschen noch nicht überzeugt zu haben scheint«, wie der französische Schriftsteller Constant de Rebecque erstaunt formulierte. Auch wenn wir bei einer Todesnachricht den Tränen freien Lauf lassen, wehmütig in Erinnerungen kramen, den endgültigen Abschied von einem Menschen schmerzlich empfinden, der Tod hat dennoch keinen selbstverständlichen Platz in unserem Leben mehr. Er irritiert durch seine Unberechenbarkeit und hinterläßt auf den Wunschbildern von einer sorglosen Unendlichkeit blinde Flecken. Ein Schreckgespenst, ein quälend schlimmer Traum, störend für den Ablauf des Gewohnten, das uns in Sicherheit wiegt. Also weg damit, das Leben geht weiter, the show must go on.

Mit dieser kollektiven Verdrängung des Todes reagieren wir heute wieder fast so wie die Menschen in frühester Urzeit. Es gehörte zu den wohl ersten Wahrnehmungsformen, den Tod als etwas Bedrohliches und Fremdes begreifen zu können, namenlos, ohne Gestalt. Auf sein Erscheinen gab es nur die Reaktion voll Grausen, die Flucht, das entsetzte Zurückweichen vor den leblosen Mitmenschen. Das kriegerisch bewußte Töten und Getötetwerden als Bestandteil der menschlichen Geschichte hat eine weitere Reflexion in Gang gesetzt. Man erkannte im Tod ein Ereignis, das zum eigenen Handeln dazugehörte, das mit dem eigenen Leben in Verbindung stand. Damals entstanden die ersten Totenbilder von der Erde als einer alles verschlingenden Kreatur. Die Kriechtiere wie Würmer, Schlangen oder Echsen wurden zu Symbolen und Vorzeichen des Todes. Das Mittelalter beschäftigte die Frage, ob es Adams oder eher Evas Sünde war, die den Tod in die Welt brachte. Als Antwort entstanden viele Todesbilder in Kunst und Literatur. Der Tod ist der Sünde Sold und Furie der Christenheit. Der Tod nahm als Fährmann, Sensenmann oder Gevatter Tod menschliche Gestalt an. Das Zeitalter der Aufklärung verdrängt das knochige Gerippe mit der Sense wieder aus den Bildern, statt des biblischen Todes wird der antike bevorzugt, Thanatos, der Jüngling mit der zur Erde gekehrten Fackel. Sterben wird als natürliches Phänomen der Vergänglichkeit begriffen, denn »Geburt und Tod gehören zum Leben, so wie das Gehen im Heben des Fußes liegt wie in seinem Niedersetzen«.

Die Menschen ordneten ihre Angelegenheiten, wenn sie spürten, daß sie vor dem Tod standen. Meist starben sie von Freunden und Angehörigen umgeben, sie nahmen Abschied, um vom irdischen ins ewige Leben einzutreten. Fast jede Kultur hat das Verhältnis zum Tod ritualisiert, die einen tragen schwarz, die anderen weiß, die einen klagen und weinen, die anderen verstummen. Die einen essen und trinken in großer, oft fröhlicher Runde und nennen es den Leichenschmaus. Die anderen versammeln sich um einen Scheiterhaufen und zerstreuen die Aschenreste des Verstorbenen in alle Winde. Doch die heilige Ruhe, mit der Goethe dem Tod entgegenblickte, weil er die feste Überzeugung hatte, »daß unser Geist ein Wesen ist ganz unzerstörbarer Natur«, ist längst dahin. Mit seinem Stachel, der die Grenzen des menschlichen Könnens und Vermögens absteckt, der schmerzt und brennt und der Allmacht seinen Riegel vorschiebt, wurde der Tod zu einem sozialen Tabu ersten Ranges. Nur nicht hinschauen, nur nicht darüber reden, nur nicht daran denken. In fast kindlichem Aberglauben versuchen wir, der Macht des Todes durch Sprachlosigkeit zu trotzen. Allenfalls pfeifen wir, wie Kinder, die sich vor dem dunklen Keller fürchten, ein ermunterndes Lied. Der Tod, er findet statt in Pflegeheimen oder Krankenhäusern, wird von Bestattungsunternehmen würdig und pietätvoll verwaltet und entsorgt, möglichst außerhalb des normalen Alltags abgewickelt. Dafür ist im »normalen« Leben keine Zeit vorhanden. »Dessen werden die Menschen heute zwanghaft gewahr«, heißt es bei Theodor W. Adorno. »Im Stande der vollendeten Ohnmacht scheint dem Individuum, was ihm noch zu leben gelassen ward, als kurze Galgenfrist. Es erwartet nicht, sein Leben aus sich zu Ende zu leben. Die Aussicht auf gewaltsamen Tod und Marter, einem jeden präsent, setzt sich fort in der Angst, daß die Tage gezählt sind, die Länge des eigenen Lebens unter der Statistik steht.«

Gäbe es Religionen ohne den Tod? Erst die Neugier nach der quälenden Frage vom Danach, was sich auftun wird, wenn die Grenze vom Leben zum Tod einmal überschritten ist, hat Götter, Unsterbliche und Bezwinger des Todes auf den Plan gerufen, in Tempel und auf die Altäre geholt. Der Tod ist der Erfinder einer unsterblichen Seele, denn wenn schon der Leib zu Staub zerfällt oder den Würmern unter der Erde anheimfällt, dann muß es etwas geben, was sich diesem Zerfall widersetzt, was ihm entrinnen kann, was ewig bleibt. Und dennoch oder gerade deshalb hat der Tod immer weniger Platz in unserem Leben. Keine Todesfurcht erschüttert unsere Welt, auch wenn der Tod überall und ständig lauert und uns bedroht. Als Sokrates das Gericht verließ, das ihn zum Tode verurteilt hatte, sagte er mit stiller Aufrichtigkeit: »Jedoch es ist Zeit, daß wir gehen, ich um zu sterben, und ihr um zu leben, wer aber von uns beiden zu dem besseren Geschäft hingehe, das ist allen verborgen außer Gott.«

So könnte der Tod ein akzeptabler Partner sein, doch diesen Umgang mit Freund Hein hat die auf Genuß und Schein konzentrierte Gesellschaft längst verlernt. Das macht uns weitgehend unfähig und unsensibel für die Wünsche und Bedürfnisse der Trauernden. Für sie zerbricht mit dem Tod des anderen eine Welt; Mittelpunkt, Sinn, Eigentlichkeit, Fülle, Wirklichkeit und Glück, bezogen auf den Partner, fehlen von einem Augenblick auf den anderen. Damit stellt uns der Tod vor die Sinnfrage für das eigene Leben. Es fehlt der Mensch, für den ich da war, für den man alles war, es fehlt der Halt, die Anerkennung, es fehlt der Gesprächspartner, der Sprechfreund, es fehlt der Tröster und derjenige, der einem immer wieder aufs neue das Gefühl geben konnte, daß man selbst einmalig, wunderbar und Mittelpunkt seiner Welt war. »Ich war auf keinem Gebiet vollkommen, nicht einmal eine gute Hausfrau, aber ich wurde geliebt und alle Tage bestätigt, seine Zustimmung machte mich besser, als ich meinen Anlagen nach war.« Diese Bestätigung nun aus der eigenen, inneren Quelle zu schöpfen, ist qualvolle Arbeit, die wie bei Sisyphus immer wieder von vorne beginnen muß. Schwitzend den Berg hinauf, einmal, zweimal, immer wieder. Und keine Erlösung in Sicht? Er könnte sie gewähren, aber er ist tot. Deshalb wünschen sich viele der Hinterbliebenen nichts mehr, als ständig und immer wieder über den Toten zu reden. Ist einer nicht erst tot, wenn er totgeschwiegen wird?

»Witwen sind selten ganz normal, vielmehr sonderbar, sprechen ununterbrochen von ihrem Verewigten oder überhaupt nicht, sehen sich aber auch dann mit Gieraugen um, sagt doch etwas, sprecht über ihn, er kann doch für euch nicht ganz tot sein, wie oft hat er hier gesessen oder gestanden, die Hände in den Taschen, an eure Bücherwand gelehnt. Warum tut ihr so, als ob es ihn nie gegeben hätte, warum erkundigt ihr euch nicht, wie ich alleine zurecht komme, ich komme niemals zurecht.«

Ein erschütterndes Bekenntnis aus der Feder von Marie Luise Kaschnitz. »Ich komme niemals zurecht!« Muß das Leben für Frauen zu Ende sein, weil der Mann gestorben ist? Sind sie ohne ihn nutzlos, wehrlos? »Ich komme niemals zurecht!«

Geliehene Existenz, ohne eigene Quelle, wie eine Schmarotzerpflanze auf den Wirt angewiesen?

Kann die Zeit, dieses flüchtige Wesen, als gnädiger Freund die Wunden heilen?

Meine Neugier, die ausgewanderte, ist zurückgekehrt.
Mit blanken Augen spaziert sie wieder
Auf der Seite des Lebens.
Salve, sagt sie, freundliches Schiefgesicht,
Zweijährige Stimme, unschuldig wie ein Veilchen,
Grünohren, Wangen wie Fischhaut, Tausendschön
Alles begrüßt sie, das Häßliche und das Schöne.

Vergeblich beklage ich mich.
Was für ein schreckliches Lärmen,
Was für ein Gelauf und Geläute,
Was für eine Stimme, die aus mir selber kommt,
Spottdrosselstimme, und sagt,
Was willst du, du lebst.

Marie Luise Kaschnitz

Zum Weiterlesen

Witwen
Vom Leben nach dem Tod des Mannes. Herausgegeben von Hartmut Dießenbacher.
Extrabuch Verlag, Frankfurt 1985

Liliane Giudice
Ohne meinen Mann. Aufzeichnungen einer Witwe.
Kreuz Verlag, Stuttgart 1970

Was willst du, du lebst
Trauer und Selbstfindung in Texten von Marie Luise Kaschnitz.
Ausgewählt und eingeleitet von Marlene Lohner.
Fischer Taschenbuch Verlag, Frankfurt 1991

Sybille von Rautter/Helga Ahlers
Witwe sein ist anders.
Humboldt Taschenbuch Verlag, München 1994

Platon
Das Gastmahl.
Goldmann Taschenbuch Verlag, München 1959

»... und diese Erfahrung habe ich nun auch gemacht«
Texte zum Tod eines nahen Menschen.
Herausgegeben von Elisabeth und Paul Raabe.
Arche Verlag, Zürich 1986

»Einsam bin ich, des Geliebten beraubt«

DIE SCHRIFTSTELLERIN CHRISTINE DE PIZAN

»Kurz und gut, Ihr Frauen aller Stände, ob vornehmer, bürgerlicher oder niedriger Herkunft, seid stets wachsam und auf der Hut gegen die Feinde Eurer Ehre und Unbescholtenheit! Ihr seht ja, liebe Frauen, wie die Männer Euch allerorts aller erdenklichen Laster zeihen. Straft sie also alle Lügen!« Christine de Pizan

Eine zierliche junge Frau in einem einfachen blauen Gewand sitzt an einem Schreibtisch. In der rechten Hand hält sie die Feder, in der Linken ein Radiermesser. Sie arbeitet an einem Buch. Konzentriert, versunken. Zu ihren Füßen sitzt tröstlich wachend ein kleiner weißer Hund mit aufmerksam gespitzten Ohren. Ihr Name: Christine de Pizan, von Beruf Schriftstellerin. Sie ließ sich oft und gerne in dieser Arbeitssituation als Autorin darstellen. Die Bilder ähneln einander, prägen sich ein, bringen sie uns nahe, schaffen Vertrauen. Einige Illustrationen zeigen sie im höfischen Milieu, während sie einem ihrer mächtigen adligen Gönner eine kostbar gebundene Handschrift, eines ihrer neuen Werke, überreicht. Fast immer trägt sie das schlichte blaue Kleid, dazu die guimpe, einen Schleier, der das Dekolleté bedeckt und das Gesicht umschließt, die Tracht der Witwe.

Christine de Pizan, Franko-Italienerin, wurde um 1365 in Venedig geboren. Eine Zeit, geprägt durch Pest, Krieg und politische Unsicherheiten. Ihr Vater war der Wissenschaftler Tomaso di Benvenuto da Pizzano. Wäre es nach ihm gegangen, dann wäre aus Christine ein Christian geworden. Söhne standen bei werdenden Vätern damals höher im Kurs als Mädchen. Ganz anders dagegen die Mütter. Die ihre habe sich mit ihrem Wunsch nach einer Tochter durchgesetzt, schreibt die 37jährige Christine de Pizan nicht ohne ein kleines Lächeln des Triumphes über diese Fügung des Schicksals. Viel mehr ist von ihrer Mutter nicht bekannt. Sie war die Tochter eines mit Tomaso befreundeten Arztes und ihrem Kind eine liebevolle Begleiterin, erfahren wir aus den Aufzeichnungen der Tochter. Alles, was heute aus dem Leben von Christine de Pizan, über ihre Familie und ihre Ansichten bekannt ist, hat sie eigenhändig zu Papier gebracht. Der Vater findet darin umfassendere Erwähnung als die Mutter. In dieser Hinsicht ist Christine durchaus ein »Kind« ihrer Zeit. Ihr Vater, Arzt und Astrologe, lehrt zunächst an der renommierten Universität von Bologna und wird dann in den Rat der Stadt Venedig berufen. »Sein gewaltiges Wissen war sein Vermögen, diese Schätze grenzten ans Wunderbare: Viele Menschen hatten Kunde davon. Im Kreise der Fürsten sah man ihn gern, man liebte und schätzte ihn.« Als Astrologe – eine damals an den Fürstenhöfen sehr geschätzte Wissenschaft in enger Verbindung mit der Astronomie – und als Gelehrter von überregionalem Ansehen zieht er die Aufmerksamkeit und das Interesse gleich zweier Könige auf sich. Karl V. von Frankreich, genannt der Weise, Förderer von Wissenschaft und Künsten, will ihn für seinen Hof gewinnen, der ein intellektuelles Zentrum europäischen Ranges war. Auch Ludwig der Große von Ungarn möchte den Astrologen gerne engagieren, doch den zieht es nach Frankreich. Um 1365 läßt er sich am Hof des französischen Königs Karl V. in Paris nieder. Seine Familie folgt ihm drei Jahre später. Christines Kindheit und Jugend spielen sich also am französischen Königshof ab. Sie charakterisiert ihre ersten Lebensjahre rückblickend als glücklich und sorglos. Die Mutter »umsorgte mich mit großer Sanftheit in der Kindheit und zog mich groß«. Der Vater gibt etwas von den »Schätzen seines Wissens« an die Tochter weiter. Die Mutter hatte offensichtlich andere Ansichten über die Erziehung der Tochter. Jedenfalls schreibt Christine de Pizan später in der »Stadt der Frauen« im Zusammenhang mit der Notwendigkeit der Frauenbildung: »Dein eigener Vater, ein bedeutender Naturwissenschaftler und Philosoph, glaubte keineswegs, das Erlernen einer Wissenschaft gereiche einer Frau zum Schaden; wie du weißt, machte es ihm große Freude, als er deine Neigung zum Studium der Literatur erkannte. Aber die weibliche Meinung deiner Mutter, die dich, wie es für Frauen gemeinhin üblich ist, mit Handarbeiten beschäftigen wollte, stand dem entgegen, und so wurdest du daran gehindert, in deiner Kindheit weitere Fortschritte in der Wissenschaft zu machen.«

Mit 15 Jahren – einem für das 14. Jahrhundert nicht ungewöhnlichen Alter – heiratet Christine den königlichen Notar und Sekretär Etienne du Castel. Auch sie wird Mutter und bringt ein Mädchen und zwei Söhne zur Welt. Christine läßt kaum eine Gelegenheit ungenutzt verstreichen, um die Ehejahre immer wieder als sehr glückliche Zeit ihres Lebens zu schildern. »Die Ehe ist etwas sehr Angenehmes« – beginnt eine ihrer berühmten Balladen. »Das kann ich selbst bezeugen. Allerdings trifft dies nur zu im Falle eines so gutherzigen und klugen Ehemanns, wie Gott ihn für mich finden ließ.« Sie weiß von vielen Altersgenossinnen, daß sie die Ehe als Martyrium erleben und vom Glück keinesfalls gesegnet sind.

Bereits 1379, nach dem ersten Ehejahr, kommt Christine de Pizans »Schiff des Lebens« durch verschiedene Schicksalsschläge ins Schlingern. 1380 stirbt der von ihr geschätzte und hochverehrte König. Ein schwerer Schlag nicht nur für das Land, sondern auch für die Familie. Sie verliert ihren großzügigen und verläßlichen Gönner. Frankreich stürzt in eine Phase innen- und außenpolitischer Krisen. Christine lebt in dem Gefühl, der launenhaften und unberechenbaren Göttin Fortuna hilflos ausgeliefert zu sein. »Damit wurde die Pforte zu unserem Unglück geöffnet und ich, die ich noch sehr jung war, hineingestoßen.« Christine sieht sich als Opfer und Spielball des Schicksals. Immer wieder variiert sie diese Gedanken vom hilflos in den Fluten treibenden Schiff in ihren Schriften. Das

Unglück nimmt kein Ende, ihr geliebter Vater stirbt, und ihr Gatte, Etienne du Castel, muß die Funktion des Familienoberhauptes übernehmen. Doch ihr Lebensschiff schlingert weiter, wird tiefer und tiefer in die Strudel des Unglücks hineingerissen. 1389 verliert sie ihren Mann, vermutlich ein Opfer der Pest. Die Familie bleibt ohne Ernährer zurück und gerät in ernsthafte Not. »Verwitwet bin ich, einsam, schwarz gekleidet, mein Gesicht ist traurig, sehr einfach der Kopfschmuck. Kummervoll und schmerzerfüllt trage ich bittre, todbringende Trauer … Haushaltsvorstand war mein junger Gatte und Ehemann, der Weise und Umsichtige, geliebt von den Fürsten und allen Leuten, die ihm in seinem Amt begegnet sind, durch das, aufgrund seiner weisen Besonnenheit, der Glanz der Familie erhalten blieb.« Die Existenz der großen Familie ist in Gefahr, und Christine de Pizans Klagen haben kein Ende. »Mit gutem Recht war ich voller Bitternis, sehnte mich nach seiner liebwerten Gesellschaft und der Freude, die mir mehr als zehn Jahre gewährt gewesen war.«

Sie steht nun vor der schwierigen Aufgabe, das Haus zu unterhalten, die Familie zu ernähren, zu der ihre Mutter, zeitweilig die beiden Brüder, eine Nichte und ihre drei kleinen Kinder gehören. Ihre Tochter ist beim Tod des Vaters neun Jahre alt, die beiden Söhne sieben und fünf. »Mein Äußeres und meine Kleidung verrieten kaum etwas von den Sorgen, die mich bedrückten; unter meinem pelzgefütterten Mantel und dem abgeschabten scharlachroten Überwurf verspürte ich jedoch nur allzu oft Angst und zitterte sehr, und in meinem prächtigen, wohlgeordneten Bett verbrachte ich viele schlaflose Nächte. Schmalhans war Küchenmeister: So gehörte es sich eben für eine schwache Witwe.« Bei so viel materieller Not läge es auf der Hand, schnellstmöglich nach einem neuen Versorger und Ernährer Ausschau zu halten und sich nach der angemessenen Trauerzeit in die Obhut eines anderen Ehemannes zu begeben. An Freiern hätte es nicht gemangelt. Doch Christine de Pizan beschließt, nie wieder zu heiraten. Sie will ihrem Ehemann, den der Vater für sie »unter den edlen Rittern und reichen Schreibern« ausgewählt hat, über seinen Tod hinaus die Treue halten. »Meines Glaubens und der guten Liebe, die ich ihm versprach, eingedenk, faßte ich den klaren Vorsatz, keine andere mehr zu haben.« Für diese Entscheidung zahlt sie in der damaligen Gesellschaft einen hohen Preis. Sie ist klug und erfahren genug, um zu wissen, was auf sie zukommt, und zweifelt dennoch keinen Moment an der Richtigkeit ihres Entschlusses.

Witwen waren im Spätmittelalter zahlreichen Schwierigkeiten ausgesetzt, vor allem wenn sie nicht im Schutz eines mächtigen Familienverbandes lebten. Sicher nicht zufällig erfreute sich Boccaccios »Corbaccio«, das um 1360 entstandene satirisch frauenfeindliche Porträt einer männermordenden, lüsternen Witwe, bis ins 17. Jahrhundert hinein einer ungebrochenen Beliebtheit und Verbreitung in ganz Europa. Der Frauenhaß, der in dem Werk schriftlich zum Ausdruck kommt, trifft die junge Witwe Pizan in der Realität immer wieder in seiner ganzen Härte. Gut zehn Jahre lang schreibt Christine an einer autobiographischen Abhandlung über die Demütigungen und die Not, die sie als rechtlose Witwe ertragen mußte. Die zeitliche Distanz zu negativen Erfahrungen hat ihr Urteil nicht milder gefärbt. »Gott allein weiß, wie sehr ich darunter litt, wenn in meinem Hause Zwangsvollstreckungen ausgeführt wurden, mir die Schergen der Justiz mein jämmerliches Hab und Gut davontrugen. Dies war schon schlimm genug, aber noch mehr machte mir meine Scham zu schaffen, wenn ich mir von jemandem Geld leihen mußte, um noch größerem Ungemach zu entgehen … Ah, mein Gott, und wenn ich daran denke, wieviel Morgenstunden ich im Justizpalast vertrödelt habe, wie ich dabei im Winter vor Kälte fast erfror – und dies alles, um meinen Gönnern aufzulauern, sie an mein Anliegen zu erinnern und sie um Unterstützung zu bitten; aber wie oft vernahm ich dort Beschlüsse, die mir die Tränen in die Augen trieben, wie viele äußerst befremdliche Antworten mußte ich mir anhören! … O Gott, wie viele Belästigungen, wie viele widerliche Blicke, wie viel Spott aus dem Munde angetrunkener, selbst im Überfluß lebender Männer mußte ich mir da gefallen lassen! Aus Angst, meinen Belangen zu schaden ... ließ ich mir jedoch nichts anmerken und gab keine Antwort, oder ich wandte mich an eine andere Person, oder tat so, als hätte ich nichts verstanden.«

Zu jener Zeit werden die Gehälter der königlichen Notare nicht immer pünktlich und schon gar nicht per Dauerauftrag zum Monatsersten gezahlt. Es vergehen nicht weniger als 21 Jahre, bis Christine Rückstände eingetrieben hat, die der Rechnungshof ihrem Mann schuldet. Dazu muß sie sogar einen Prozeß führen, der sich 13 lange, sorgenvolle Jahre hinschleppt. Obwohl sie diesen Prozeß 1403 gewinnt, gehen weitere acht Jahre ins Land, ehe sie endlich die ihr geschuldeten Beträge erhält. Die Mühlen der Justiz und Bürokratie mahlen, wenn es um die Interessen der Frauen geht, noch langsamer als sonst. Auch in anderer Hinsicht bleibt ihr keine der Unredlichkeiten, denen eine alleinstehende Frau, eine Witwe, ausgesetzt ist, erspart. Sie wird übervorteilt, betrogen, von schlechten Beratern hinters Licht geführt, übers Ohr gehauen, zumal sie nicht genau über die Vermögensverhältnisse ihres Mannes Bescheid weiß. Ein schlagender Beweis für den unsinnigen Brauch, »daß Ehemänner mit ihren Frauen nicht über alle ihre Geschäfte sprechen und sie ihnen erklären«. Christines Zorn über dieses patriarchale Gebaren hängt noch immer zwischen den Zeilen ihrer Aufzeichnungen. Sie muß für Liegenschaften ihres verstorbenen Vaters Zinsen zahlen, sie kämpft vor Gericht, zieht von einer Stelle zur anderen, um zu ihrem Recht zu kommen. Doch hinter dem Kommen und Gehen der jungen Witwe, die noch keine 30 Jahre alt ist, wittert die neugierige Umgebung schnell Liebschaften. Ihr unkonventionelles Auftreten in der Öffentlichkeit macht sie zur beliebten Zielscheibe für übelste Verleumdungen. Verdächtigungen aller Art werden über sie in Umlauf gebracht. »Gott und ich, wir wissen genau, daß daran nichts ist«, seufzt sie und kann das öffentliche Schandmaul doch nicht stopfen. »Manche Leute können, was meine Person betrifft, auf falsche Gedanken kommen, weil ich Liebesgedichte schreibe. Wer solche Vermutungen gehegt hat, möge diese schnellstens vergessen, denn meine Interessen liegen in Wirklichkeit auf ganz anderen Gebieten.«

Not, Nackenschläge, Niederlagen, Enttäuschungen, damit ist eine Frau durchaus in die Knie zu zwingen. Doch an Christine de Pizan scheinen diese Angriffe abzuprallen, sie hat sich immun dagegen gemacht. Sie wehrt und wappnet sich mit einer geheimen Waffe, die ihr inneren Halt und Stärke gibt. Diese Waffe ist ihre Intelligenz und ihre Dichtkunst. Bereits im Todesjahr ihres Mannes hat sie an einem Dichterwettbewerb teilgenommen und mit einer ihrer Balladen sehr gute Resonanz erhalten. Diese öffentliche Anerkennung und Bestätigung stärken ihr den Rücken, sind ihr Gegenmittel gegen die Widrigkeiten, denen sie sich täglich ausgesetzt sieht. Selbstbewußtsein wird ihr Fluchtort vor Winkeladvokaten und Geldeintreibern. Der Schatz der Sprache und Dichtkunst schützt sie vor der Verbitterung und der immer wieder aufkommenden Verzweiflung. In ihren Balladen findet sie ein Ventil für ihre Gefühle und Sorgen, einen Rettungsanker, mit dem sie sich endlich auch Gehör verschafft. »Mit bedrücktem Herzen freudig zu singen und zu lachen, trotz aller Trauer, wahrhaftig, dazu gehört schon einiges … Aber ach – wo finden jene Witwen Trost, die man um ihr Hab und Gut gebracht? Denn in Frankreich, der einstigen Zuflucht der Vertriebenen und der Ratsuchenden, gewährt man ihnen heute keinen Beistand mehr. Die Edelleute zeigen nicht das geringste Mitleid, und gleiches gilt für die Gelehrten jeglichen Ranges. Helft den Witwen, schenkt diesem Gedicht Glauben: Ich sehe niemanden, der Mitgefühl mit ihnen hätte, und die Ohren der Fürsten sind taub für diese Klagen.«

Ihr dichterisches Talent weckt überall Bewunderung, zumal sie bei allem Weinen und Klagen dennoch »verliebte und fröhliche Worte« hinzufügt, um etwas Heiterkeit in das wehe Herz zu bringen. Sie versteht sich auf die unterschiedlichsten Versformen, spielt mit den Mitteln der Sprache zu allen Gelegenheiten. Dabei macht sie keinen Hehl daraus, daß sie sich genötigt sieht, ein doppeltes Spiel zu spielen: Liebesgedichte verfassen, die Menschen beglücken, während sie selbst schwer am armen Leben leidet. Sie kann, sie will ihren Mann nicht vergessen, die Trauer um ihn ist gegenwärtig. In vielen Gedichten erinnert sie daran, daß fünf, sieben, zehn Jahre verstrichen sind, seit sie ihren treuen Mann verlor. Sie nimmt Aufträge für Gedichte über Turnierspiele und Schäferidyllen an, »um ein wenig Schwermut zu verdrängen, von der ich niemals frei sein werde, denn unmöglich ist es mir zu vergessen, den sanften und friedfertigen Gefährten, den der Tod mir entriß«.

Trotz der großen Liebe zu ihrem Mann trägt Christine allerdings nicht seinen Namen. Zum Zeitpunkt ihrer Eheschließung hat sie die Wahlmöglichkeit zwischen dem Namen der Mutter, dem des Vaters und dem des Mannes. Sie wählt den des Vaters, weil er ihr das vermittelt hat, was ihr am wertvollsten erschien für die Selbstbehauptung im Leben: umfassende Bildung.

»Christine de Pizan, die Dienerin der Wissenschaft,
Deine Schülerin und Freundin,
Die sich in diesem Jahr
redliche Mühe gab bei ihrem Tun.«

Christine de Pizan hat nach dem Tod ihres Mannes zunächst als Kopistin fremder Handschriften gearbeitet, gleichzeitig intensive autodidaktische Studien getrieben und ihre Zeit mit ausgiebiger Lektüre gefüllt. Philosophische, naturwissenschaftliche und literarische Schriften verschlingt sie, gierig nach Informationen. Erst als sie das Gefühl hat, auf einem solide gefestigten Fundament aus Wissen bauen zu können, beginnt sie selbst als Autorin tätig zu werden. Zwischen 1399 und 1418 entsteht ein Werk von erstaunlicher Dimension und Vielfalt. Liebesdichtung, religiöse Traktate, Schriften zu Fragen der weiblichen Existenz, zahlreiche politische Texte mit starkem Aktualitätsbezug, etwa eine Klage über den Bürgerkrieg in

Frankreich, bringt sie zu Papier, dazu viele Texte, in denen sie Vorstellungen zur Reform der Ständegesellschaft entwickelt. Mit ihren Büchern und Balladen, die sie mit hübschen Miniaturen verzieren läßt, macht sie bald das, was wir heute Karriere nennen. Der Herzog von Berry, ein Kunstliebhaber und Ästhet, ist einer ihrer besten Kunden. Kurz vor ihrem Tod, über dessen Umstände nichts bekannt ist, verfaßt sie noch ein enthusiastisches Gedicht über die Jungfrau von Orléans, die ihr als Verkörperung ihres mutig kämpferischen Frauenideals erscheint.

Heute können wir kaum noch ermessen, was es um 1400 für eine Frau bedeutete, sich als Autorin mit einer immensen Fülle von Texten und Themen durchzusetzen. Möglicherweise profitiert sie zunächst vom Reiz des Außergewöhnlichen, der von einer schreibenden, jungen Witwe ausgeht, die mit anmutiger Geste und dennoch sehr selbstbewußt den Mächtigen ihre Werke überreicht – in der Hoffnung auf Geldgeschenke und Unterstützung.

Bis heute sind die Beschreibungen besonders aufschlußreich, in denen sie erzählt, wie sie die durch den Tod des Vaters und des Ehemannes ausgelöste Lebenskrise zu überwinden versucht. Dabei verhehlt sie nicht, daß der Schlüssel zu ihrer Selbstverwirklichung und Befreiung im beklagenswerten Tod des Vaters als auch des Ehemannes zu finden ist. Diese Schicksalsschläge und Stürme des Lebens haben diese junge Frau unfreiwillig dazu gebracht, sich auf die eigenen Möglichkeiten zu verlassen. Die Witwenschaft fordert sie heraus und setzt ihre Kräfte frei. Schicksal als Chance? Ihr Triumph über den Tod? Gleichwohl träumt sie schreibend von der besseren Vergangenheit, sie verklärt nostalgisch das Damals, beweint die verlorene Ritterlichkeit aus alter, guter Zeit. Sie hadert mit der Gesellschaft, die den Frauen so viel verwehrt, und wird nicht müde, ihre negativen Erfahrungen als Witwe wiederzugeben. In ihrer längst zum feministischen Kultbuch avancierten Vision »Stadt der Frauen« gibt sie dem Wunsch nach einer besseren Gesellschaft für die Frauen vielfältig Ausdruck. Hier entwirft sie eine literarische Utopie. Schreibend baut sie die ideale Stadt als Zufluchtsort, als Schutz und als Wunschtraum der Frauen. Gesetze der frauenfeindlichen Wirklichkeit sind innerhalb dieser Stadt außer Kraft und durch gerechte Regeln ersetzt. Die »Stadt der Frauen« ist ihre Vision und Utopie, gleichzeitig die Replik auf andere literarische Vorlagen. Es ist eine Geschichte der Semiramis, die sie Briefen aus der Antike entnahm, und die auch schon von Boccaccio literarisch verarbeitet worden war. Boccaccios meist schlüpfrig, eindeutig zweideutigen Anspielungen und Detailbeschreibungen von Frauengestalten verschiedener Kulturkreise und Jahrhunderte fallen ihrer strengen Zensur zum Opfer und gewinnen unter ihrer Feder völlig neue Konturen. Christine de Pizan versteht sich auf die feministische Literaturkritik und läßt kein gutes Haar an der Vorlage des männlichen Autors. Bei ihr ist Semiramis kein »Schreckensweib«, sondern eine kluge, alleinstehende, unabhängige Frau, eine Witwe. Sie ist umgeben von anderen weisen und klugen Frauen, die mit ihrem Vorbildcharakter dazu beitragen sollen, das Selbstbewußtsein anderer Frauen zu stärken. Christine de Pizan ist eine durchaus pädagogische Bekenntnisschreiberin. Sie will ihren Geschlechtsgenossinnen Mut machen, eine eigene, nicht fremdbestimmte Vorstellung von der Bedeutung des Weiblichen zu entwickeln. Sie wehrt sich mit diesem Buch von der Stadt der Frauen vehement gegen die damals gängige Annahme, Frauen seien nur minderwertige Wesen. Sie widersetzt sich jeder versuchten Reduktion und Diskriminierung und verheißt Ausweg und Hoffnung. »Während ich mich mit so traurigen Gedanken herumquälte, ich den Kopf gesenkt hielt wie eine, die sich schämt, mir die Tränen in den Augen standen und ich den Kopf in meiner Hand barg, den Arm auf die Stuhllehne gesetzt, sah ich plötzlich einen Lichtstrahl.« Im Wechsel von der Icherzählerin zu allegorischen Bildern erzählt sie, wie drei gekrönte Damen, Vernunft, Rechtschaffenheit und Gerechtigkeit, vor ihr erscheinen und ihr nahelegen, sich auf das eigene Urteil zu verlassen. »Wir sind hier, um eben jenen Irrtum, dem du aufgesessen bist, aus der Welt zu schaffen, um künftig allen hochherzigen und rechtschaffenen Frauen einen

Ort der Zuflucht, eine umfriedete Festung gegen die boshafte Schar der Belagerer zu bieten.« Die Damen entlarven die männliche Kritik an den Frauen als widersprüchlich, unwahr und blasphemisch.

Christine de Pizan ist damit die erste Frau, die an der querelle des femmes, der literarischen und philosophischen Debatte über den Wert der Frauen, teilnimmt. Diese querelles des femmes wog Männer und Frauen gegeneinander ab, so wie ein anderes beliebtes Standardthema die Alten gegen die Modernen oder umgekehrt ausspielt. Gegen diese falschen Bilder soll »die Frauenstadt auf einem fetten und fruchtbaren Boden errichtet werden«. »Dichtwerke verfassen sie, Reimsprüche, Prosa, Verse; verunglimpfen weibliches Verhalten auf unterschiedliche Weise ... Hätten aber die Frauen jene Bücher verfaßt, so sähe alles ganz anders aus, dessen bin ich gewiß.« Sie selbst liefert den stichhaltigsten Beweis für die bessere Qualität mit gerechten Urteilen in ihren Schriften. Die von ihr charakterisierte Witwe ist eine mutig handelnde Frau und verfügt damit über eine ganz entscheidende Tugend, auf die Männer zum Ärger der Pizan bislang einen völlig unbegründeten Alleinvertretungsanspruch erheben. Das muß ein Ende haben, daß nur Männer als mutig gelten, mahnt Christine de Pizan, in deren Weltsicht Tugenden nicht nach Geschlecht aufzuteilen sind, also keine »männlichen Tugenden« existieren.

Ihre Bücher, Werke in der Sprache und Weltsicht des Mittelalters, haben auch im 20. Jahrhundert nichts an Qualität eingebüßt. Sie taugen durchaus noch als handfeste, praktische Ratgeber für leidgeprüfte Witwen. Sie haben in der Einschätzung von Frauen und der Kritik an der männlichen Sicht auf weibliche Leistungen bis heute nichts an Aktualität verloren. Leider. Was ist überholt an den Warnungen vor üblen Personen und Pestilenzien, an den Empfehlungen für ganz bestimmte, konkrete Verhaltensweisen, je nach Stand und Umgebung? Christine de Pizan wagt auch zu sagen – mehr als ungewöhnlich für ihre Zeit –, daß eine Vergewaltigung den Frauen wirklich nicht das geringste Vergnügen bereite, daß es jedoch im

Interesse der Männer liege, das Gegenteil zu behaupten. Das Wesen falschzüngiger Liebhaber kennt sie genau und rät den Frauen zur Zurückhaltung. »Wenn man hört, mit welcher Leichtigkeit ihnen verlogene Sprüche über die Lippen gehen, wie sie vorgeben, unterwürfiger als ein Page zu sein, wie sie kommen und gehen, flanieren und äugen und sprechen, dabei ihre Zunge im Zaum haltend, um zu betrügen. Dann verhält sich unklug jene Schöne, die ihnen Mitleid schenkt. Denn ihrem Gesicht sieht man es sehr wohl an: Wer besonders lautstark jammert, ist nicht der Kränkste.«

Christine de Pizan ist eine ausgezeichnete Menschenkennerin, die hinter die Fassade von Anstand und Eindruck zu blicken vermag. Sie trichtert den Witwen den Rat ein, sich ein Männerherz zuzulegen, um mit allen Schwierigkeiten fertig zu werden. Sie versteht es, die Spitzhacke ihres Verstandes tief in die Erde zu graben, und sie denkt dabei ungemein praktisch. Beispielsweise erläutert sie, wie das vorhandene Budget aufgeteilt werden soll, wobei sie neben Posten für Lebensunterhalt und Forderungen der Gläubiger auch Ausgaben für Geschmeide und Kleider vorsieht. Wenn Frauen auch keinen Mann mehr haben, für den sie sich schmücken können, sollen sie dennoch für sich selbst schön sein. »Außerdem dünkt es uns, Kleidungsstücke anderer Länder, und hier vor allem jene Italiens, taugen mehr, sogar hinsichtlich der Kosten. Denn obgleich diese Kleidung viel auffälliger mit Perlen, Gold und Edelsteinen versehen ist, kommt sie doch nicht so teuer, denn sie hält einfach länger und kann später zu einem anderen Gewand getragen werden.«

Drastisch schildert Christine de Pizan aus eigener Erfahrung das Verhalten der Gerichtsvollzieher und Halsabschneider. Stehen die ins Haus, darf sich die Witwe unter keinen Umständen »wie sonst eine Frau weinend und tränenüberströmt ducken und sich nicht wehren wie ein armer Hund, der sich in die Ecke verkriecht, denn dann werden alle über sie herfallen!«

Immer wieder ergreift »Frau Meinung« im Text das Wort,

um die geplagte Witwe über dies und jenes zu trösten. Frau Meinung kennt auch die Zukunft und prophezeit verheißungsvoll: »Und wahrlich, in künftigen Zeiten wird man mehr von dir sprechen als zu deinen Lebzeiten, denn du kamst zu einem ungünstigen Zeitpunkt auf die Welt. Auch die Wissenschaften werden heute nicht geachtet und kämpfen auf verlorenem Posten ... Aber nach deinem Tod wird ein charaktervoller, weiser Fürst kommen, der aufgrund seiner Vertrautheit mit deinen Werken sich wünschen wird, zu deiner Zeit gelebt und dich mit eigenen Augen erblickt zu haben.«

Dieser »Fürst« hat lange auf sich warten lassen. 1521 erscheint die »Stadt der Frauen« in englischer Übersetzung: »The Boke of the Cyte of Ladyes«. In den folgenden Jahrhunderten beschränkt sich die Kenntnis der Schriften von Christine de Pizan auf einen überschaubaren Kreis von Gelehrten, die sich trotz der doppelten Provokation – eine schreibende Frau aus dem finsteren Mittelalter – nicht davon abschrecken lassen, ihre Werke zu lesen. Im späten 18. Jahrhundert errichtet ihr der Aufklärer Christoph Martin Wieland ein literarisches Denkmal: »Das Andenken dieser im vierzehnten und fünfzehnten Jahrhundert so berühmten Frau verdient es vor vielen anderen, die in der Geschichte fortdauern, lebendig erhalten zu werden, da sie durch ihren Charakter, ihre Schicksale und den Einfluß ihres Geistes auf ihre Zeit noch immer so interessant ist, als sie es einst durch ihre persönlichen Eigenschaften und ihre Werke für ihre Zeitgenossen war.«

Dann wird es lange Zeit still um das Werk der Pizan, sie gerät in Vergessenheit, zumindest bei einem breiten Publikum. Hartnäckig gehalten hat sich jedoch das wohl am häufigsten zitierte Urteil über Christine de Pizan. Es stammt aus der Feder des einflußreichen französischen Literaturhistorikers Gustave Lanson. Er kanzelt Christine ab und nennt sie »einen der vollkommensten Blaustrümpfe, den es in unserer Literatur gibt, die erste Vertreterin jenes unausstehlichen Geschlechts von Autorinnen, die über alles schreiben können und die während ihres ganzen lieben langen Lebens sich nichts anderes angelegen sein lassen, als die Beweise für ihren unermüdlichen Schreibfleiß zu mehren, der ihrer umfassenden Mittelmäßigkeit entspricht«.

Erst in unserem Jahrhundert wird diese Einschätzung als das genommen, was sie ist: ein überlebtes, ignorantes männliches Fehlurteil.

1975 wird der mittelfranzösische Originaltext durch die Edition der amerikanischen Historikerin Maureen Ch. Curnow den modernen Lesenden wieder zugänglich gemacht. Diese Ausgabe hat die Wirkung einer Initialzündung und ermöglicht die Übersetzung in mehrere europäische Sprachen. 1986 erscheint die »Stadt der Frauen« in deutscher Sprache. Die ungewöhnliche und bis dato nur in Fachkreisen bekannte Literatin des Spätmittelalters wird in vielen Frauengruppen geradezu mit offenen Armen empfangen, ihr Buch wird verschlungen, weiterempfohlen und als Folie für viele aktuelle Diskussionen genutzt. Die Bekenntnisse einer Witwe, die zu ihrer Zeit mit der gesellschaftlichen Erwartungshaltung bricht. Eine liebende Frau, die Zeit ihres Lebens den Verlust des geliebten Mannes beklagt, und die, allein auf sich gestellt, ohne die schützende, andere Hälfte, ganz neue Seiten und Qualitäten in sich entwikkelt. Verlust und Befreiung, Seite an Seite. Eine Kostbarkeit, ein Juwel für die Frauengruppen und Literatinnen, denn Vorbilder für emanzipiertes, selbstbewußtes und eigenständiges Denken und Handeln von Frauen quer durch die Jahrhunderte sind dünn gesät. Weniger, weil es nicht diese frühen Vorkämpferinnen gegeben hätte, eher, weil die männlich dominierte Geschichts- oder Literaturwissenschaft des 19. Jahrhunderts keinerlei Interesse an der Übermittlung von Frauengeschichte zeigte. Im Gegenteil. Sie präsentierte Männer, die Geschichte machten, und ließ die Frauen in der Vergessenheit versinken. Erst die mühsame Spurensuche vieler Wissenschaftlerinnen, die wahrhaft archäologischen Forschungsarbeiten bei den Ahninnen als Wegbereiterinnen und Vertreterinnen einer eigenen Geschichte, bringen langsam Licht in das vermeintliche Dunkel. Christine de Pizan kommt als historisches Vorbild für die eigene Selbstbestätigung und Befreiung gerade zur rechten Zeit und sehr gelegen. Eine Frau, die es zu etwas gebracht hat, eine, die schon damals gewußt hat, wie wichtig es ist, die Schwestern im Geiste zum gemeinsamen Kampf zusammenzurufen. Eine frühe Heroldin der Frauenemanzipation, die trotz der zeitlichen und kulturellen Distanz vom Damals zum Heute noch längst nicht unmodern ist, schon gar nicht widerlegt in ihren Utopien und Analysen.

Dennoch darf ihre heutige Rezeption keine oberflächliche und unhistorische Vereinnahmung sein. Als leuchtend gefeiertes Vorbild und viel gepriesene Leitfigur innerhalb der Frauenbewegung liefert Christine de Pizan den späten Beweis, daß es ohne Mann für Frauen doch am besten geht. Sind literarisches Talent und publizistischer Erfolg abhängig vom Familienstand? Kann Christine de Pizan reussieren, weil sie mannlos ist? Sie hat es zu Ruhm und Ansehen gebracht, den Männern zum Trotz, aber vor allem, weil sie allein und ohne männlichen Schutz ihre Frau stand. Christine de Pizan wird zur Rechtfertigungsfigur für die Gruppe derjenigen Frauen, die weiblichen Selbststand automatisch mit Männerhaß gleichsetzten und jedwede Leistung einer Frau unter dem Aspekt begutachteten, ob ein Mann um sie kreist. Christine de Pizan wird zur Kronzeugin für die Annahme, daß eine Ehe mit der traditionellen und gängigen Rollenverteilung das weibliche Talent und Vermögen nur einschränken, lähmen, hindern oder gar im Keim ersticken kann. Christine de Pizan muß sich die Inanspruchnahme für heutige Interessen und Ideologien gefallen lassen. Wir wissen nicht, was aus ihr geworden wäre, wenn sie nicht durch den Tod ihres Ehemannes so früh und unerwartet auf sich selbst gestellt gewesen wäre. Wir können nur im Nebel des Vagen und Ungefähren stochern und vermuten, daß sie ihre literarische Produktion als Ehefrau möglicherweise nicht zu diesem Umfang, nicht zu dieser Meisterschaft getrieben hätte. Als glücklich verheiratete Frau und in der materiellen Fürsorge des Ernährers aufgehoben, hätte sie keinen ökonomischen Druck gespürt. Erst ihre Witwenschaft hat diesen Druck erzeugt und Kräfte in ihr mobilisiert. Die Sachzwänge und die Geldeintreiber haben ihr die nötige Schubkraft und das Durchhaltevermögen geliefert. Und der Zwang zum Überleben bringt ihr auch die Freiheit, neue Möglichkeiten in der veränderten Lebenssituation auszuloten.

Neuorientierungen im eigenen Leben sind nach dem Tod des Ehemannes möglich, oft genug aus finanziellen Gründen auch zwingend geboten. Die Vielfalt von Patchwork-Karrieren, die existierenden, variantenreichen Lebensmodelle von Frauen, die gelockerten Erwartungshaltungen der Gesellschaft machen einen Richtungswechsel im bisherigen Lebensplan einfacher als zu Zeiten von Christine de Pizan. Doch nur vergleichsweise wenige Frauen schlagen eine wirklich andere Richtung ein, verlassen die gewohnten, sicheren, gemeinsam ausgetretenen Pfade. Neue Wege gehen sich offensichtlich besser zu zweit, auf die eigene Orientierung ist mehr Verlaß, wenn jemand da ist, der gut zuredet, Mut macht, ermuntert. »Allein wird man viel müder, kommt schwerer wieder auf die Beine, verirrt sich auch leichter«, beschreibt eine Witwe unserer Tage ihre Unentschlossenheit, nochmals einen anderen als den traditionellen Weg im Leben einzuschlagen. Die Witwenschaft, in der viele der Gedanken nach rückwärts in die Vergangenheit gewandt sind, scheint selten geeignet für große, nach vorne und in die Zukunft orientierte Befreiungstaten. Abenteuerlust und Pioniergeist lassen sich schwer mit der Trauer um den verstorbenen Mann unter einen Hut bringen. Für Wagemut und Weltveränderung fehlt die vertraute andere Hälfte. Die vergebliche Mobilisierung der Gefühle und Sehnsüchte, die Zuwendung zu einem nicht mehr vorhandenen Visavis, die Beschäftigung mit der gemeinsamen Vergangenheit, all das bewirkt einen oft lähmenden Wechsel zwischen Anlauf und Rückprall, zwischen Entschlossenheit und Enttäuschung. Offensichtlich taugen auch die vielfältigen Lebensmodelle nicht ohne weiteres als Vorbilder, zur Nachahmung empfohlen. »Während meiner Ehe habe ich oft den dringenden Wunsch verspürt, einfach auszubrechen, wieder ganz von vorne anzufangen, ich hatte das Gefühl, in einem Käfig zu sitzen, weil er mich mit seiner Liebe und Fürsorge erdrückt und beschnitten hat«, resümmiert eine heute Fünfzigjährige das Zusammenleben mit ihrem Mann. »Doch es ist, als habe er meine geheimen Wünsche, meine Kraft und auch meine Phantasie mit ins Grab genommen. Ich kann mir nicht vorstellen, wirklich anders zu leben, ich finde es grotesk, daß manche das von mir erwarten, ich will von diesen damaligen Plänen nichts mehr hören.«

Neuorientierungen brauchen ihre Zeit, oft zeigt sich erst nach Jahren, was sich tatsächlich verändert hat, manchmal wird es nur von den Betroffenen selbst erkannt, von der Umwelt dagegen übersehen, nicht wahrgenommen. Eher beiläufig wird, weil die Zeit reif ist, ein neues Kapitel im Buch des eigenen Lebens aufgeschlagen.

Zum Weiterlesen

Christine de Pizan
Das Buch von der Stadt der Frauen.
dtv Klassik, 1990

Regine Pernoud
Christine de Pizan. Das Leben einer außergewöhnlichen Frau und Schriftstellerin im Mittelalter.
Deutscher Taschenbuch Verlag, München 1990

Wege in die Stadt der Frauen
Texte und Bilder der Christine de Pizan. Herausgegeben, übersetzt und kommentiert von Margarete Zimmermann.
Verlag Leib und Seele, Zürich 1996

Erlösung und Freiheit

KATHARINA DIE GROSSE

»Ich führe ein Leben, das zehn andere Frauen in den Wahnsinn getrieben hätte, und zwanzig andere wären an meiner Stelle an gebrochenem Herzen gestorben.« Katharina die Große

»Wenn die Kraft zu Ende geht, ist Erlösung Gnade«, gibt Elfriede Blauensteiner gern altklug zum besten und erregt damit fast ganz Österreich. Jedenfalls sorgt sie nicht nur in sensationsarmen Zeiten für Schlagzeilen. Sie liefert Gesprächsstoff für weinselige Heurigenabende, gibt den Anstoß für Familiendispute über Moral und Geldgier, öffnet die Ventile für Wut und Abscheu. Elfriede Blauensteiner wird je nach Haltung als »Schwarzer Engel«, als »Lustige Witwe« oder als »Mords-Omi« tituliert und als »Witwe Blaubart« immer wieder in die Zeitungen gebracht. Sie hat nichts dagegen, vor allem, wenn noch etwas Geld dabei herausspringt. Armut ist einer der Zustände, die Elfriede Blauensteiner fürchtet wie der Teufel das Weihwasser. Um für sich immer ein gutes Finanzpölsterchen zu schaffen und die Angst vor dem Nichts zu bannen, greift sie zu ungewöhnlichen Mitteln. Elfriede Blauensteiner, eine gut genährte, gepflegte Durchschnittsbürgerin, vergiftet nicht Tauben, sondern Männer. Pensionisten, denen sie sich zuvor über Bekanntschaftsanzeigen als »treusorgende, liebevolle Kameradin für den Lebensherbst« empfohlen hat. An Interessenten für ihre Kameradschaft hat es nie gemangelt. Sie kann sich jeweils die passenden Freier auswählen. Durchaus liebevoll verhilft sie dann den Männern vom rüstigen Leben in den Tod. Ist er erst unter der Erde, kümmert sie sich ebenso gewissenhaft und liebevoll um seine finanziellen Überreste. Sie will und braucht das Geld der Hinterlassenschaft für nichts Bestimmtes, Luxus ist ihr fremd, Sparsamkeit von klein auf anerzogen. Sie will das Geld einfach nur haben, als sicheres Ruhekissen für die Jahre, die ihr das Leben noch schenken wird. Die wird sie allerdings im Gefängnis fristen müssen, denn sie ist wegen mehrfachen Mordes rechtskräftig verurteilt. Ihr Vermögen hat angeblich einen Wert von umgerechnet drei Millionen Mark. Das hat sie sich kontinuierlich zusammengeerbt. Sechs rüstige Männer mußten dafür sterben. »Es ist eben ihr Schicksal«, sagt Elfriede Blauensteiner achselzuckend und meint damit sowohl das ihre, als auch das der Männer.

Ihr Vater ist im Krieg gefallen, die Mutter und sechs Kinder teilten sich in einem Wiener Arbeiterbezirk ein Zimmer. Die einzige finanzierbare Fluchtmöglichkeit aus der Familientristesse führt in die Ehe. Einen Mann, der sie versorgt, von dem sie mehr als nur ein Zimmer erwarten kann. Dafür bietet sie ihm Liebe, oder das, was sie darunter versteht. Er aber dankt es nicht und läßt sich nach der Geburt des ersten Kindes von ihr scheiden. Seitdem hasse sie die Männer, sagt sie und mischt ihnen todsichere Dosen Gift in den Kaffee. Für die Enttäuschung, die ihr der eine zugefügt hat, müssen andere bezahlen, mit nicht weniger als dem Leben. Reue zeigt Elfriede Blauensteiner nicht. Der Wert eines Menschenlebens bemißt sich in ihrem Denken ausschließlich nach den Summen auf dem Sparbuch. Je mehr Geld vorhanden ist, desto rascher kommt der Tod. Schmerzfrei und ohne Qualen, darauf legt sie Wert. Sie hat – wie sie sagt – die Männer von ihren Leiden befreit, manche haben den Tod angeblich verdient. Wenn einer krank war und Schmerzen hatte, hat Elfriede Blauensteiner dem Siechtum ein Ende gesetzt. Ja, sie könne sich vorstellen, wieder einen Mann zu heiraten, es gibt ja genügend, die alleine sind ..., bekennt Elfriede Blauensteiner. Die österreichische Justiz hindert sie daran, die Giftmischerin sitzt in Haft.

Mord als Auslöser für den Witwenstand – das ist eher etwas für die Krimis der nur zweitklassigen Kategorie. Im wirklichen Leben heißt der Ausweg aus einer unglücklichen Ehe und den Jahren des Leidens und Erduldens entweder Scheidung oder Zähne zusammenbeißen, nicht aber Gattenmord. Er findet seinen Platz in Kriminalromanen, auch in Opernstoffen und im eher unseriösen Blätterwald. Sensationsberichte in der Boulevardpresse fühlen sich weniger der Wahrheit als dem Verkaufserfolg verpflichtet. Erleichterung nach dem Tod des tyrannischen und als störend empfundenen Ehemanns gibt es dagegen durchaus. »Als mein Mann endlich starb, habe ich ein Fest gefeiert. Ihn hat es gestört, wenn ich gelacht, mit den Töpfen hantiert oder mit den Türen geknallt habe. Jetzt kann ich lachen, so laut ich will. Keiner zwingt mich mehr zur Ruhe, keiner.« Ein Aufatmen bei vielen Frauen nach dem Tod ihres herrschsüchtigen oder lieblosen Ehemannes. Sie vermissen ihn nicht einen Augenblick, sie weinen ihm keine Träne des Anstandes nach, sie hadern nicht mit ihrem Schicksal. Im Gegenteil, sie nehmen es dankbar wie ein unverhofftes Geschenk an. Endlich: der Witwenstand ein Freudenfest, gewonnene Freiheit, das Ende der Unterdrückung, ledig aller konventionellen Fesseln aus vollem Herzen zu genießen?

Doch der bewußt kalkulierte gewaltsame Tod kommt im Handlungsspektrum der Menschen eher selten vor. Wer die Kraft hat, sich aus dem drückenden Joch der Ehe zu befreien, schlägt bevorzugt den legalen Weg zum Scheidungsrichter ein. Arsen als einziger Ausweg aus einem Kreislauf von Angst und Unterdrückung, Rattengift als wirksame Waffe gegen Erniedrigung und Mißachtung, tödliche Waffen als letzter Triumph und Beweis eigener Stärke, gedungene Mörder als Fluchthelfer aus dem Käfig der Zweisamkeit. Das alles stammt weit eher aus dem Reich der Fiktion und Phantasie als aus dem normalen bürgerlichen Leben unserer Zeit. Gleichwohl ist der Gattenmord ein beliebter Topos in der Literatur. In der Mehrzahl der literarischen oder historischen Beispiele vom Gattenmord waschen allerdings die Frauen wegen vermeintlicher Untreue die verletzte Mannesehre mit ihrem Blut rein. Mord oder Notwehr, schuldig oder nichtschuldig? Eine verständliche Reaktion nach so viel Demütigung und Erniedrigung, die nach milden Richtern sucht?

Sicherlich kann der Tod Befreiung auf vielfältige Weise bringen, Luft schaffen und Kräfte freisetzen, die zuvor im engen Korsett der Ehe und der männlichen Vorherrschaft nur zaghaft kümmerten. Der Bruch im eigenen Leben, ausgelöst durch den Tod des Mannes, schärft den Blick für neue Spielräume. Die Historie liefert uns einige Beispiele von klugen und einflußreichen Frauen, die erst nach dem Tod des Mannes Gelegenheiten nutzen konnten, um Können und Wissen zur Entfaltung zu bringen. Begünstigt durch ihren vom ihm abgeleiteten Status konnten sie aus seinem Schatten heraustreten, sich aus seiner Vormundschaft befreien und eigenständig wirken. Die gesellschaftlichen Schranken, in denen Frauen jeweils nur begrenzte Bewegungsfreiheit zugestanden wird, haben ihnen allerdings auch die Grenzen gesteckt, die männliche Macht definiert.

Des Gattenmordes mußte sich Theophanu nicht bedienen, Gemahlin Kaiser Ottos II. und Schwiegertochter der berühmten Kaiserin Adelheid. Viel zu früh stirbt ihr mächtiger Mann im Alter von 28 Jahren an Malaria. Nach seinem Tod wirkt sie »in ständiger Freundlichkeit gegenüber Rechtschaffenen, in furchtgebietender Überlegenheit gegenüber Aufsässigen«. Das ganze Reich habe sie wie mit einer Kette zusammengehalten und ihm viel Förderung in Künsten und Wissenschaften gebracht, berichten die Chronisten. Tatkräftig sei sie gewesen, machtorientiert, darüber hinaus klug und von imperialem Ehrgeiz beflügelt. Der allerdings schmeckt den Herren Historikern bei Frauen äußerst selten. Auch Sophie Auguste Friederike von Anhalt-Zerbst, besser bekannt unter dem Namen Katharina II., genannt die Große, schlägt ihr weiblicher Machthunger bis heute vorwiegend negativ bei den Historikern zu Buche. Durch die Brille des Vorurteils erscheint sie vielen Historikern als männermordendes Ungeheuer. Unterdrückung und Eroberung, dazu Orgien und Ausschweifungen perverser

Art sollen die Zeit ihrer Regentschaft gekennzeichnet haben. Leopold von Sacher-Masoch beschrieb sie in einem Romanwerk als »Zarin der Lust« und weiblichen Sultan. Seine eigenen Phantasien und Gelüste sind da im Galopp mit ihm durchgegangen. Eine Witwe der scheußlichen Art also, diese Katharina, die von 1762 bis 1796 regierte, eine Zeit, der im Prozeß der vorindustriellen Modernisierung Rußlands grundlegende Bedeutung zukommt. Manche Historiker sehen in ihr bis heute die kaltblütige Gattenmörderin, die als Witwe ihren eigenen Macht- und Karrieregelüsten frönen will. Eine Frau, auf die damals das zutraf, was heute gerne unter der Überschrift »Feminisierung der Macht« diskutiert wird. Die Russen haben sie gerade einmal wiederentdeckt. Der Katharina-Kult boomt und schlägt wahrhaft Purzelbäume. »Ganz Rußland nimmt dich zum Vorbild«, trällert die populäre Schlagersängerin Irina Allegrowa über die »zügellose Kaiserin«. An deren 200. Todestag gab es landauf, landab festliches Gepränge und allerlei Pomp beim armen Väterchen Rußland. Kongresse, Ausstellungen und historische Schauspiele, wie es das Herz begehrt. Die Ehre der Rehabilitierten zählt viel in Rußland, damals wie heute. Und je höher die Anzahl der Jahre, die vergangen sind, desto leichter fällt es, Kränze zu winden und über den einen oder anderen dunklen Fleck gnädig den Mantel des Vergessens zu hüllen.

Geboren ist Katharina am 2. Mai 1729 in Stettin. Hanseatisch und protestantisch bringt ihr eine Großmutter dann Anstand und ein bißchen Wissen bei. Immerhin ist man ja vom Stand und bei Hofe. Ihr Vater, Fürst Christian August, war einer der vielen Kleinpotentaten im Heiligen Römischen Reich Deutscher Nation. Ihre Mutter, Prinzessin Johanna Elisabeth, entstammte dem bedeutenderen Haus Holstein-Gottorf, das seine große Zeit noch vor sich hatte. Die Aussichten der jungen Prinzessin von Anhalt-Zerbst sind die einer guten Partie. Mut, Wahrheitsliebe und Gehorsam sollte sie lernen, damit käme sie gut durchs Leben, glauben ihre Erzieher. Gleichzeitig soll sie versuchen, durch Güte und Intelligenz wettzumachen, was ihr an Schönheit fehlt. Man bemängelt an ihr ein zu weit vorstehendes Kinn. Der krumme Rücken, durch das eng geschnürte Korsett geschädigt, wird als bedauerlicher Betriebsunfall möglichst unter der Fülle der Gewänder kaschiert.

Kein Grund, sich um die Zukunft als Ehefrau zu sorgen. Bereits als sie 12 Jahre alt ist, werden von den Eltern und Verwandten erste Fäden für mögliche Heiraten gesponnen. Bei einem Besuch in Berlin nimmt Friedrich II. von Preußen sie freundlich in Augenschein. Sie besteht vor dem kritischen Herrscherblick und hat nun einen weiteren Heiratsvermittler für sich gewonnen. Eigennutz ist seine Triebfeder, denn mit einer passenden Partie könnte sie ja durchaus den politischen Interessen Friedrichs von Nutzen sein. Der russische Großfürst Peter Fedorowitsch, ein Vetter Katharinas, kommt in die engere Wahl. Er gilt als kindischer und trunksüchtiger Grobian, doch das ist für die Kuppler nicht weiter störend. Es geht ja um die Staatsraison, nicht um einen Märchenprinzen, der einem jungen Mädchen Glück bescheren soll. Katharina tritt im Alter von 14 Jahren gegen den anfänglichen Widerstand ihres besorgten Vaters eine mühselige Reise gen Osten an. Im Februar 1744 wird sie in Moskau ihrem späteren Gatten zugeführt. Katharina notiert in ihr Tagebuch: »Selten in meinem Leben bin ich so gerührt gewesen; tausend verschiedene Empfindungen bewegen mich; Dankbarkeit für meines Vaters Güte, Besorgnis, sein Mißfallen zu erregen; die Gewohnheit, ihm blind zu gehorchen; die zärtliche Liebe, die ich immer zu ihm gehegt, und vor allem die Achtung vor ihm.« Die Trennung vom Vater fällt ihr schwer, sie wird ihn nie mehr wiedersehen. Einige Jahre später weint sie bittere Tränen über seinen Tod, von dem sie durch ein kühles Botschafterschreiben verspätet erfährt. Elisabeth, Schwiegermutter und Kaiserin, ist angesichts dieser Sentimentalität und Gefühlsduselei deutlich verstimmt. Sie kritisiert die übertriebene und in ihren Augen überflüssige Trauer um einen Menschen, der kein König war und deshalb keinen großen Verlust bedeutet. Katharina kontert trotzig. »Es ist wahr, daß mein Vater kein König war, aber er war nun einmal mein Vater; ich darf wohl annehmen, daß es kein Verbrechen ist, ihn zu beweinen.«

Tränen sind am Hof nicht vorgesehen. Auch als sie ihren Taufnamen Sophie in Katharina umändern muß, ist das kein Grund zum Weinen. Lediglich einige Zweifel beim Übertritt vom Protestantismus zur russisch-orthodoxen Kirche werden ihr großherzig zugestanden. Dann wird sie am 21. August 1745 mit großem Gepränge in St. Petersburg mit Peter vermählt. Katharina legt höchsten Wert darauf, sich die Liebe und Achtung der Russen zu erwerben. Sie vollzieht mit größter Gewissenhaftigkeit die Vorschriften der Kirche und gilt rasch als gut orthodox. »Meisterhaft schmeichelte sie allen Ständen und Personen, wußte Gegner zu Freunden zu machen und enthielt sich der Einmischung in politische Angelegenheiten. Sie zeigte stets ein offenes, heiteres Gesicht und stach auf das Vorteilhafteste von Peter ab.« Das ist ein Kinderspiel, plump, ungehobelt und dumm, wie sich ihr Ehemann verhält. Von ihrer Hochzeitsnacht berichtet die junge Frau: »Als er sich niedergelegt hatte, fing er an, mir davon zu sprechen, welches Vergnügen es seinem Kammerdiener bereiten würde, uns beide im Bett zu sehen. Dann schlief er ein und schlummerte behaglich bis zum Morgen. Am nächsten Tag versuchte Madame Kruse, uns junge Eheleute auszufragen. Ihre Hoffnungen erwiesen sich aber als trügerisch, und in diesem Zustand verblieben die Dinge während der neun folgenden Jahre ohne die geringste Änderung.« Peter, 17 Jahre alt, ein Spätentwickler, zieht es vor, im ehelichen Schlafzimmer die Zeit mit seiner stattlichen Sammlung von Spielzeugsoldaten zu verbringen. Katharina, um Verständnis für ihn und seine Vorlieben bemüht, spielt notgedrungen mit, während draußen vor der Tür die Höflinge darauf warten, daß endlich das Entscheidende passiert. Doch darauf wartet auch die Kaiserin vergeblich. Auch ein Jahr nach der Eheschließung zeichnen sich keinerlei Anzeichen einer Schwangerschaft unter Katharinas Gewändern ab. Peter und Katharina spielen miteinander, sie werden jeden Abend in das gemeinsame Schlafzimmer gesperrt, doch die Ehe wird nicht vollzogen. Alle

Vorwürfe an Katharina tragen nicht die gewünschten Früchte. Peter ignoriert seine junge Frau, macht dafür anderen Damen galant den Hof. Eine Ehe ohne Kinder, undenkbar damals. Jetzt werden potentielle Liebhaber für Katharina in Erwägung gezogen, doch die Suche bleibt zumindest in den ersten Ehejahren ohne Erfolg. Einsame Katharina. Die Kaiserin untersagt ihr jeden brieflichen Kontakt mit der Familie in der Heimat. Jeder Schritt, jede Kopfbewegung, jede Gefühlsregung von ihr wird argwöhnisch beobachtet. Katharina lebt in einem mächtigen Gefängnis, stets auf der Hut vor Intrigen und Fallstricken und Tag für Tag den Demütigungen durch ihren Ehemann ausgesetzt. Mit aller ihr zur Verfügung stehenden Kraft versucht sie, den trübsinnigen ersten sechs Jahren ihrer Ehe etwas Glanz zu geben. Sie flüchtet sich in Bücher, hört Musik, bildet sich weiter, entwickelt Ideen und baut ihre Position aus. Da ihr die Freuden der Liebe versagt bleiben, tröstet sie sich mit der Lust an Wissen, schärft ihren Geist und Intellekt und findet in der Lektüre eine andere, schönere Welt. Sie diskutiert am Hof über die Nützlichkeit von Frauenschulen, erregt sich über die Mißbräuche der Verwaltung, verfolgt aufmerksam kritisch die politischen Entwicklungen. Derweil trinkt ihr Mann und spielt mit seinen Soldaten. Zar Peter III. war nicht beliebt im Land. Die deutsche Herkunft des in Kiel geborenen Regenten ist dem Volk verhaßt. Der Preußenwahn Peters, der so weit ging, daß er die russischen Soldaten in preußische Uniformen steckte, ist Quelle und Zielscheibe beißender Kritik.

Als Peter III. die Nachfolge Elisabeths antritt, ist Katharina am Zug. Sie weiß um seine Unfähigkeit und ist gewillt, sich gegen ihn durchzusetzen. »Ich beschloß daher, in der bisherigen Weise, soweit möglich, fortzufahren, doch nie darauf zu bestehen, um ihn nicht gegen mich aufzubringen … ihm die Augen zu öffnen für seine wahren Interessen, wann immer sich Gelegenheit dazu bot, und sonst den Mund zu halten; auf der anderen Seite meine eigenen Vorstellungen hinsichtlich des Wohles des russischen Volkes zu verfolgen, damit es mich gegebenen Falles als den Retter der Nation betrachtete.« Es kommt zu einem Staatsstreich ohne Blutvergießen. Nach sechs Monaten Regentschaft wird Peter zum Thronverzicht gezwungen. Wenige Tage später kommt er bei einem Gelage zu Tode. Ein bedauerlicher Betriebsunfall, der Katharinas Ansehen in den Augen der Zeitgenossen und der Nachwelt erheblich eintrübt. War es ein von ihr in Auftrag gegebener Mord – oder eine Verkettung unglücklicher Umstände, an der sie keine Schuld trägt?

Inzwischen ist Katharina dreifache Mutter, Peter allerdings ist nicht der Vater der Nachkommen. »Ich hätte gewiß meinen Gemahl geliebt, wenn er liebenswürdig hätte sein wollen. Aber ich kam schon in den ersten Tagen unserer Ehe zu einem bösen Schluß über ihn. Ich sagte mir, wenn du diesen Menschen liebst, wirst du das unglücklichste Geschöpf auf Gottes Erdboden. Der Mensch beachtet dich kaum, er spricht nur von Puppen, und wenig fehlt daran, daß er jeder anderen Frau mehr Aufmerksamkeit erweist als dir.« Ehebruch auf Befehl also, den sich die junge Frau durchaus gefallen läßt. Wer lebt schon gerne ohne Zärtlichkeit und Liebe?

Nach dem frühen und gewaltsamen Tod ihres Ehemanns bekommt Katharina als eine der wenigen Karrierefrauen in der Geschichte die Gelegenheit, über ein Weltreich zu herrschen, und das – nach heutigen Erkenntnissen – erfolgreich über Jahre. Weiblicher Pragmatismus, eine ihrer herausragenden Eigenschaften, kommt ihr dabei zugute, ebenso wie ihr profundes Wissen. »Ihr größter Erfolg war die Zivilisierung eines großen Teils der Erdbevölkerung«, schreibt man ihr nach ihrem Tod anerkennend in die Nachrufe. Eine Goldmedaille, zu ihrer Thronbesteigung geprägt, zeigt die Herrscherin als Minerva, ein Titel, den ihr auch 1763 Voltaire überschwenglich zuerkannte. Die geharnischte Göttin verkörpert nicht nur die schönen Künste und die Wissenschaften, sondern auch den Kampf. Diese zweite Seite der mythischen Gestalt erhält während der Regierungszeit Katharinas II. durchaus Gelegenheit zur Bewährung. Unter ihrer Ägide erfolgt der Aufstieg Rußlands zur europäischen Großmacht. Katharina besiegt die Türkei, sichert sich das Recht der freien Schiffahrt auf dem Schwarzen

Meer und die ungehinderte Passage durch die Meerengen. Geschmückt mit den Insignien der Macht, agiert sie als Kämpfernatur, von Ehrgeiz getrieben. Sie will Versäumnisse und Fehler ihres Mannes korrigieren und vergessen machen. Gleichwohl hat sie, lange Jahre im höfischen Gefängnis gehalten, viel Sympathie mit den Benachteiligten. »Sei gütig, menschlich, zugänglich, mitfühlend und freigebig; deine hohe Stellung soll dir nicht im Wege stehen, dich um die Armen und Niedrigen zu kümmern und dich in ihre Lage zu versetzen. Ich schwöre bei der Vorsehung, mir diese Worte ins Herz zu graben«, schreibt sie sich selbst ins Stammbuch. Katharina, bienenfleißig, hat zahlreiche Schriften hinterlassen, aus denen ihr Wille zur politischen Gestaltung hervorgeht. Sie verfolgt ihre breit gefächerten Interessen, nutzt ihre Begabungen und Neigungen. In ihren Briefen und Selbstzeugnissen ebenso wie in ihren literarischen und publizistischen Versuchen legt sie unmißverständlich ein Bekenntnis zu den Zielen und Idealen der Aufklärung ab. Viele ihrer konkreten Reformpläne sind gescheitert, aber es ist der Geist der Gesetze, der Begriff von Legalität ganz im Sinne von Montesquieus »Esprit des Lois«, den sie erstmals in die russische Welt einführt. Der Gedanke einer gesetzlichen Regelung aller zivilen Verhältnisse ist der große Blitz, den Katharina in die russische, bis dahin mittelalterliche Welt schleudert. Er hinterläßt Leuchtspuren bis heute. Rußland ist unter Katharina ohne Zweifel ein europäischer Staat geworden. Dabei kümmert sie sich um die großen und weltweiten Belange ebenso wie um die Ungerechtigkeiten vor der Haustür. Sie geht gegen Extremfälle der Sklaverei vor und bringt Adlige vor Gericht, die ihre Leibeigenen gequält oder zu Tode geprügelt hatten. »Nirgends in der bewohnten Welt ist der Boden für den Despotismus so günstig wie in Moskau. Vom zartesten Alter an gewöhnen sich die Kinder an ihn, weil sie sehen, mit welcher Grausamkeit ihre Eltern die Dienerschaft behandeln. Denn gibt es nicht etwa ein Haus, in dem keine Halseisen, Ketten, Peitschen vorrätig sind, um wegen des geringsten Vergehens diejenigen zu martern, welche die Natur dieser unglücklichen Klasse angehören läßt, die ihre Fesseln nicht ohne Verbrechen sprengen könnte? Kaum wagt man zu behaupten, daß sie ebensogut Menschen sind wie wir, und wenn ich selbst das sage, so ist es auf die Gefahr hin, daß man Steine auf mich wirft. Was habe ich nicht von der Stimme einer unverständigen und grausamen öffentlichen Meinung leiden müssen, als in der Gesetzeskommission diesbezüglich Fragen behandelt wurden, und der adlige Pöbel zu ahnen begann, daß diese Besprechungen einige Besserungen für die gegenwärtige Lage der Bauern bringen könnten.«

Katharina unternimmt das Wagnis, in allen Provinzen, in allen Kleinstädten und Dörfern Schulen einzurichten, um den Analphabetismus wirksam zu bekämpfen. Sie gründet die erste russische Akademie für Sprache und Literatur und besetzt den Präsidentenposten mit einer Frau. »In der unendlichen Weite Rußlands ist ein Jahr nicht mehr als ein Tag«, schreibt Katharina in ihr Tagebuch und beginnt, die Tage auszunutzen, damit die Jahre nicht nutzlos vergehen. »Mein erster Grundsatz im Umgang mit Menschen ist, sie glauben zu machen, daß sie zu tun wünschen, was ich sie zu tun heiße. Es ist weiter meine Technik, laut zu loben und leise zu schelten. Wenn ich jemandem einen Posten gegeben habe, muß er schon ein Verbrechen begehen, um ihn zu verlieren. Sollte er sich als unfähig erweisen, arbeite ich mit seinem Vertreter; denn den ursprünglichen Fehler habe ja ich begangen, nicht er. Ich habe eine entschiedene Vorliebe für das deutsche Wort schaffen. Es ist eng verbunden mit Schöpfung, und die Schöpfung hat mir immer imponiert.«

Im Alter von 22 Jahren schreibt sie an einen Freund: »Mein Kopf ist aus Eisen und sehr widerstandsfähig. Sie mögen vielleicht gegen den Willen anderer etwas erreichen, aber nicht gegen meinen. Aber dieser Wille, sich selbst überlassen, wird weich wie Wachs, wenn es darum geht, jemandem gefällig zu sein, den ich liebe.«

Ob Katharina in der Liebe die Wünsche und Vorstellungen erreicht hat, die sicherlich im Kopf des jungen Mädchens gekeimt haben – wir wissen es nicht. Sie hat Liebhaber, Vertraute. Um ihr Liebesleben ranken sich zahlreiche Geschichten und Gerüchte, Spekulationen wachsen ins Monströse. Sie hält sich mit Details zurück und richtet ihr Augenmerk in erster Linie auf die Regierungsgeschäfte.

Seit ihrer Thronbesteigung im Jahr 1762 unternimmt die Kaiserin alle Anstrengungen, um die öffentliche Meinung im In- und Ausland für ihre Politik zu gewinnen. Scharfsinnig erkennt sie, welche Rolle dabei die veröffentlichte Meinung, die Presse, spielt, welche Bedeutung den literarischen und kulturpolitischen Zeitschriften des eigenen Landes in dieser Hinsicht zukommt. So gründet sie kurz entschlossen 1769 eine eigene satirische Zeitschrift, für die sie die meisten Beiträge selbst verfaßt. Historiker, Philosophen, Staatsrechtler und Literaten nutzen den von der Kaiserin offiziell proklamierten Meinungsstreit und spielen auf der Klaviatur des öffentlichen Diskurses. Die russische Literatur entwickelt sich zu einer gesellschaftlichen Macht, zum Gewissen der Nation, und übernimmt eine geistige und politische Führungsrolle in der Gesellschaft. Katharina, selbst literarisch hoch ambitioniert, die Theaterstücke und Romane verfaßt, holt freie Geister, kluge Dichter und Denker an ihren Hof. 1757 gründet Katharina auch noch die Akademie der Künste. Es soll nicht fehlen an Bildungs- und Studienmöglichkeiten im Land. »Die aus dieser Akademie kommenden Künstler und Meister sollen im ganzen Reiche frei und ungehindert zu allen Kron- und öffentlichen Arbeiten, zu denen sie Geschicklichkeit besitzen, sowie auch zu allen Diensten, die sie suchen und bei denen sie gebraucht werden können, zugelassen und angenommen werden.«

Doch sie steht nicht nur der Kunst und Literatur aufgeschlossen gegenüber. Sie gibt sich selbst den Titel einer »baulustigen« Monarchin und poliert die beiden Hauptstädte des Landes zum Aushängeschild des Russischen Reiches. Ihre Residenzstadt an der Newa, St. Petersburg, mausert sich unter ihrer Regentschaft zum Venedig des Nordens und zur europäischen Metropole.

Als Katharina 1796 stirbt, übernimmt ihr Sohn Paul ein nicht nur territorial gewaltig erweitertes Reich. In einem 1797 erschienenen Buch über sie schreibt der Historiker Heinrich Storch: »Wir nähern uns dem Ablauf eines Jahrhunderts, welches durch so viele außerordentliche Ereignisse in den Annalen der Menschheit auf ewig merkwürdig bleiben wird. Zu den wichtigsten Erscheinungen dieses Zeitraums gehört unstrittig auch die sittlich-politische Umbildung eines zahlenreichen und mächtigen Volkes, dessen schlummernde Kräfte wie durch einen elektrischen Schlag geweckt und in die erstaunenswürdigste Tätigkeit gesetzt worden sind. Rußland, ein bisher nur wenig gekanntes und wenig gefürchtetes Reich, tritt mit dem Anfang dieses Jahrhunderts plötzlich unter den europäischen Staaten auf und wird, nach einer kurzen Prüfung seiner Kräfte, der Schiedsrichter und die entscheidende Macht des Nordens. Das ganze Staatensystem von Europa gewinnt eine andere Gestalt.«

Das Lebenswerk von Katharina, einer klugen Frau, die, verschmäht vom Ehemann, ihre Zeit auf die Wissenschaft und Kunst verwandt hat, einer ehrgeizigen Frau, die bedächtig, aber weitblickend handelte, die Intuition und soziales Engagement mit Pragmatismus paarte. Sie ließ ihren Ideen Zeit, damit sie wie das Bier gären und köstlich werden konnten. Und sie hat ihre Zeit geprägt, mit Spuren und Konsequenzen bis heute. Schon 1767 hatte die Gesetzgebende Kommission ihr den Titel »Die Große« angeboten, doch Katharina lehnte bescheiden dankend ab: »Ich will es der Nachwelt überlassen, unparteiisch zu beurteilen, was ich getan habe.«

Zum Weiterlesen

Vincent Cronin
Katharina die Große.
Piper Verlag, München 1996

»Vielleicht verlange ich zu viel«

DIE KOMPONISTIN CLARA SCHUMANN

»Meine Seele hat Schwingen der Nachtigall
Und wiegt sich im blühenden Flieder,
Und jauchzet und singt vom Duft berauscht
Viel liebestrunkene Lieder.«

Felix Schumann

»Das allerschlimmste Weib, das Gott im Zorn erschuf«, das war – zumindest in den Augen des französischen Schreibers André Roussin – die »Witwe von Beruf«, denn kaum ist er, der große Meister, tot, kommt für sie die Stunde der Vergeltung, und »ungehindert wird alles, was er hinterlassen hat, geplündert«. Dem Schreiberling fehlt offensichtlich das kleinste Fünkchen Erkenntnis über das, was diese Frauen waren: Geliebte, Mütter, Beraterinnen, Trösterinnen, Sekretärinnen, Türhüterinnen, Geburtshelferinnen für sein Werk, Interpretinnen, Herausgeberinnen. Alle Qualen der Selbstzweifel, Mißerfolge, Abbrüche und Neuanfänge, alle Hoffnungen, alle Niederlagen haben sie miterlebt, ausgehalten, aufgefangen, oft genug sich selbst, ihr eigenes Schaffen und Leben zweitrangig behandelt. Und dennoch – das allerschlimmste Weib. Trauer wird ihnen abgesprochen, reine Gier und Geltungssucht leite sie, weiß ihnen die Nachwelt zu bescheinigen. Machtstreben, die Lust, andere zu beherrschen und zu beeinflussen, wird ihnen als böses Motiv nachgesagt, dabei wird Macht augenscheinlich nur bei Frauen als negativ besetzter Begriff verstanden. Und wenn es Geltungssucht wäre, der Wunsch nach einer Art Entschädigung oder Genugtuung für nicht erfüllte Bedürfnisse, zu kurz gekommene Möglichkeiten? War es nicht genau das, was die Frauen nach Jahrhunderten der Unterdrückung und Unterwerfung endlich in mühsamen Lektionen lernen sollten? Ich zu sagen und Ich zu denken und nach den eigenen Wünschen zu handeln, ohne Rücksicht auf männliche Ansprüche. Doch offensichtlich machen sie es falsch, wie sie es machen.

Ob selbstlose Bewunderung oder egoistisches Handeln – bei Clara Schumann-Wieck, Witwe Robert Schumanns, streiten sich die Wissenschaftlerinnen bis heute, welches Etikett dieser Künstlerin denn nun anzuheften sei. Je nach dem Blick der Betrachterinnen wechselt sie wie ein Chamäleon ihre Erscheinung, ist liebreizend, vielseitig, tüchtig oder aber kalt, unselbständig und karrieregeil. Und das alles in einem Leben von 76 Jahren. Die einen werfen der großen Pianistin zornentbrannt vor, sie habe nur sich selbst im Kopf gehabt, Kinder und Mann sträflichst vernachlässigt und ihren »Emanzentrip« verfolgt. Andere beklagen Claras erbitterte Ablehnung der weiblichen Kreativität, ausgerechnet sie tut das den nachgeborenen Schwestern an, denn längst ist Clara Schumann nicht nur auf Sonderbriefmarken und Hundertmarkscheinen posthum geadelt, sondern zur Schutzpatronin der heutigen Komponistinnen ernannt worden. Für die einen ist sie die kenntnisreiche Verwalterin von Schumanns Hinterlassenschaft, die anderen wiederum kreiden ihr den stümperhaften Umgang mit seinen Werken an. Die Empörung tönt aus dem Lager der Wissenschaftlerinnen ebenso laut wie aus dem Mund mancher Konsumentinnen ihrer Musik. Solidarität und Verständnis, so hat es den Anschein, sind mit ihr weit weniger in Verbindung zu bringen als Vorurteile. Clara Schumann, die begnadete Pianistin, die trauernde Witwe, oder doch der zweitrangige Klavierautomat ohne Herz und Seele bei den Tragödien und Triumphen ihres Lebens? Eine Frau, geprägt und beeinflußt zunächst von ihrem willensstarken Vater, dann von Robert

Schumann, dem Ehemann, und nicht zuletzt von Johannes Brahms, der sich in sie verliebt, als sie Mitte Dreißig ist. Das Leben besteht aus Geben und Nehmen, schafft Wechselwirkungen. Robert Schumann, ebenso wie der Dritte im Bunde, Johannes Brahms, sind nicht unbeeindruckt und durch unsichtbare Fäden gelenkt und gezogen von ihr.

Wer also war Clara?

In »Cäcilia. Ein Taschenbuch für Freunde der Tonkunst« aus dem Jahr 1833 heißt es über sie: »Erscheinungen wie Clara liegen so ganz außer dem Bereich des Gewöhnlichen, daß sie unsere Aufmerksamkeit gewaltsam fesseln, weil wir uns ihnen verwandt und dennoch wieder so ferne fühlen. Denn auch im gewöhnlichen Leben, so wenig der flüchtige Beobachter dies eingestehen dürfte, gestaltet sich hier alles anders, wie wir es an uns und unseren Alltagsumgebungen gewohnt sind – z. B. könnte man Clara, wie sie sich zu Hause gibt – unbefangen und kindlich gegen den Vater und ihre Umgebung – beim ersten Blick für ein ganz liebenswürdiges, dreizehnjähriges Mädchen – und weiter nichts halten – aber dann beobachtet man sie genauer – dann zeigt sich alles anders! Das feine hübsche Gesichtchen mit den etwas fremdartig geschnittenen Augen, der freundliche Mund mit dem sentimentalen Zug, der dann und wann etwas spöttisch – besonders wenn sie antwortet, sich verzieht, dazu das Graziös-Nachlässige in ihren Bewegungen – nicht studiert, aber weit über ihre Jahre hinausgehend! … Es ist, als wisse das Kind eine lange, aus Schmerz und Lust geborene Geschichte zu erzählen, und dennoch – was weiß sie? – Musik.«

Musik, nur Musik, Musik als Lust, als Arbeit, als Broterwerb, Musik der Seele, Musik in den Händen – das war die Welt von Clara Schumann-Wieck, die der Vater zum Werkzeug seiner musikalischen Ambitionen und zum Wunderkind trimmt. Er nimmt es mit allem sehr genau und pedantisch. Und damit später die einzelnen Stationen zu ihrem Ruhm genau rekonstruiert werden können, und vor allem sein Anteil daran nicht übersehen wird, schreibt der Vater auch das Tagebuch für die kleine Tochter, so lange, bis sie selbst schreiben kann. Dann kontrolliert er mit kritisch wachem Auge ihre Eintragungen und Empfindungen.

»Ich wurde geboren, den 13. September 1819 zu Leipzig und erhielt den Namen Clara Josephine. Mein Vater hatte ein Leihinstitut zu versehen und nebenbei einen kleinen Handel mit Pianoforten angefangen. Weil nun der Vater zugleich mit der Mutter viel Unterricht gab, und letztere selbst täglich ein bis zwei Stunden spielte, so wurde ich meist der Magd überlassen. Diese war nicht eben sprachselig und daher mochte es wohl kommen, daß ich erst zwischen dem vierten und fünften Jahre einzelne Worte zu sprechen anfing und zu dieser Zeit auch ebensowenig verstehen konnte. Klavierspielen hörte ich jedoch sehr viel, und mein Gehör bildete sich dadurch leichter für musikalische Töne als für die Sprache aus. Ich lernte aber zeitig laufen, so daß ich im dritten und vierten Jahr mit meinen Eltern spazierengehen und stundenlange Wege zurücklegen konnte. Ostern 1821 zogen meine Eltern ins Salzgäßchen, und hier war es, wo ich meine Mutter verlieren sollte. Dieselbe verließ nämlich meinen Vater, um ihrer Scheidung wegen nach Plauen zu gehen. Ich begleitete sie mit Erlaubnis meines Vaters, und zugleich nahm sie den kleinen Victor mit … Mein Vater hatte mich unter der Bedingung mit meiner Mutter reisen lassen, daß ich an meinem fünften Geburtstag, den 13. September, wieder in Leipzig sein müsse, und nach vieler Mühe gelang es dem Vater, ohne Gewalt zu gebrauchen, denn das Recht, mich vom fünften Jahre zu besitzen, stand ihm zu. Den 18. September fing nun so eigentlich mein Vater den Klavierunterricht an.«

So beginnt das Tagebuch von Clara Wieck, geschrieben von ihrem Vater Friedrich Wieck, der von nun an die Tochter unter seiner Gewalt hat, nie vergißt, seine Besitzansprüche anzumelden, damit aus der Tochter ein Geschöpf nach seinen Vorstellungen und Wünschen werde. Vater Wieck erfüllt sich mit der Ausbildung der Tochter einen alten Männertraum: die Produktion eines perfekten Wesens. »Was ich aber für Clara tue, das kann sie nie wieder gutmachen.« Dabei gibt sie sich wirklich Mühe, des Vaters Mühen zu vergelten. 1828, im Alter von neun Jahren, tritt sie erstmals im Leipziger Gewandhaus auf. Sie spielt zur Zufriedenheit des Vaters und des Publikums und notiert in ihrem Tagebuch: »Dem Vater habe ich für seine Mühe 20 Taler gegeben, und es tut mir leid, daß er nicht mehr nehmen wollte, aber die Meinigen werde ich von nun an mehrere Male im Kuchgarten freihalten.« Dabei will der Vater weniger Kuchen als Claras bedingungslose Unterwerfung unter seinen Willen, er will sie zu seinem Ruhm auf der Bühne sehen und hören. Wenn sie das nicht leistet, hat sie kein Recht auf Liebe.

Was ist Clara für ein Wesen? Der neun Jahre ältere Robert Schumann fragt es staunend, als er zwei Jahre später in das Haus ihres Vaters zieht. Lachen und Weinen, Tod und Leben sieht er in diesem Mädchen und ihr Herz in einer Entwicklung, vor der ihm bangt. In Claras Herz keimt längst die Hingabe und Liebe zu Robert. Doch es dauerte lang, bis sich die beiden eingestehen können, daß sie vom Schicksal füreinander bestimmt sind und Clara sich nach dem ersten Kuß von Robert einer Ohnmacht des Glücks nahe fühlt. Dieser Taumel erfaßt sie im Jahr 1835, kurz vor der Uraufführung ihres Klavierkonzerts a-moll, opus 7. Vater Wieck sammelt begeistert die Konzertkritiken.

»Demoiselle Clara Wieck hat unser musikalisches Publikum entzückt, das Erscheinen dieser Künstlerin kann als epochemachend betrachtet werden, denn die höchste Kunstfertigkeit, mit der größten Genialität vereint, wie dies hier der Fall war, dürften sich nur selten vorfinden.« Allerdings, so geben einige der Kritiker zu Protokoll, kann von einer wirklichen Konzertkritik nicht die Rede sein, »weil wir es mit dem Werk einer Dame zu tun haben«.

Claras Dilemma ist damit benannt, der Vater sieht wenig Veranlassung, ihr weibliches Selbstbewußtsein zu stärken, auch wenn er aus ihrem Talent herausholt, was herauszuholen ist. In Briefen an Robert klagt Clara immer wieder, daß sie sich wie eine Sklavin fühle, doch sie funktioniert bei ihren öffentlichen Auftritten ganz, wie es der Vater von ihr erwartet. Selbst seine Bedingung, Robert nicht mehr zu sehen, weil diese Verbindung seinen Karrierewünschen für die Tochter im Weg steht, erfüllt sie schweren Herzens. »Wenn Clara Schumann heiratet, dann sage ich es noch auf dem Totenbett: Sie ist nicht wert, meine Tochter zu sein.« Clara richtet sich nach seinen Plänen, nur über ihre Gefühle zu Robert bekommt ihr Vater keine Macht. »Nur dir will ich leben und dich glücklich machen.« Der Vater hat Clara zu Zielstrebigkeit erzogen, die setzt sie nun ein, um ihren Robert zu gewinnen. In ihrem 18. Lebensjahr verlobt sie sich heimlich mit Robert, und als der Vater den Heiratsantrag ablehnt, klagt sie vor Gericht gegen ihren Vater, um die Heirat durchzusetzen. Die Ehe als Rettung aus einer für sie unerträglich gewordenen Situation. Ihre Zeit als Wunderkind ist abgelaufen, sie muß sich als Künstlerin neu definieren. Das gelingt ihr aufgrund dessen, was sie vom Vater gelernt hat, nur über einen Mann, einen, der sie bewundert, einen, den sie bewundern kann. Deshalb weiß Clara, daß sie kämpfen muß und was sie will. »Nein, Robert, wenn du mich Kind nennst, das klingt so lieb, aber wenn du mich Kind denkst, dann tret ich auf und sage: du irrst. Vertraue mir vollkommen.« Einen Tag vor ihrem 21. Geburtstag wird sie mit Robert Schumann getraut. Sie ersetzt die Abhängigkeit vom Vater durch die von einem neuen Mann, selbstgewählt, hart erkämpft und aus lauter Liebe. Sie wird seine Kunst reproduzieren, er wird, durch sie inspiriert, neue Werke schaffen. Eine künstlerische Produktionsgemeinschaft wird gegründet. »Was soll ich über diesen Tag sagen? Er wird mir der unvergeßlichste meines Lebens sein! Mein ganzes Innere war von Dank erfüllt zu dem, der uns doch endlich über so viele Felsen und Klippen einander zugeführt, mein inbrünstiges Gebet war, daß es Ihm gefallen möchte, mir meinen Robert recht lange, lange Jahre zu erhalten – ach! der Gedanke, ich möchte ihn einmal verlieren, wenn der über mich kommt, dann verwirren sich gleich alle meine Sinne – der Himmel schütze mich vor solchem Unglück, ich trüge es nicht.«

Fristgerecht nach neun Monaten wird das erste Kind geboren, sieben weitere folgten. »Meine Kunst lasse ich nicht liegen, ich müßte mir ewig Vorwürfe machen«, sagt Clara, und Robert wählt an ihr »die Herzlichkeit und Häuslichkeit zur Braut« und grüßt sein liebes Hausweib Clara.

Die Ehe zwischen Clara und Robert steht in der Musikgeschichte wohl einzigartig da. Nicht nur das gemeinsame Musikerleben zog die beiden an, band sie aneinander, sondern auch die Tatsache, daß sie sich in ihrem künstlerischen Streben und Temperament ähnlich waren und gut ergänzten. Sie beginnen ein gemeinsames Tagebuch, das sie im wöchentlichen Wechsel führen wollen. Dieses Ehetagebuch ist für beide ein wichtiges Kommunikationsmittel, beiden fällt es viel schwerer, sich im Gespräch zu äußern. Anfänglich halten sie sich an die Vereinbarung, sich mit dem Schreiben abzuwechseln, später wird es Claras Aufgabe. Robert führt dagegen Haushaltsbücher, notiert Termine, Einnahmen, Kompositionsverzeichnisse, und auch den ehelichen Verkehr mit Clara trägt er jeweils mit Datum in eines seiner Rechnungsbücher.

Clara beschreibt ihre erste Ehezeit als glücklich und ungetrübt. Mit dem Vater gelingt eine zögernde Aussöhnung, allerdings auf wackelig tönernen Füßen gebaut. Das ursprüngliche Vertrauen stellt sich nicht mehr ein. Robert schenkt ihr Liebe und Zuneigung, doch das, was über viele Jahre ihr Leben ausgemacht hatte, das Musikleben in der Öffentlichkeit, die Bewunderung durch das Publikum, die Anerkennung, das bleibt ihr versagt. Robert stellt sich als höchstes Glück ein ruhiges Dasein vor, in dem Clara die Aufgabe und Pflicht zukommt, als gute Hausfrau und Mutter ein gemütliches Heim zu schaffen. Hin und wieder kann sie ein kleines privates Konzert für Freunde geben, mehr sieht Robert für sie als ehemals gefeierte Pianistin zunächst nicht vor. Im Februar 1841, in der 24. Woche nach der Hochzeit, notiert sie im Tagebuch: »Wir genießen ein Glück, das ich früher nie gekannt – ein sogenanntes häusliches Glück verspottete mein Vater allezeit. Wie bedauere ich die, die das nie kennen! Sie leben doch nur halb.« Doch gleichzeitig setzt sich in Clara das Gefühl fest, daß ihr etwas Entscheidendes fehlt. Manchmal nennt sie es Roberts Wärme, doch es ist die intensive Beschäftigung mit der Musik. »So fleißig mein Robert die Kunst betreibt, so wenig thue ich darin, der Himmel weiß! es gibt immer und immer Abhaltungen, und, so klein unsere Wirthschaft auch ist, so habe ich doch immer dies und jenes zu thuen, das mir die Zeit raubt.«

Als sie vierundzwanzig und Mutter von zwei Kindern ist, unternimmt sie mit ihrem Mann eine große Konzertreise nach Rußland. Danach zieht die Familie nach Dresden, und sie bekommt zwei weitere Kinder. Sie träumen gemeinsam den Traum von einer langen Konzerttournee durch Amerika, damals das Ziel vieler Menschen, doch die Pläne lassen sich nicht realisieren. Roberts Gesundheitszustand verschlechtert sich. Clara brilliert in Wien und Berlin als Interpretin der Werke ihres Mannes. »Ich werde oft ganz hingerissen vor Bewunderung für meinen Robert! Wo nimmt er all das Feuer, die Frische, die Phantasie, die Originalität her? Das muß man immer fragen und dann sagen, daß er ein auserwählt glücklicher Mensch ist, mit solch einer Schöpferkraft begabt zu sein.« 1850 zieht die Familie nach Düsseldorf, wo Robert die Stellung als Städtischer Musikdirektor annimmt. Clara bringt die Tochter Eugenie zur Welt, nach einer Fehlgeburt wird 1854 der Sohn Felix geboren. In ihrem Tagebuch klagt sie: »Meine letzten guten Jahre gehen hin, meine Kräfte auch – gewiß Grund genug, mich zu betrüben. Ich bin so entmutigt, daß ich es gar nicht sagen kann. Ich weiß kaum mehr, wie ich noch spielen soll, während ich mich bemühe, den Sänger möglichst zart und nachgebend zu begleiten, spricht Robert, meine Begleitung ist ihm schrecklich! Müßte ich nicht mein Spiel benutzen, um auch etwas zu verdienen, ich spielte wahrhaftig keinen Ton mehr öffentlich, denn was hilft mir der Beifall der Leute, wenn ich ihn nicht befriedigen kann.«

Seine Zufriedenheit, seine Anerkennung, sein Lob, seine Musik, seine Verehrung, sein Leben, sein Glück – darum kreisen Claras Gedanken. Robert ist schon in andere Welten entrückt, er leidet unter sehr starken und peinlichen Gehöraffektionen, Halluzinationen und »wunderbaren Leiden« und versucht, seinem Leben ein Ende zu setzen. »Liebe Clara, ich werfe meinen Trauring in den Rhein, thue Du dasselbe, beide Ringe werden alsdann sich vereinigen.« Clara begegnet Johannes Brahms, tiefe Verbundenheit entwickelt sich zwischen den beiden, und sie nimmt ihre pianistische Karriere wieder auf, geleitet von dem innigsten Wunsch, »daß er, mein geliebter Mann, sein Haus, wenn er zurückkehrt, in gutem Stande finden möge.« Doch Robert Schumann kommt nicht mehr nach Hause. Er wird in eine private Nervenheilanstalt in Endenich bei Bonn verlegt, sie verdient das nötige Geld, geht auf Konzertreise und schreibt ihm hin und wieder liebevolle, innige Briefe. Die Ärzte lehnen ihre Besuche bis kurz vor seinem Tod ab. Das zumindest ist die eine Deutung für die Tatsache, daß Clara den schwerkranken Mann nie besucht hat. Vielleicht will sie ihn auch nicht sehen, verbringt lieber ungestört glückliche Tage mit Johannes Brahms. Sie hat ihn nicht besucht. Hat sie Angst vor dem Anblick des von Leid und Krankheit entstellten Robert? Sie hat ihn nicht besucht. Will sie die Realität fliehen, seinem Tod nicht ins Auge sehen? Sie hat ihn nicht besucht. Warum besucht sie ihn nicht? Fehlt der starken Frau gegenüber der Autorität des Arztes plötzlich die Stärke? Er liegt allein, er leidet, vielleicht ruft er nach ihr, am Tag, in der Nacht. Sie hat ihn nicht besucht. »Dienstag, den 29. Juli (1856) sollte er befreit werden von seinem Leiden. Sein Kopf war schön als Leiche, die Stirn so schön klar, sanft gewölbt. Ich stand an seiner Leiche, des heißgeliebten Mannes, und war ruhig; all mein Empfinden ging auf in Dank zu Gott, daß er endlich befreit und als ich an seinem Bette niederkniete, da wurde mir so heilig zumute, mir war, als schwebte sein herrlicher Geist über mir – ach, hätte er mich mit sich genommen. Ich sah ihn heute zuletzt – einige Blumen legte ich ihm noch aufs Haupt – meine Liebe hat er mit sich genommen.«

Beim Tod Robert Schumanns ist Clara 36 Jahre alt und Mutter von acht Kindern. Eine Photographie zeigt sie, am Tisch sitzend, die Wange auf die Hand gestützt, das Haar gescheitelt und nach hinten gekämmt, ein schlichtes schwarzes Kleid verhüllt ihre Figur, ihr Blick träumend, nachdenklich mit einem Hauch von Lächeln. Ein neues Leben hat für sie nach Roberts Heimgang begonnen. Sie nimmt ihre Tätigkeit als Konzertpianistin wieder auf, besinnt sich auf ihr Können, ihr Talent, verdient den Lebensunterhalt für sich und die Kinder, behauptet sich in einer von männlichen Maßstäben bestimmten Welt und geht jeden Winter auf Tournee ins In- und Ausland. Nach wie vor, oder wieder, ist sie ein gefeierter Star und wird wegen ihrer Virtuosität viel gerühmt. Diese kühle Zielstrebigkeit, gepaart mit dem Wunsch nach Anerkennung und Erfolg, schneidet in der Beurteilung durch heutige Musikwissenschaftlerinnen nur schlecht ab. Bescheiden und still hätte sie bleiben sollen. Was tut Clara statt dessen? Sie schiebt ihre Kinder eiskalt in Anstalten ab, verweigert ihnen die Mutterliebe und denkt nur an sich und ihren Erfolg. Eine berechnende Karrierefrau, die die Männer zu verführen wußte, auch wenn es nicht alles »Bettgeschichten« waren.

Clara – eine Provokation in mancher Hinsicht und bis heute. Sie, die vom Vater abhängige, an Robert gebundene, hat es immerhin gewagt, auch auf ihren eigenen Füßen zu stehen, so schwer ihr das hin und wieder gefallen sein mag. Sie, die nur von der Liebe leben wollte, sich nach Wärme und Zuneigung sehnt, holt sich diese beim Publikum, in der Öffentlichkeit. Auch das ist ein Weg. Als der innige Freund Johannes Brahms ihr rät, die anstrengenden Reisen aufzugeben, reagiert sie mit Erstaunen, fühlt sie sich doch auf dem Höhepunkt ihres Könnens und vom Publikum mit Wärme und Begeisterung aufgenommen. »Ich fühle mich berufen zur Reproduktion schöner Werke, vor allem auch der Roberts, solange ich die Kraft habe, und würde auch, ohne daß ich es unbedingt nötig hätte, reisen, nur nicht in so anstrengender Weise, wie ich es oft muß. Die Ausübung der Kunst ist ja ein großer Teil meines Ichs, es ist mir die Luft, die ich atme! Hingegen wollte ich lieber hungern als mit halber Kraft öffentlich wirken.« Die Lektionen des Vaters zeigen ihre Wirkung bis in Claras späte Jahre – mit ganzer Kraft wirken, spielen, reproduzieren – dafür reibt sie sich auf, dafür erhielt sie als Kind Lob und Zuwendung, darum kämpft sie bis ins hohe Alter. Der Komponist Franz Liszt vergleicht sie mit einem gottgleichen Wesen, feiert sie hymnisch als »eine unterwürfige, glaubens- und ehrfurchtsvolle Geweihte des delphischen Gottes, dient sie mit schaudernder Gewissenstreue seinem Kultus. Zitternd, auch nur einen Jota des zu kündenden Spruches zu verlieren, eine Silbe falsch zu betonen und so zur schuldigen, trügerischen Interpretin zu werden, bezwingt sie ihr eigenes Gefühl. Die Orakel als unbestechliche Vermittlerin und treue Auslegerin zu verkünden, entsagt sie den eigenen Eingebungen. Keinen dunklen Passus wird sie nach individueller Neigung erklären« – Clara Schumann also doch nur ein Werkzeug, ein Klavierautomat, ohne eigene Seele, wie sie zum Beispiel von der Musikwissenschaftlerin Eva Weissweiler gesehen wird. Eine Frau wie ein Monster, die zum Mythos geworden ist und dabei ihren armen, früh verstorbenen Genius Robert vergessen hat? Claras Klagen, ihre Sehnsucht, den leeren Platz, der noch in seinem Grab ist, bald auszufüllen, sprechen eine andere Sprache. »Wie arbeite ich an mir und kann doch gar nicht mich von der schrecklichen Sehnsucht nach dem heiß geliebten Manne freimachen.« Ihm widmet sie ihre Kraft, seine Musik spielt sie, die europäische Musikwelt lernt durch ihre Hände seine Musik kennen und lieben. Das Komponieren hat Clara aufgegeben, zumal sie der weiblichen Kreativität und Schöpferkraft ohnehin nicht traut. Über ihr Trio für Klavier, Violine und Violoncello opus 17 urteilt sie abschätzig: »Es sind einige hübsche Stellen und wie ich glaube, ist es auch in der Form ziemlich gelungen, aber natürlich bleibt es immer Frauenzimmerarbeit, bei denen es immer an der Kraft und hie und da an der Erfindung fehlt.« An anderer Stelle spricht sie davon, daß ihre Kompositionen weibisch sentimental klängen. Nach der Aufführung des Trios von Clara Schumann im Jahr 1848 hieß es in der Allgemeinen Musikalischen Zeitung dazu: »Während die deutsche Literatur eine so große Auswahl von

Schriftstellerinnen, insbesondere Dichterinnen aufweist, ist das Feld musikalischer Kompositionen dem weiblichen Geschlecht weit weniger zugänglich gewesen. Virtuose Leistungen auf einem Instrument oder im Gesange, kleine musikalische Skizzen, Lieder und dergleichen – hiermit wäre der weibliche Anteil an der musikalischen Tätigkeit bezeichnet. Bis zur reifen Komposition erheben sich die Damen nur selten, weil sie zur Festhaltung dessen, was das innere Ohr hört, eine Kraft der Abstraktion benötigen, die überwiegend den Männern gegeben ist.« Dieser männlichen Ignoranz setzt Clara keinen trotzigen Widerspruch entgegen, vergeblich warten wir auf ihren empörten Protestschrei. Sie selbst zweifelt am Wert ihrer Kompositionen und übernimmt ungeprüft männliche Vorurteile. Ihr Maßstab heißt einzig und allein Robert Schumann, ihn verehrt sie wie einen Heiligen, spielt und ediert seine Werke. »Daß ich noch erleben durfte, wie mein Mann immer mehr Anhänger findet; das war doch eine große Freude, die gewiß selten der Frau eines großen Mannes zuteil wird. Sie wissen, ich bekomme aus Paris immer Tantiemen jährlich für Roberts in Frankreich aufgeführte Werke«, schreibt sie dankbar einer Freundin. Und wie ein staunendes Kind notiert sie die jährlichen Steigerungen von ursprünglich 300 Franc auf inzwischen 1500. »Das ist doch ein schlagender Beweis trotz Wagner, Berlioz und Liszt«, schließt sie trotzig. Ihr Glaube an Robert, ihre grenzenlose Bewunderung für seine Kompositionen, das alles hat sie bis in ihr hohes Alter so frisch, so unwiderruflich und standhaft erhalten, wie sie es ihm beim ersten Liebesschwur versprochen hat. Robert, nur Robert, »nur an dich gekettet, du bist meine Stütze, meine Hoffnung«. Selbstvertrauen wird Mädchen nicht in die Wiege gelegt. Männliche Maßstäbe lassen es nicht gedeihen. »Als Künstlerin in das Greisenalter zu treten, ist auch nicht leicht. Nur eine Bitte, einen Gedanken hatte ich heute beim Schlafengehen, daß der Himmel mich der Kinder Liebe noch einige Jahre genießen lassen möchte, nicht mit Siechtum, sondern mit der Genußfähigkeit, wie mein Herz sie noch hat«, schreibt sie zu ihrem 70. Geburtstag in das Tagebuch. Gichtknochen quälen sie an den Händen, die Finger verlieren ihre Gelenkigkeit, in ihren Ohren hört sie falsche Musik, laute Töne, nichts mehr von dem überirdischen Klang aus früheren, jungen Jahren. Im Alter von sechsundsiebzig Jahren stirbt Clara Schumann in Frankfurt und wird in Bonn an der Seite ihres Mannes, Robert Schumann, begraben.

Ihre Tochter Eugenie notiert in ihren Erinnerungen bewundernd und liebevoll: »Soll ich nun die ganze Gestalt in wenig Worten schildern, so würde ich sagen: Sie war ein Bild vollendeter Weiblichkeit, schönster Mütterlichkeit und hoher Menschlichkeit. Die Züge ihres Antlitzes sind aus vielen Bildern bekannt – welcher mechanische Apparat, welcher Stift vermöchte den Geist, die Seele dieser Züge, ihre Beweglichkeit, die sanfte, stets wechselnde Färbung wiederzugeben? … Was aber meine Mutter erlebt, gelitten und geleistet hatte, kam doch nirgends so zum Ausdruck wie in ihren Händen. Sie waren schlank und groß – konnten Dezimen mit freiem Gelenk anschlagen … Tausend feine Linien hatten sich in diese Hände und Finger einge- graben, waren sie doch die Vermittler der Wechselwirkung zwischen Leben und Kunst, trugen das Erlebnis in die Kunst, und die Kunst im Leben.«

Zum Weiterlesen

Beatrix Borchard
Clara Schumann.
Ullstein Verlag, München 1991

Nancy B. Reich
Clara Schumann. Romantik als Schicksal.
Rowohlt Taschenbuch Verlag, Reinbek 1993

Eva Weissweiler
Clara Schumann. Eine Biographie.
Deutscher Taschenbuch Verlag, München 1992

»Ich kann uns nicht erklären«

TRAURIGE GLÜCKSERFAHRUNGEN
EINER JUNGEN WITWE

Verwelkte Blume,
Menschenkind,
Man senkt gelind
Dich in die Erde
Hinunter.

Dann wird ob dir
Der Rasen grün,
Die Blumen blühn
Und du blühst
Mitten drunter.

Friedrich Rückert

Irgendwo in Irland, im Urlaub, beim selbstvergessenen Brombeerpflücken zwischen Brennesseln und Gestrüpp, mit den vom Saft der Früchte rot gefärbten Mündern und Händen ist es beiden plötzlich klar. Unabhängig voneinander und doch gleichzeitig beschließen sie: Wir wollen zusammen alt werden. Sie brauchen nicht viele Worte dafür. Längst haben sie sich auch im Schweigen verstehen gelernt, haben bei stundenlangen Spaziergängen an einsamen Stränden gespürt, wie sie sich ohne Worte nahe sind, wie viel sie verbindet. Wenn es dann Zeit war, die Stille zu unterbrechen, fingen sie nicht selten gleichzeitig zu reden an. Und meinten mit den je eigenen Worten meist dasselbe. Eine Harmonie der Seelen, ein Einklang der Gedanken – dem sollte Dauer auf Jahre, Jahrzehnte verliehen werden.

Dabei war der Anfang ihrer Begegnung keineswegs so harmonisch. Im Gegenteil. Uschi zeichnet mit ihren Händen ein »unmöglich« in die Luft. Sie ist eine zarte, zerbrechlich wirkende Frau Anfang 40 mit grazilen Bewegungen und schön gelockten, widerspenstigen Haaren. Sie spricht leise, aber klar und unverstellt. Viele bezeichnen sie als still, formulieren es so, als hieße es schüchtern. Dabei übersehen sie den Schalk, der in ihren Augen Feuer sprühen kann. Sie haben kein Sensorium für die feinen, zarten Zwischentöne, die in ihren Erzählungen klingen, hören nicht ihre Ironie, den intelligenten Spott in ihren Sätzen, mit denen sie Szenarien, Situationen wie auf Bildern wiedergeben kann. Stundenlang kann man ihr zuhören, so unterhaltsam, witzig und spannend kann sie erzählen. Dabei ist sie leise wie ihre Katze »Stulle«, die ihr um die Beine streicht, aber hellwach in ihren Gedanken, ganz präsent, auch wenn sie entspannt und gleichwohl majestätisch im Gartenstuhl lehnt.

Damals, als sich Uschi und Dieter zum ersten Mal begegneten, studierte sie Anglistik, er ist ihr Professor, und sie pflegt über Jahre eine tiefsitzende Abneigung gegen ihn. Er war ungemein »unsympathisch«, sie zieht das Wort beredt in die Länge, und ihre Stimme läßt keinerlei Zweifel daran aufkommen. Sie mochte ihn nicht. Und dann erdreistet er sich auch noch, kommt nach dem ersten Seminar zu ihr und fragt ganz dumm, ob sie für einen armen Professor eine Zigarette übrig habe. »Armer Professor und solche Sprüche«, nein, das ist absolut nicht nach Uschis Geschmack, doch seine Seminarthemen sind ihr Fachgebiet, also besucht sie seine Veranstaltungen. Sie läßt kaum eine Gelegenheit verstreichen, um sich mit ihm anzulegen, seine Thesen auseinanderzunehmen oder die Art der Seminargestaltung kritisch unter die Lupe zu nehmen. Uschi nimmt kein Blatt vor den Mund. Souverän und überzeugend vertritt sie ihre Meinung. Sie hat keinen Zugang zu seinen Ansichten, seiner Methodik, doch sie entschließt sich, bei ihm das Staatsexamen zu machen. Auch in der Prüfungsvorbereitung immer wieder Diskussionen, immer wieder Auseinandersetzungen. Er ist einfach widerlich. Uschi erzählt, als wäre es erst gestern gewesen. Sie versteht es, mit ihrer Stimme, mit einem zaghaften Lachen, mit geschickt gesetzten Pausen, die ganze Anspannung der Situation so wiederzugeben, als erlebten die Zuhörenden sie selbst direkt und hautnah mit allen Gefühlen mit. »In der mündlichen Prüfung war er mein Prüfer, und es war so toll, daß ich ganz überschwenglich einer Freundin auf der Examensfeier sagte, also weißt du, in dieser Dreiviertelstunde Prüfung habe ich mich in Dieter verliebt. Ich neige immer etwas zu Übertreibungen, das war auch eine, es war nun nicht so, daß ich ab da nur noch mit den Gedanken an diesen Mann beschäftigt war, mitnichten. Es gab sich dann auch wieder, es war auch alles gar nicht so wild, aber damit habe ich ausgedrückt, wie wunderbar er war, wie er mich durch diese Prüfung getragen hat und wie sehr mich das auch verblüfft und beglückt hat.«

Mit einem Sprung kommt ihre rot-weiß gescheckte Katze über den Gartenzaun. Zum dritten Mal an diesem Tag hat sie auf den Wiesen und Feldern rund um das Haus eine Maus gefangen, die sie Uschi stolz vor die Füße legt. Mit klagendem Ton fordert sie die nötige Bewunderung ein und vertilgt laut knackend ihre Beute.

Zwei Jahre nach ihrem Examen ist Uschi Beisitzerin in der Prüfung jener Frau, der sie das damals von ihren Gefühlen erzählt hatte. Der Prüfer ist Dieter. Uschi hat ein Bein in Gips, aber sie nimmt die Einladung zur anschließenden Feier gerne an. Im Gedanken an diesen Abend kommt ein verlegenes, zufriedenes Lachen auf ihr Gesicht. »Die Freundin war ohnehin eine exaltierte Person, zweitens hatte sie ihre Prüfung hinter sich gebracht, und drittens war sie etwas trunken, woraufhin sie in dieser Kneipe zu Dieter sagte, sie wußte ja, daß diese Prüfung überhaupt nicht schiefgehen kann, weil Uschi mir vor zwei Jahren erzählt hat, daß sie sich in ihrer mündlichen Prüfung in dich verliebt hat. Woraufhin dieser Mann guckte und sagte, das sei er latent schon seit über acht Jahren.« Irgendwie sind sie aus dieser komischen Situation ganz gut rausgekommen, sie haben ihre Telefonnummern getauscht und sich einige Tage später zu einem amerikanischen Straßentheater verabredet. »Und dann sahen wir uns drei Monate lang ziemlich regelmäßig, und nichts passierte. Ich lebte damals alleine, er war verheiratet, lebte aber getrennt von der Familie, und wir waren eigentlich beide zufrieden mit der Situation, so wie sie war.« Weihnachten will er mit seinem Sohn in einem kleinen Häuschen in Österreich verbringen und fragt sie, ob sie nicht Lust habe, mit zwei anderen Freunden dorthin zu kommen. Sie sagt zu, und nach einigem Hin und Her fährt sie auch, obwohl die beiden Freunde kurzfristig absagen. Das war vielleicht Schicksal. »Wir haben dort unsere Beziehung so richtig begonnen in der Silvesternacht, es war sehr schön, wir waren auf einer Fete eingeladen, da sind wir dann nicht hingefahren und haben das neue Jahr ganz anders eingeläutet. Dieter hat gefragt, kannst du dir vorstellen, wieder mit einem Mann zusammenzuleben? Und ich dachte, bestenfalls in einem sehr großen Schloß mit einem leeren Mittelflügel, ich links, er rechts. Und er sagte auch, er könnte es sich eigentlich nicht vorstellen. Heiraten war nie Thema für uns gewesen. Wir sind dann zusammengezogen, denn die Anfangsskepsis gab sich schnell. Nicht in ein Schloß, sondern in eine Wohnung, die sehr wenig schloßähnliches hatte, und diesen Mittelflügel gab es auch nicht, aber erstaunlicherweise vermißten wir den auch nicht. Das war die große Verblüffung, wir brauchten die Distanz wirklich nicht.«

Sie brauchten und suchten vielmehr die Nähe, aber ohne sich gegenseitig einzuengen und zu erdrücken. Doch jeder gemeinsame Moment, jede Unternehmung ist ein kleines Fest.

»Dieter war ein sehr physischer Mensch. Das war auch eine Sache, die mich immer erstaunt hat, er war recht füllig, dicklich, aber ein Mensch, der sich in seinem Körper so richtig wohlfühlte. Er joggte und schwamm und fuhr Ski und machte alles das, was mir überhaupt nicht liegt. Ich bin ein eher unsportlicher Mensch, das machte er aber auch alles ganz fröhlich und allein und ohne daß ich das Gefühl hatte, ich müßte da auch mitdackeln, oder daß er das Gefühl gehabt hätte, er müßte mich nun animieren.« Vier Jahre leben sie so ohne Schloß, nah beieinander und getragen vom gegenseitigen Vertrauen. Sie reisen gerne und gondeln gemeinsam nach Irland. »Wir hatten sehr schöne Tage gehabt und waren dann endlich bei unserem Reiseziel angelangt, beim Freund Jean. Am ersten Abend hatte er gekocht, und danach gings ins Pub, und dann ging es wieder zu Jean, und dann gab es noch one for the road, und ich sah also, wie diese beiden Männer doch ordentlich dem Alkohol zusprachen. Und am nächsten Tag ging Dieter joggen, und er kam zurück und sagte, ich hab gar nicht joggen können, mir geht es so schlecht. Und ich sagte nur, das kommt davon, wenn man bei der Begrüßung mit irischen Freunden über die Stränge schlägt.« Doch auch ohne Alkohol geht es Dieter in diesem Urlaub nicht sehr gut, er ist oft müde, fühlt sich angeschlagen. Der Arzt zu Hause diagnostiziert eine nasse Rippenfellentzündung. Sie bringt ihn zur Punktion in die Lungenklinik. Beide gehen davon aus, daß die Sache danach erledigt ist. »An dem Abend hatte ich noch eine Sitzung, und spät rief Dieter aus dem Krankenhaus an und erzählte, das war ganz sonderbar, der Arzt fragte mich, ob ich irgendwann einmal etwas mit Asbest zu tun gehabt hätte, und dann sagte er, ich weiß nicht, ob wir da noch etwas machen können. Am nächsten Morgen habe ich diesen Arzt angerufen, und er sagte, sterben müssen wir alle einmal. Das war drei Wochen, nachdem wir gedacht hatten, daß wir ein ganz, ganz langes Leben vor uns haben. Dann war die Diagnose, sicherlich noch ein halbes Jahr, vielleicht zehn, vielleicht eins. Und ab da hatten wir vier Jahre, und das waren die schönsten vier Jahre meines Lebens. Inklusive des Tages, an dem Dieter gestorben ist.«

Glückliches Leben im Angesicht des Todes? Das klingt paradox, doch viele Menschen, die vor der Aufgabe standen, einen todkranken Menschen während des Sterbens zu begleiten, berichten von ähnlichen Erfahrungen. Die Familientherapeutin Lilly Pincus beschreibt in ihrem Buch »Bis daß der Tod euch scheidet« von der besonderen Intensität und dem Verstehen im gegenseitigen Vertrauen, das sich zwischen ihr und ihrem Mann eingespielt hatte. Freunde kamen wegen der Atmosphäre der gelassenen Bejahung gerne zu Besuch, sie fühlten sich geborgen, getröstet und gestärkt, trotz oder wegen des Wissens um den nahen Tod. »Ich machte die überwältigende Erfahrung, daß das Leben gesteigert und erhöht wird durch die Bereitschaft, den Tod anzunehmen.«

Uschi wertet diese Erfahrung bei allem Schmerz über den Tod ihres Mannes bis heute als großes Geschenk. »Ohne daß wir es gemerkt haben, daß ich sagen könnte, da war ein ganz entscheidendes Vorkommnis, waren auf einmal Dimensionen von Nähe möglich, von denen ich glaube, daß wir sie nicht erreicht hätten, wenn wir nicht gewußt hätten, wie begrenzt unsere Zeit ist. So idiotisch das klingen mag, für die, die das nie erlebt haben, das kann ein unheimliches Geschenk sein. Es war so vieles möglich, das wir nicht für möglich gehalten haben. Und das nicht nur in dem Sinne, daß wir mehr Zeit hatten, als man erwartet hatte, sondern zum Beispiel, daß Dieter zum ersten Mal in seinem Leben Hilfe annehmen konnte, nicht nur von mir, sondern auch von anderen.«

Allerdings steckt hinter dieser Erkenntnis ein langer, schmerzhafter Prozeß mit Rückschlägen und Zweifeln. Kaum ein Mensch ist in der Lage, von einem Moment auf den anderen umzuschalten vom prallen Leben der scheinbaren Unendlichkeit auf die Konfrontation mit dem Tod. Lilly Pincus spricht daher auch von der Notwendigkeit des Reifens, von der langen Wegstrecke, die zurückgelegt werden muß, bis wir einsehen, daß man mit dem Leben nicht argumentieren kann, sondern es annehmen muß.

Auch Uschi braucht ihre Zeit, ehe sie nach dem ersten Schock fähig ist, den nun anstehenden Fragen und Aufgaben ins Auge zu sehen. »Ich weiß noch genau, wie ich ins Krankenhaus gefahren bin. Ich stand vor der Tür und dachte, ich kann die Tür nicht aufmachen. Dieter wußte zu dem Zeitpunkt die endgültige Diagnose noch nicht. Ich dachte, ich kann es nicht ertragen, ihn zu sehen. Ich stand vor dieser Tür und hatte das lähmende Gefühl, ich bin absolut unfähig, sie aufzumachen. Mein erster Impuls war, auf dem Absatz umzudrehen und zu gehen und einfach nichts zu wissen.« Sie hat den Fluchtimpuls unterdrückt, hat sich dazu durchgerungen, den Kopf nicht in den Sand zu stecken. »Dieter war sehr fröhlich, er war gerade beim Essen, ich saß ihm gegenüber, und er bot mir etwas von seinem Mittagessen an, und ich dachte, das ist vielleicht das letzte Mal, daß ich ihn essen sehe, daß ich ihn sitzen sehe. Dieses Gefühl, was immer jetzt passiert, es passiert das letzte Mal. Es ist alles so begrenzt, das kannst du gar nicht, es ist auch unerträglich, mit ihm zusammenzusein und zu wissen, daß es morgen vorbei sein kann. Das geht alles nicht, so kann man nicht leben. Ich kann das nicht, ich bin so ungeduldig, ich bin so exzentrisch, ich kann keine gute Sterbebegleiterin sein. Und ich denke, bei keinem anderen hätte ich es gekonnt, aber bei Dieter ging das, weil er ein so wunderbarer Mensch war.« Die endgültige Diagnose läßt noch einige Tage auf sich warten. Dann gibt es keinen Zweifel mehr. Es ist Phleurameso theliom, eine bislang noch relativ unbekannte Krankheit, die wohl in den kommenden Jahren zu trauriger Berühmtheit finden wird. Diese unheilbare Krankheit wird durch den Kontakt mit Asbest ausgelöst, die Inkubationszeit beträgt etwa 30 Jahre, dann gibt es keine Rettung mehr. Dieter hatte vor vielen Jahren einmal mit Asbest gearbeitet. Jetzt sprechen sie darüber, was die Diagnose für sie, für die Zukunft bedeutet. »Wir sind nach Worpswede gefahren, es war ein schöner Herbsttag. Dieter sagte, es ist komisch, wenn ich mir überlege, daß ich das alles nie wiedersehe, und ob du es glaubst oder nicht, ich sehe es jetzt schon anders. Und irgendwann im Laufe des Nachmittags sagte er, dann bist du meine letzte Liebesbeziehung, und eine schönere hätte ich mir nicht wünschen können. Und dann sagte er, ich wünsche mir, daß ich bei dir zu Hause sterben kann. Das konnte ich mir zu dem Zeitpunkt überhaupt nicht vorstellen, aber genau so ist es gekommen.«

Sie geben Dieters Krankheit einen bewußten Platz in ihrem Leben, auch wenn sie nicht jeden Tag darüber sprechen. Sie stellen ihre Ernährung um, aber sie leben soweit wie möglich den normalen Alltag weiter. Uschi geht ihrem Job nach, Dieter arbeitet an einem Buch über die Literatur der Chikanos, der Amerikaner mexikanischen Ursprungs, das er noch fertigstellen will und das 1991 auch erscheint. Sie machen Reisen, die sie sonst auch gemacht hätten, genießen das Zusammensein auf einer kleinen Insel im Mittelmeer, besuchen Freunde, beteiligen sich am kulturellen Leben. Sie gestalten ihre Tage im Wissen um die Begrenztheit, aber sie lassen keine Torschlußpanik aufkommen. Manche Pläne müssen gestrichen werden, zum Beispiel eine Reise nach Australien, aber sie können ohne Hader davon Abstand nehmen. Über ihre Zukunft, über ihr Leben ohne ihn fällt das Sprechen schwer. Dieter wünscht sich, daß sie finanziell so gesichert sein wird, daß sie nicht jeden Mistjob annehmen muß, daß sie es sich gut gehen lassen kann. Ihn stört es, wenn sie sich unter Wert verkauft, aber er gibt ihr gleichzeitig das Gefühl, daß sie das, was sie erreichen will, auch schaffen wird. Konkrete Gespräche darüber, wie ihr Leben ohne ihn sein wird, vermeidet und fürchtet sie. »Ich habe mit ihm nie darüber gesprochen, was später wird, weil ich mir damals nicht vorstellen konnte, daß es ein Leben ohne Dieter überhaupt gibt. Dieses Erstaunen darüber, daß es für mich diesen wunderbaren Mann gab, der nun auf mich gestoßen war und mich so akzeptierte und mir in so vielen Bereichen alles war, er war mein bester Freund, er war mein Geliebter, er war mein Kollege und die einzige Heimat, die ich je gehabt habe, und ich konnte mir überhaupt nicht vorstellen, was passiert, wenn Dieter tot ist. Das war so unfaßlich und unvorstellbar, daß ich darüber nie nachgedacht habe. Ich glaube, ich hätte es ihm furchtbar übelgenommen, wenn er mich gefragt hätte. Das hätte ich nicht ertragen können.« Als Dieter zweieinhalb

Jahre vor seinem Tod den Wunsch äußert, sie und eine Freundin sollten seinen Nachruf in einer von ihm herausgegebenen Fachzeitschrift verfassen, erstickt das Gespräch in Tränen.

Dieter versucht, seine Scheidung durchzusetzen, es gelingt mühsam, und manchmal haben sie das Gefühl, als renne ihnen die Zeit davon. Am 13. August 1991 wird aus den beiden auch ganz offiziell und standesamtlich ein Paar. Zehn Tage später werden sie kirchlich getraut. Vier Monate später, am 13. Dezember 1991, ist Dieter gestorben. In den letzten Wochen vor seinem Tod kann Uschi mit ihm auch über Nachrufe und seine Beerdigung sprechen. Er wünscht sich, in der Kirche aufgebahrt zu werden, in der sie geheiratet haben. Vier Monate vorher hatten sie sich versprochen, füreinander dazusein, bis daß der Tod sie scheidet.

Uschi hat dem Tod sehr klar, sehr realistisch ins Auge geblickt. Beschwichtigungen und falsche Tröstungen machen sie rückblickend noch so wütend, daß ihre Stimme scharf und schneidend wird und Funken in ihren Augen sprühen. »Das wird schon wieder«, flöten ihr Angehörige am Telefon ins Ohr, wenn sie davon spricht, daß es schlecht geht. Irgendwann hat sie keine Kraft mehr, diesen hilflosen Worthülsen die Realität entgegenzusetzen, und verbittet sich weitere Anrufe dieser Art. Sie sucht Hilfe bei einer Psychotherapeutin und weiß doch genau, daß auch das an der Endgültigkeit nichts ändert. Dieter wird sterben, auch wenn sie nur darauf wartet, daß sich alles als böser Traum entpuppt.

»Bevor es soweit war, hatte ich immer furchtbare Angst vor dem Moment, in dem Dieter sterben würde. Wenn mir damals jemand gesagt hätte, am Abend vor Dieters Tod wirst du mit Freunden um sein Bett sitzen und Tränen lachen, dann hätte ich das nicht geglaubt. Aber es war dann doch so, durchaus fröhlich, heiter und tröstlich.« Im Oktober 1991 verschlimmert sich die Krankheit so stark, daß Dieter ins Krankenhaus eingewiesen wird, wo ihm ein Morphinkatheder gesetzt wird. Uschi weicht nicht von seiner Seite und holt ihn aus dem Krankenhaus wieder nach Hause. Sie erzählt von den letzten Lebenstagen ihres Mannes so ruhig und so selbstverständlich, wie sie von schönen Essen oder Reiseerlebnissen berichtet. Manchmal ist ihre Stimme belegt, einen Moment lang zittrig. Aber sie kann auch lachen in Erinnerung und liebevoll spotten. Sie ist ihm ganz nah, es gibt nur die beiden in diesem Gespräch, und die Anwesenden haben einen Moment das beschämende Gefühl, sie seien dabei ertappt worden, wie sie unerlaubt und heimlich durch ein Schlüsselloch spähen. »Dieter war zwei Tage vor seinem Tod bereit zu sterben, und als er sagte, ich kann jetzt auch gehen, konnte ich ihn auch gehen lassen. Ich hätte ihm nicht gewünscht, daß er so weiterleben mußte, er konnte nicht mehr aufstehen, er hatte Schmerzen, die durch das Morphium erträglich waren, er war auch nicht verwirrt oder verändert, aber er konnte eben nicht mehr aufstehen. Er wollte mir am Abend vor seinem Tod noch eine Extrawidmung in sein Buch schreiben, aber dann konnte er die letzten Worte nicht mehr zu Papier bringen. Ein Freund, der da war und der ihn auch beerdigt hat, mußte für ihn weiterschreiben, und das waren Einschränkungen, die für ihn sehr schwer waren. Er hatte sich wundgelegen, und ich wechselte ihm die Verbände und dachte, damit wird eine seiner Ängste wahr. Er war kein ängstlicher Mann, aber er hatte Angst davor, so stückweise zu sterben. Er war begeisterter Schwimmer und Saunagänger, er konnte stundenlang und mit Genuß duschen, und daß er da nun in seinem eigenen Blut und Eiter liegen mußte, das war kaum erträglich und furchtbar für ihn. Am Abend vorher hatte er schon gesagt, es ist genug, es reicht, und er hatte uns gebeten, das Zimmer zu verlassen, weil er gesagt hat, ich kann nicht gehen, wenn ihr da seid. Dieter ist ein sehr ungeduldiger Mensch, und nach fünf Minuten rief er, das war falscher Alarm, ihr könnt wieder reinkommen. Und dann kamen wir alle wieder rein, und Dieter meinte ganz trocken, dieser Jesus, das war auch ein ziemlicher Chaot, meinst du, der kriegt das alles geregelt? Ich bin jetzt wirklich soweit, wann geht es denn hier jetzt los. Und er tröstete und meinte, es ist noch nicht soweit, ihr braucht jetzt nicht so traurig zu gucken. Und wir fingen an zu kichern, und er sagte, da habe ich mir nun mein ganzes Leben lang Mühe gegeben, geistreich zu sein. Wenn ich gewußt hätte, wie einfach es ist, euch zu unterhalten, dann hätte ich mich nicht so verausgabt. Und das war zum einen diese Anspannung, derentwegen wir lachen konnten, aber dann auch so eine Übereinstimmung. Das einzige, wo Dieter Schwierigkeiten hatte, war zu weinen, und einen Tag vor seinem Tod, da konnte er das. Wir alle, die mit ihm sein durften, als er starb, haben das als ein ganz, ganz großes Geschenk erlebt.«

Dieses Geschenk hat sie während der ersten Wochen auch noch getragen. »Ich hatte das Gefühl, daß er noch so da ist und so wahrnehmbar, daß ich auf seiner Beerdigung irgendwann nicht gemerkt habe, daß er nicht neben mir sitzt. Vom ersten Abend, den wir zusammen verbracht hatten, bis zum Abend, an dem er starb, wann immer wir im Theater, im Kino, abends vor der Glotze saßen und spazierengingen, was wir gemeinsam machten, dann war immer ein Hautkontakt da. Und nach seiner Beerdigung machte ich die Bewegung, und da saß er nicht. Und das geht mir heute noch so, daß ich nicht fassen kann, daß er nicht neben mir ist. Die ersten Wochen und Monate hat mich das Gefühl einer Kontinuität sehr getragen. Aber dennoch war es sehr schwer, wo vorher nichts schwer gewesen ist.«

Das Schlimmste habe sie nun überstanden, hört sie von Bekannten, sie wird für die Kraft gelobt, mit der sie das durchgestanden hat. Das Leben geht weiter, ruft man ihr zu, und daß sie an sich denken müsse. In all diesen schalen Tröstungen merkt Uschi, wie wenig Außenstehende etwas von ihr und ihrem Zusammensein mit Dieter verstehen, gesehen haben. Es fällt ihr schwer, Beziehungen zu Menschen zu entwickeln, die ihn nicht kannten. Manchmal wird sie gefragt, ob es ihr etwas ausmache, wenn sie ihn erwähnen, von ihm sprechen. Dabei ist das das einzige, was ihr wirklich nichts ausmacht. Von ihm zu sprechen, ihn hineinzuholen in die Gemeinschaft der Lebenden, das will sie, das braucht sie. Sie trägt schwarz und nimmt traurig Abschied von Freundinnen, die sich daran stören, die ihr meinen erklären zu müssen, wann es Zeit ist, wieder »normal« zu leben, die zu rot oder gelb oder einem Friseurbesuch raten. Fassungslos steht sie vor der Ignoranz von Gästen, die laut überlegen, ob es nicht das Sinnvollste für sie wäre, ein Kind zu adoptieren, damit sie etwas zum Kümmern und Liebhaben um sich hat, ihr Leben einen Sinn bekommt. Da sie den Gedanken an Kinder kategorisch zurückweist, wird als Alternative ein Hund angeboten. Ein Kuschel- und Streicheltier. Ein Trost für einsame Abende in ihrem kleinen Häuschen, das sie nach seinem Tod bezogen hat, aus Kostengründen, und um nicht noch einmal gefragt zu werden, ob die Wohnung für sie allein nicht zu geräumig sei. Ihr Häuschen liegt nicht weit von ihrem letzten gemeinsamen Wohnort entfernt, im Garten schwelgen Ringelblumen in leuchtendem Orange, die Erdbeeren tragen üppig, und der Rhabarber schießt in die Höhe. Abends äsen in der Ferne ein paar Rehe. Es ist ein heimeliger, friedlicher Ort, Dieter hätte er gut gefallen. Das zählt. Auch sie fühlt sich wohl in diesem Haus, kümmert sich um das undichte Dach, zerbricht sich den Kopf, wie sie die Maulwürfe dazu bewegen könnte, anderswo zu buddeln, kämpft gegen Unkraut, fachsimpelt über Bodenbeschaffenheit und Düngerqualitäten und versucht oft genug erfolglos, die Katze Stulle davon abzuhalten, ihre Beute ins Haus zu schleppen. Doch das alles ist mit dem Leben davor nicht zu vergleichen, es ist, als wäre es nur noch Nachhall, nur noch Echo von dem, was einmal war.

»Daß jetzt jeden Tag für mich dieses Leben angeht, ist schwerer als alles, was wir gemeinsam erlebt haben, weil wir da zusammen waren. Es ist nicht 24 Stunden am Tag ein schreckliches Leben, und wenn es tatsächlich so ist, dann würde man sterben. Ich lebe nicht schlecht und trotzdem – ich funktioniere, ich habe Pläne, ich habe Interessen, trotzdem habe ich das Gefühl, daß nichts mehr mich wirklich erreicht, daß alles so an der Oberfläche bleibt, und das ist die große Veränderung. Und es ist wirklich so, daß ich das Gefühl habe, daß ich das unheimlich große Glück gehabt habe, den Menschen zu treffen, der für mich bestimmt war, meine andere Hälfte. Und daß wir acht Jahre gehabt haben, das zu leben. Ich habe immer gedacht, ich werde es nie haben. Natürlich habe ich mir gewünscht und wünsche es mir immer noch, daß es viel, viel länger gewesen wäre. Aber mein Erstaunen, daß es möglich war, das überwiegt. Es war ein so unglaubliches Erlebnis, daß ich immer noch das Gefühl habe, daß ein Teil von mir nicht mehr existiert. Ich habe phasenweise das Empfinden, jetzt hat eine Entfernung stattgefunden, ohne daß ich weiß, wodurch das ausgelöst wird. Am Anfang hatte ich das Gefühl, Dieter entfernt sich von mir, aber es ist natürlich so, daß ich mich entferne. Die Momente, in denen ich das feststelle, sind ungeheuer schmerzhaft, denn es gibt nichts, was an diese Stelle tritt, da ist ein Stück weitere Taubheit. Ich möchte sicherlich nicht das Gefühl behalten, daß ein Stück von mir fehlt. Was ich behalten möchte, ist, daß ein Stück von ihm noch da ist.«

Teilhard de Chardin spricht in diesem Zusammenhang von der bewußten Energie, die wie die Liebe auf Hoffnung gegründet ist. »Weil ich die Hoffnung hatte, konnte ich auch die Energie aufbringen – oder ich wäre ohne Glauben gewesen und hätte mich selber betrogen.«

Die Kraft, die Menschen entwickeln, um einen geliebten Mitmenschen im Sterben zu begleiten, reicht selten über seinen Tod hinaus. Vielen erscheint es, als habe er sie mitgenommen. Auch Uschi spürt, daß das Leben ohne ihn unendlich schwerer zu meistern ist als das Leben zu zweit. »Es ist so unglaublich schwer, ohne ihn zu leben, ohne zu wissen, daß er da ist. Zum Beispiel die Tatsache, daß ich nicht mehr neben ihm aufwache. Ich bin eine schlechte Aufsteherin, und immer bin ich jeden Morgen aufgeweckt worden, indem ich ganz sanft in den Arm genommen wurde und mir gesagt wurde: ›Liebes, du mußt jetzt auch aufstehen!‹ Und er wußte, daß ich weiterschlafen würde, und dann kam die Mitteilung, der Kaffee ist jetzt fertig, ohne genervt zu sein, ohne zu drängeln. Seine Rücksicht, sein liebevolles Verhalten machten es mir möglich, mich dieser Welt zu stellen. Natürlich kann ich heute auch aufstehen, und trotzdem fehlt er mir. Die Tatsache, daß ich weiß, er sitzt nicht im Zimmer und liest, und ich kann nicht reingehen und mich an ihn lehnen. Ich kann nicht abends nach Hause kommen und ihm erzählen, was mir widerfahren ist. Er hat nicht immer etwas dazu gesagt, aber er hat es gehört. Mir fehlen die Alltäglichkeiten, das Gespräch, seine Anwesenheit, das Miteinanderleben.«

Sigmund Freud bezeichnet diese Trauerphase als Einschränkung des Ichs. »Den Verlust der Fähigkeit, irgendein neues Liebesobjekt zu wählen – was den Betrauerten ersetzen hieße –, die Abwendung von jeder Leistung, die nicht mit dem Andenken des Verstorbenen in Beziehung steht. Wir fassen es leicht, daß diese Hemmung und Einschränkung des Ichs der Ausdruck der ausschließlichen Hingabe an die Trauer ist«, schreibt er in »Trauer und Melancholie«, und wir verstehen durchaus, daß das nicht in seinem Sinne ist. Doch was, wenn es nicht Hemmung wäre, sondern durchaus trauriger Gewinn? Die Hingabe an einen Menschen, keinesfalls in steter Traurigkeit, sondern im dankbaren Wissen um ein geschenktes Glück, an dem sich auch Ansprüche, Maßstäbe entwickelt haben? Ein Leben mit der Erinnerung an das, was war, mit klarem Blick für die vielen Halbherzigkeiten, Zugeständ-nisse, unterdrückten Wünsche, Machtspiele und Demütigungen, die in anderen Lebensgemeinschaften und Beziehungen mühsam unter der Oberfläche gehalten werden. Überall werden schale Kompromisse akzeptiert, weil sie im Vergleich zu einem Singledasein als kleineres Übel erscheinen. Unterhaltung oder Versorgung statt Liebe und Begehren? Das hat Gottvater Zeus sicherlich nicht gemeint, als er den halbierten Wesen die Sehnsucht nach Liebe und Vereinigung einpflanzte. Doch wohl eher das, was Uschi erlebt hat und was sie sich bewahren will. »Das Gefühl, akzeptiert und geliebt zu werden, so wie ich bin, das hat Dieter mir gegeben. Es war umfassend. Es gab auch immer ein Begehren und eine große Zärtlichkeit und Leidenschaft. Das alles ist mit Dieter gegangen, und ich kann mir nicht vorstellen, daß es mir jemand anderes geben könnte.«

Zum Weiterlesen

Sigmund Freud
Trauer und Melancholie (Studienausgabe Band III).
Fischer Taschenbuch Verlag, Frankfurt 1973

Was willst du, du lebst
Trauer und Selbstfindung in Texten von Marie Luise Kaschnitz.
Ausgewählt und eingeleitet von Marlene Lohner.
Fischer Taschenbuch Verlag, Frankfurt 1991

Lily Pincus
Bis daß der Tod euch scheidet. Zur Psychologie des Trauerns.
Deutsche Verlagsanstalt, Stuttgart 1977

»Das machen wir dann später«

EINE WITWE AUF DEM WEG
IN DAS SELBSTBESTIMMTE LEBEN

»Es gibt viele Pfade in mir, die ich noch nicht gegangen bin. Zu allem Leid will ich ja sagen und zu aller Traurigkeit, und meine Seele soll ein Echo sein dem Lerchenruf jeder Freude.« Ernst Toller

Alte Häuser und ihre Probleme – manchmal könnte Ute daran verzweifeln. Ein Faß ohne Boden, eine Lebensaufgabe. Immer ist irgend etwas nicht perfekt, nicht passend, nicht in Ordnung. Die alten Türen, die sich bei einem Bombenangriff auf Bremen verzogen haben, hängen noch immer etwas schief in den Angeln, die Glasscheiben, damals notdürftig eingesetzt, passen nicht. Noch immer ist der Dachboden vollgestopft mit Erinnerungsstücken aus dem Leben einer Familie, müßte entrümpelt werden und bleibt dann doch, wie er ist. Ein Neubau mit geraden Wänden, professionell verlegten Leitungen, gut isolierten Fenstern, einfach perfekt und ohne Macken, mit Möbeln in der passenden Größe, das wäre etwas. Doch wie kann man so einfach aus der eigenen Geschichte aussteigen, das alles hinter sich lassen, was mit diesem alten Haus verbunden ist? Die Möbel, die Wände, die alles gesehen und gehört haben, hier ist er aufgewachsen, hier ist seine Mutter gestorben, hier ist noch viel von ihm lebendig. Ute braucht Zeit. Zeit für das Einerseits und Andererseits, Zeit, um sich in ihrem neuen Leben einzurichten. Das ist nichts, was im Handumdrehen zu erledigen ist wie die Wäsche oder die Küchenarbeit. Das alles muß durchdacht und mit dem eigenen Gefühl in Einklang gebracht werden. Es soll sinnvoll und vernünftig sein, auch wenn sie oft genug nicht weiß, welchen Sinn ihr Leben hat. Doch sie will das alles schaffen, dann, wenn die Zeit reif dafür ist. In Tagen oder Wochen läßt sich das noch nicht vorhersagen. »Als die Zeit erfüllet war, kann nicht heißen, daß sich genügend Zeit aufgesummt hatte oder daß Zeit reif war wie für Äpfel, sondern daß Fülle einbrach. In die Leere der Zeit, brach Pleroma, die Fülle herab, Zeit ist also das Leere«, heißt es bei Erhard Kästner. Ute wird diesen Prozeß nicht künstlich beschleunigen, er kommt, wenn keine innere Stimme mehr dagegen redet, wenn es »rund« in ihr geworden ist, nicht mehr so höllisch weh tut, alte Wunden wieder aufreißt. Dann wird sie das Haus verkaufen, das Geld mit ihren Töchtern teilen und irgendwo ganz anders leben. Auf dem Land, in einer anderen Stadt, oder im alten Viertel in einer praktischen, modernen Wohnung. Es wird sich finden. Sie wird ihren Teil dazu beitragen, um Erbschaftsstreitereien vorzubeugen. Sie wird Vorsorge für die Kinder und für das erste Enkelkind treffen, das in diesem Haus bald geboren wird. Die Erinnerung ist noch ganz wach, damals, als das Hickhack um das Erbe begann, noch ehe ihre Schwiegermutter in diesem Haus ihren letzten Atemzug getan hatte. So etwas soll bei ihr nicht passieren. Dafür wird sie sorgen, und sie wird es schaffen.

Ute ist eine stattliche Frau, die mit beiden Beinen fest auf dem Boden steht. Eine Frau, die Wärme, Sicherheit und Stärke ausstrahlt. Eine, von der man sich vorstellen kann, daß man sie nachts anrufen könnte, um sich einmal auszuheulen. Eine, die praktische Ratschläge und Wärme geben kann. Ute packt fremde Lasten mit auf ihre Schultern und begleitet einen durch dick und dünn. Ihre feinen Antennen für Probleme und Nöte der Menschen vermögen aber auch sehr genau zwischen aufrichtigen und vorgeschobenen Hilferufen zu unterscheiden. Die mütterliche Fürsorge für ihren Chef, einen zerstreuten Physikprofessor, hält sich in Grenzen. Sie kann mit ruhiger Gelassenheit darüber hinwegsehen, daß er mit zwei unterschiedlichen Socken zur Vorlesung kommt. Sie fühlt sich nicht mehr verantwortlich, wenn er seinen Zug verpaßt und das Redemanuskript zu Hause vergißt. Die Erwartungshaltung, daß sie wie eine Mutter für ihn zu sorgen habe, weist sie freundlich, aber mit Bestimmtheit zurück. »Ich bin seine Sekretärin, mehr nicht. Ich arbeite für ihn, aber ich umsorge ihn nicht.« Punkt. Doch auch diese Klarheit in ihrem Verhalten fiel nicht vom Himmel, sondern wuchs erst langsam.

Umsorgt hat sie ihre beiden Töchter, die inzwischen erwachsen sind, ihre eigenen Wege gehen. Umsorgt hat sie ihren Mann, vom ersten gemeinsamen Tag mit ihm bis zu seinem letzten vor sieben Jahren. Sie hatte damals auf einen Deal mit dem lieben Gott gehofft, um ihn noch behalten zu können, vergeblich. Dabei hatten sie noch immens viele Pläne. Alle Wünsche, Träume, Vorhaben waren unter dem Druck, das Familieneinkommen zu sichern, die Kinder großzuziehen und den Alltag zu bestehen, von jetzt auf später verschoben worden. Später wollten sie reisen, sich Zeit lassen, auf dem Land leben, Sprachen lernen, das Leben genießen, füreinander da sein. Später. Es war nicht genau definiert, hieß nicht im kommenden Monat, im nächsten Jahr. Es hieß einfach später. Und plötzlich gibt es kein später mehr, ist die gemeinsame Zukunft endgültig vorbei, nichts kann mehr nachgeholt werden. Der Tod hat ihnen keine Zeit mehr gegönnt, noch nicht einmal zum richtigen Abschiednehmen. »Von dem Moment an, wo er zum Arzt gegangen ist und dann innerhalb einer Woche die endgültige Diagnose Bauchspeicheldrüsenkrebs erhielt, war völlig klar, daß da keine Hilfe mehr möglich ist, daß es schnell gehen würde. Es hat zwei Monate gedauert. In dem Moment ist in mir irgend etwas zugegangen, ich merkte, daß ich gar nicht mehr bei mir bin. Das war wie ein Film, oder als sei ich das nicht, oder die Situation sei das nicht, oder es sei nicht mein Mann, oder es würde uns nicht betreffen.« Ute hat viele Jahre in einer Klinik gearbeitet, Krebsdiagnosen geschrieben, Krankheitsverläufe aufgenommen. Sie kennt jeden Fachausdruck, jede Einzelheit des Krankheitsbildes. Doch bei dieser Arbeit waren immer andere betroffen gewesen, es waren Fälle, unbekannte Namen. Alles Bedrohliche läßt sich in der Routine ihrer Arbeit auf Distanz halten, scheint aus einer anderen Welt zu kommen, ist graue Theorie. Und dann ist plötzlich alles Realität in ihrem Leben, bei ihrem Mann. Konkret, unabänderlich. Nicht mehr nur andere sind unheilbar krank, dem Tod geweiht, er auch. Da hilft es nicht, den Kopf in den Sand zu stecken, an der Diagnose herumzudeuteln, sie ist eindeutig und hoffnungslos. Ihr Mann Peter sucht sich die entsprechende Fachliteratur in den Bibliotheken zusammen. Mit der Präzision und Nüchternheit des Physikers studiert er seine Diagnosen, er konsultiert die Ärzte und zieht logisch und sachlich seine Schlüsse, gerade so, als würde er an einem schwierigen Versuch sitzen, den er bis ins kleinste Detail analysieren muß. Sie hätte am liebsten immer nur geweint, immer wieder hinausgeschrien, daß er nicht gehen soll, daß sie ohne ihn nicht leben will, den Tod nicht akzeptieren kann. Doch sie hat sich diszipliniert, hat sich die Tränen nicht zugestanden, die Klagen und ihre Verzweiflung unterdrückt. Sie hat sich nicht getraut, an sich und ihre Gefühle zu denken. Er liegt im Sterben, er ist viel wichtiger in seinem Leid, mit seinen qualvollen Schmerzen. »Dann mußte man organisieren, und dann habe ich nur organisiert. Es war ja auch so wenig Zeit. Zwei Monate nur, und man mußte etwas tun und mußte sehen, daß man das alles hinkriegt und mußte das akzeptieren und Abschied nehmen. Ich dachte auch immer, wie er das wohl schafft, auf dieses schwarze Loch in so einer rasanten Geschwindigkeit zuzugehen, deshalb war er im Vordergrund. Dann kamen die Kinder, dann die Verwandten, dann die Freunde, für die man auch eine Lösung finden mußte. Dadurch bin ich selbst gar nicht vorgekommen und habe viel länger gebraucht, um das zu verstehen, weil keine Zeit war. Ich war dann auch neidisch auf solche Krebsfälle, wo die Spanne noch drei, vier Jahre betragen hat. Ich kannte die Verläufe durch meine Arbeit theoretisch und habe es nicht begriffen, weshalb wir ausgerechnet den härtesten Fall hatten, und ich fand es sehr lange sehr unfair.«

Ihre Ängste, ihre Sorgen, ihre Hilflosigkeit im Angesicht des Todes haben zwischen den vielfältigen Anforderungen keinen Platz. Man muß organisieren, man muß funktionieren, hämmert sie sich ein. Und sie organisiert, und sie funktioniert. Ihre Fragen bleiben ungefragt. Sie stellt sich zurück, nimmt sich nicht wichtig, versucht so zu tun, als spielten ihre Gefühle keine Rolle. Sie müssen eben warten, auf später aufgeschoben werden. Sie geraten in Vergessenheit, anderes ist wichtiger. Ute hat gelernt, Prioritäten zu setzen.

Diese Rücksicht und Selbstbeschränkung ist für sie in den Jahren ihrer Ehe längst zur Selbstverständlichkeit geworden. Immer steht er an erster Stelle, dann kommen die Kinder, dann das, was für später bedacht sein muß. Die Frau bleibt dabei oft genug auf der Strecke, manchmal, ohne es selbst zu merken. Das schält sich erst jetzt allmählich heraus. Jetzt lernt sie, »Ich« zu sagen, während sie sich in ein anderes Leben ohne ihn vortastet, wo es Raum und Zeit für sie gibt. Ute hadert nicht mit sich, zerfleischt sich nicht mit der Frage, wie konnte ich nur. Sie ist keinesfalls unglücklich über die Jahre, in denen sich alles nur um andere dreht, sie nicht vorkommt, im Gegenteil. Sie paßt nicht in das grob gezimmerte Raster vom unselbständigen Weibchen, das dem Mann jeden Wunsch von den Augen abliest, sich anpaßt und verzichtet. Sie ist aber auch keine Kämpferin für die Frauenrechte und die private und häusliche gerechte Verteilung. Sie hat ihren Part selbstbewußt und gerne gespielt. Sie und ihr Mann haben aus zwei unterschiedlichen, aber sich ergänzenden Hälften bestanden. Für das harmonisch passende Ganze hat sie ohne Murren und Zweifel ihren Teil dazugegeben. »Wir waren ein prima Team, wir konnten uns aufeinander verlassen, wir waren füreinander da, wir hatten eine gute, gleichberechtigte Partnerschaft. Das hätte gut so weitergehen können, wenn er nicht gestorben wäre.« Gleichberechtigung in der Lebensgemeinschaft ist für sie sehr viel mehr als der Anspruch, alle müßten zur selben Zeit das gleiche haben und bekommen. Übereinstimmung in dem, was bedeutsam, was vorrangig ist, Klarheit in den gemeinsamen

Perspektiven und das selbstverständliche Geben und Nehmen bestimmen ihre Partnerschaft. Sie sind sich einig in ihren Zielen und haben sie sachlich und bewußt verfolgt. Das ist ein wesentliches Bindeglied für das Paar. Daran hat sich die Liebe hochgerankt, ist das Vertrauen gewachsen, damals – als sie sich kennenlernten. Sie haben zusammen die Schulbank gedrückt, beim zweiten Bildungsweg in der Abendschule holen sie das Abitur nach. Drei Jahre lang büffeln sie gemeinsam. Sie gehören zu dem kleinen harten Kern der Zähen. Die Ochsentour verlangt viel Verzicht, viel Disziplin. Andere strecken die Segel, sie geben nicht auf. Sie gehören zu den Langstreckenläufern, die die Zähne zusammenbeißen, weil sie mehr erreichen wollen und ihr Ziel klar im Blick haben. »Wir haben nebeneinander gesessen, ich konnte besser Englisch, er konnte Physik. Ich mußte meine schlechte Physiknote durch ein Referat ausgleichen, da hat er mir geholfen. Ich griff ihm bei den komplizierten englischen Nacherzählungen unter die Arme. Dieses Büffeln, dieser Streß verbinden. Man kennt sich dann auch gut, man kommt da abends müde hin, muß dann da noch arbeiten, versagt sich vieles, reißt sich zusammen, das verbindet, weil man den Weg gemeinsam gegangen ist.«

Der gemeinsame Weg soll nach ihren Vorstellungen in eine glückliche, lange Zukunft weiterführen. Sie wollen eine Familie gründen, Kinder haben, gemeinsam alt werden. Sachlich, vernünftig und – wie sie sagt – durchaus etwas kopflastig, haben sie deshalb überlegt, wie das alles am besten zu bewerkstelligen sei. Ute, vier Jahre älter als ihr Mann, will keine »späte« Mutter werden, also verzichtet sie auf ihre Ausbildung, der gemeinsame Kinderwunsch hat Priorität. »Ich wollte Lehrerin werden, aber ich fühlte mich nicht stark genug, neben den Kindern auch noch eine Ausbildung zu machen. Also hat mein Mann studiert, ich habe das Geld verdient, habe die Kinder gekriegt, und wir haben immer darauf geachtet, daß er möglichst wenig nebenher jobbt, damit er mit dem Studium schneller fertig wird. Uns war schon klar, wenn er dann immer mithilft, dann verlängert das die Studienzeit. Ich habe das bei Kolleginnen gesehen, die so furchtbar hilfreiche Männer hatten, deren Studium hat sich über Jahre hingeschleppt. Manche sind damit gar nicht fertig geworden, denn Kinder brauchen ja viel Zeit und viel Energie. Ich denke, unser Plan war gut so. Wir haben uns das überlegt, wir haben das so durchgezogen, er hat in der kürzest möglichen Zeit sein Examen gemacht, hat auch eine Arbeit bekommen, und er wollte dann die Familie versorgen.«

Enervierende Emanzipationsdebatten haben sie sich erspart, das mühselige Tauziehen um die Frage, wer sauber macht, wer Geschirr spült, hätte ihnen nur die Kräfte geraubt, die für anderes besser und gewinnbringender eingesetzt werden können. Die Frage, ob es seinem beruflichen Fortkommen geschadet hätte, wenn er Getränkekisten oder Einkaufstüten statt ihrer ins Haus schleppt, hat sie sich nicht gestellt. Ihre Persönlichkeit verliert sich nicht unter Wäschebergen, ihr Selbstwertgefühl nimmt keinen Schaden, wenn sie die schweren Arbeiten erledigt.

Draußen, irgendwo in einem anderen, fernen Leben, rebellieren Frauen gegen Diskriminierung und Ausbeutung, lehnen sich auf gegen die Reduktion auf Häuslichkeit und nachgeordnete Bedeutung. Die Emanzipationsdebatte erregt die Gemüter der Männer, denn damit nahen weibliche Kompetenz und Konkurrenz. Sie sehen ihre angestammten Privilegien, ihre Vorrangstellung in Gefahr. »Die Frau ist das Unwesentliche angesichts des Wesentlichen. Er ist das Subjekt, er ist das Absolute: sie ist das Andere«, schreibt Simone de Beauvoir in der Einleitung zu »Das andere Geschlecht«. Und scharfzüngig legt sie dar, wie unverrückbar die Ideologie von der Einzigartigkeit des Mannes Bestand haben wird, solange Frauen den perfiden und gleichwohl genialen Ammenmärchen aufsitzen, Bügeln, Waschen oder Kochen sei eine für Frauen erfüllende Tätigkeit. In Beauvoirs genialem Standardwerk über weiblichen Status und das Selbstverständnis von Frauen heißt es an anderer Stelle: »Wenn sie sich weigern, das Einverständnis mit dem Mann zu verleugnen, verzichten sie auf alle Vorteile, welche die enge Verbindung mit der herrschenden Kaste ihnen gewähren kann.

Tatsächlich lebt in ihr neben dem Anspruch jedes Individuums, sich selber als Subjekt zu setzen, der ein rein ethischer Anspruch ist, auch die Versuchung, vor ihrer Freiheit zu fliehen und sich als Sache zu fühlen: Das ist ein verhängnisvoller Weg, da er Passivität, Verzicht, Verlorenheit, Unterordnung unter einen fremden Willen, Mangel an Selbsterfüllung und Drangabe der Würde bedeutet.«

Nie gehört? Nein, das Private ist eben nicht nur politisch.

Ute und ihr Mann sind sich einig, ihre Aufgabenverteilung ist klar und muß nicht in nächtelangen Diskussionen immer wieder neu beleuchtet oder in Frage gestellt werden. Sie ziehen schließlich an einem Strang, verfolgen ein gemeinsames Ziel. Und sie lieben sich. Zwei Hälften, die sich vortrefflich ergänzen. Partnerschaftlich und gleichberechtigt haben sie alles entschieden, erzählt Ute. Völlig selbstverständlich hat sie die Rolle der Hausfrau, Mutter und Ernährerin übernommen. Ohne Murren hat sie ihm den Rücken freigehalten. Theaterbesuche, Kino, Treffen mit Freunden, das muß auf später verschoben werden. Davon geht die Welt nicht unter. Sie leben äußerst bescheiden, aber glücklich an seinem Studienort Clausthal-Zellerfeld. Dort fehlen ihr Freundinnen oder Angehörige als potentielle Babysitter, also verzichtet sie auf Zerstreuungen oder Anregungen, auf eigene Interessen außerhalb der Familie. Alles ist gut durchdacht, gut organisiert, ganz nach Plan. Jedes Stimmungstief wird durch die Aussicht auf später aufgehellt. Im Glauben auf viele weitere Jahre lernen sie die Beschränkung. Mit unglaublicher Kraft managt Ute den Haushalt für die vierköpfige Familie, hält Störungen von ihrem Mann fern und zaubert erfindungsreich aus dem Wenigen ein erfülltes Leben. Allerdings hat sie nicht vergessen, daß sie drei Jahre lang Abend für Abend die Schulbank gedrückt hat, um Lehrerin zu werden. Der Wunsch ist in ihr wach geblieben, noch nicht gänzlich unter Windelbergen und dem Kochgeschirr verschwunden. Sie sucht nach Wegen, um sich den Traum zu erfüllen. Wenn die Töchter schlafen, der Haushalt versorgt ist, setzt sie sich hin und lernt. In Nachtschichten und mit einem zähen Durchhaltevermögen büffelt sie für die Lehrerinnenprüfung in Maschinenschreiben und Wirtschaftsenglisch. Ein ungeheurer Kraftakt, aber sie erreicht, was sie will. Mit Bravour besteht sie die Prüfung. Doch inzwischen sind die entsprechenden Ausbildungsgänge und Lehrerstellen gestrichen worden. Rationalisierungsmaßnahmen. Pech. Aus der Traum vom Lehrerinnenberuf. »Ich habe mich sechs Wochen lang geärgert, und dann habe ich gedacht, na ja, arbeitslose Lehrerin ist ja unerträglich, deshalb bin ich ins Büro gegangen. Anfangs habe ich halbtags gearbeitet, weil ich nicht wollte, daß meine Kinder später immer zum Psychologen rennen müssen. Also habe ich darauf geachtet, daß wir zu jeder Mahlzeit beisammen waren. Im Hinblick darauf, daß er so früh gehen mußte, finde ich das gut, daß wir das so gemacht haben. So hat er noch viel von den Kindern gehabt. Und es ist gut, daß er noch das geworden ist, was er immer wollte. Er hat noch 12 Jahre als Physiker gearbeitet. In seiner Freizeit ist er segeln gegangen, er hat sich mit seinen Freunden getroffen, er hat alles gemacht, was er wollte. Ich ging ein bißchen unter dabei«, sagt sie, und es klingt so beiläufig, als würde sie kurz erwähnen, daß sie eine Straßenbahn verpaßt hat. Sie konzentriert ihren Blick auf die Vorteile, auf das Gute und Angenehme. Sie weiß um den Wert ihrer Ehe, lebt in der Überzeugung, daß jeder Kompromiß seinen positiven Effekt hat. Immerhin soll sich die Plackerei irgendwann einmal auszahlen. Später soll alles leichter und besser werden. Dann wird sie die reifen Früchte ihrer Anstrengungen ernten. Gut Ding muß Weile haben. »Als er mit dem Studium fertig war und seine erste Stelle hatte, sagte er sofort: ›Nun kannst du ja aufhören zu arbeiten.‹ Aber dazu hatte ich auch keine Lust, und so habe ich weitergearbeitet.« Aus dem Halbtagsjob wird bald eine Vollzeitstelle als Sekretärin eines Klinikchefs. Die Arbeit interessiert sie, sie fühlt sich gefordert. Hier kann sie etwas von ihrem Wissen anbringen, erhält Bestätigung nicht nur für frisch gewaschene Wäsche und wohlschmeckende Mahlzeiten. Die Familie aber rebelliert. »Das war sehr anstrengend. Und immer wenn ich sagte: ›Kann mir nicht mal einer helfen?‹, dann rief mein Mann nach seinen Töchtern, und meine Töchter sagten: ›Erziehe du erst einmal deinen Macho, dann helfen wir dir.‹ Da hatte ich aber keine Kraft mehr, die zu erziehen. Das habe ich nicht mehr hingekriegt, aber ich wollte auch nicht nur einen Halbtags-Lückenbüßerjob. Am Anfang war mein Mann Student, aber dann war er der Physiker, und da zählte ich nicht mehr mit meinen Leistungen. Wir hatten doch auch die Energie und die Hoffnung, daß dann, wenn mein Mann eine Arbeit hat und gut verdient, alles besser wird, daß es einen Ausgleich gibt. Und da war er dann so eingespannt, und da mußte ich dann eben sehen, wie ich das schaffe, mal eben zehn weiße Hemden für die Dienstreise zu bügeln.« Sie hat das auch geschafft. Es scheint, als könne sie aus einer nie versiegenden Kraftquelle schöpfen, als seien ihre Energiereserven unendlich. Die Hoffnung auf das, was alles an Schönem, an Erfüllendem und Beglückendem noch kommen würde, hat sie in Gang gehalten. Beide hatten ein Ziel vor Augen, für das sich alle Mühe lohnte. »Ich hatte einen so umfänglichen Haushalt, die Kinder brachten Freunde mit, andere Freunde kamen, da habe ich nicht gemerkt, daß da für mich keine dabei sind. Aber als mein Mann starb, da war das Haus, das sonst immer voller Gäste war, plötzlich leer.«

Als die beiden Töchter eigene Wege gehen und dem gemeinsamen Familienurlaub in Dänemark nichts mehr abgewinnen können, besinnt sich das Ehepaar auf die in frühen Jahren gesteckten Ziele. Jetzt können sie endlich alleine reisen, das für sich entdecken, was sie damals auf später verschoben haben. »Wir haben uns gesagt, jetzt sind wir frei, und das war es doch auch, was wir immer wollten. Aber dann konnten wir im ersten Jahr gar nichts damit anfangen. Und dann haben wir uns diszipliniert und gesagt, das kriegen wir schon hin. Wir haben uns hingesetzt und gefragt, was könnten wir denn wollen? Ich hatte Lust, Italienisch zu lernen, er wollte lieber Spanisch lernen, also haben wir einen Kompromiß geschlossen, gemeinsam Spanisch gelernt und dann Spanien bereist.« Die Macht der Männer ist noch immer die Geduld der Frauen. Doch die erste große Reise beginnt mit einem lang anhaltenden Gewitter. Zum ersten Mal wird ihr klar, daß die gemeinsam gefundenen Kompromisse nur seinen Wünschen entgegenkommen. Zaghaft meldet sie eigene Ansprüche an und begibt sich auf für sie ganz ungewohntes Terrain. Zögernd und unsicher, wie auf brüchigem Eis, tastet sie sich Schritt um Schritt vorwärts. »Ich sah das nicht ein, jeden Morgen so früh aufzustehen, das habe ich das ganze Leben lang gemacht und nie gerne, denn ich bin eigentlich eine Langschläferin. Er aber war früh wach und hat mich dann so lange gerüttelt, bis ich auch wach war, damit ich Frühstück machen konnte. Zum ersten Mal habe ich gesagt: ›So geht das nicht, wenn du Frühstück willst, kannst du es ja auch selber machen.‹« Sie weist ihn in die Grundbegriffe des Kaffeekochens ein, auch das Brötchenholen lernt er schnell. Auf einmal scheint ihre große Freiheit wunderbar und grenzenlos zu sein. Der Urlaub bekommt fast paradiesische Züge. Sie verstehen sich blendend, sie ergänzen sich, sie vertrauen sich. Kein Wunder, daß sie sofort neue Zukunftspläne schmieden. Sie malen sich aus, irgendwo außerhalb der Stadt in der Natur zu leben, sie schwelgen in der Vorfreude auf mehr gemeinsame Zeit im eigenen Garten, suchen nach neuen Reisezielen, sammeln Kraft und Energie für viele Unternehmungen. So viel Glück, so viel Liebe, so viel Vertrauen verbindet sie. Eineinhalb Jahre später ist ihr Mann tot, in Frieden gegangen, wie sie sagt. Vier Wochen nach seinem Tod wird sie fünfzig Jahre alt, sie haßt das Leben, hadert mit sich und der Welt. »Viele Leute haben mir hinterher gesagt: ›Du trauerst ja gar nicht, du bist wütend.‹ Das stimmte, ich habe ganz viel Zorn gehabt, obwohl ich auch traurig war, aber man darf offensichtlich ja nicht laut sagen, daß man wütend ist.« Sie ist voller Zorn auf die, die noch leben, erbost über Paare, die gleichgültig nebeneinander hergehen, die sich streiten, nicht wahrnehmen, wie kostbar das Miteinander ist. Sie ist zornig auf alle, die über Nebensächlichkeiten und Marginalien jammern, als hinge daran das Leben. Sie ist zornig, daß sie lebt und er tot ist, zornig auch auf das Schicksal, einen Gott, den Teufel, auf den Tod. Sie ist zornig auf die Welt, aus der er zu früh gegangen ist. Ihm gilt die Wut nicht, dafür hat er zu viel gelitten. Ihre Auseinandersetzung mit ihm beginnt erst zwei Jahre nach seinem Tod. Da endlich treffen auch ihn ihr Zorn, ihre Verzweiflung, ihre Trauer. »Damals habe ich mir gesagt, ich will nicht mehr, daß das immer so weh tut, ich muß etwas unternehmen. Er ist auf See bestattet in der Helgoländer Bucht, das war sein Wunsch. Ich hatte ihn gebeten, ob er nicht ein Grab nehmen könne, damit wir einen Ort haben, wo wir auch hingehen können, aber er sagte, den Gefallen könne er uns nicht tun, er möchte ins Meer. Sein Vater war Kapitän, er wäre auch gerne Kapitän geworden, doch die Eltern haben ihn daran gehindert. Das Wasser hat ihn fasziniert, er war leidenschaftlicher Segler, in seiner Freizeit war er unterwegs, so oft er konnte, deshalb war ihm die See so wichtig, auch bis zum Schluß.«

Wie schwer es ist, den letzten Willen des Verstorbenen zu respektieren und zu erfüllen, hat Ute immer wieder gemerkt. Sie entbehrt diesen Ort, an dem sie sich ihm nahe fühlen könnte, an dem sie ihn sich vorstellen kann. Ihr fehlt so ein kleines Stückchen Erde mit einem Kreuz oder einem Stein darauf, an dem sie ihn suchen könnte, an dem sie weinen und über ihr Schicksal klagen könnte. Sie braucht einen konkreten Punkt, etwas zum Pflegen, zum Schmücken, zum Erinnern. Ihre Fahrten nach Helgoland sind eine Tortur. Das Gewimmel von lachenden, singenden und trinkenden Ausflüglern und Touristen, die sich um zollfreie Waren balgen, schneidet ihr jedesmal tief ins Herz. Die »komischen Leute« stören die Verbindung zu ihm. Sie will allein sein mit ihm, sie braucht Ruhe und fühlt sich in den fröhlichen Menschenmengen einsamer als je zuvor. »Nach zwei Jahren habe ich meinen Jahresurlaub genommen, habe mir auf Helgoland eine Ferienwohnung genommen, bin Tag und Nacht gelaufen und habe immer auf die Stelle geschaut, wo ich dachte, daß er ist. Da habe ich mich mit ihm auseinandergesetzt. Und es hat lange gedauert, bis ich für mich rauslassen konnte, daß ich auch böse bin. Ich habe mich an Situationen aus unserer Ehe erinnert, in denen ich fand, daß er mich schlimm behandelt hat. Ich habe ihm Vorwürfe gemacht, ich habe mich auch für Dinge entschuldigt, die ich ihm angetan hatte, aber ich hatte in den vier Wochen das Gefühl, es wird nicht besser, es ist immer alles gleich, es bringt trotzdem nichts.« Lily Pincus schreibt in ihrer Untersuchung über den Partnerverlust von der Ungeduld, der Verzweiflung, die einen überfällt, wenn scheinbar gar nichts hilft. »Um sich mit dem Tod eines anderen wirklich abzufinden, muß man sowohl die geliebten, als auch die gehaßten Elemente seiner Persönlichkeit assimilieren. Für den Überlebenden bedeutet dies, daß er Selbsthaß, Selbstanschuldigung und Schuldgefühle durchmachen muß.« Irgendwann, so Lily Pincus, stelle sich Klärung ein, auch wenn man bis dahin das Gefühl habe, nur im Dunklen und auf der Stelle zu treten. Diese Erfahrung kann Ute bestätigen. Der Urlaub auf Helgoland ist fast zu Ende, da platzt in ihr so etwas wie der gordische Knoten. »Ich besuchte einen Gottesdienst, da fiel der Satz: ›Vergib uns unsere Schuld, wie wir vergeben unseren Schuldigern.‹ Da merkte ich plötzlich, er sitzt jetzt doch auf Wolke sieben und kümmert sich schon lange nicht mehr darum, was ich ihm angetan habe, das ist vorbei. So ist es auch in Ordnung mit dem, was er falsch gemacht oder mir angetan hat. Ich denke, durch seinen kurzen Krankheitsverlauf hat das lange gedauert, bis ich das begriff. Es war kein guter Punkt, daß er ging, es gibt nie einen guten Punkt, aber der war besonders schlimm.«

Ute quält sich durch alle Phasen der Trauer. Geradezu klassisch stellt sie sich den damit verbundenen Aufgaben, die wir als »Trauerarbeit« bezeichnen und die in Fachbüchern detailliert beschrieben und analysiert werden. Der Theologe Yorick Spiegel zum Beispiel teilt den Prozeß des Trauerns in verschiedene Phasen ein, für die es keine Zeitvorgaben geben kann. Das Tempo muß jeder und jede selbst nach den je eigenen Kräften bestimmen, die einzelnen Phasen ergeben sich daraus. Dazu gehört zunächst die Bereitschaft, sich gehenzulassen, um den Trauerprozeß in Gang zu bringen. Danach soll sich die Phase der Strukturierung anschließen, in der die Trauernden sich einem emotionalen Chaos ausgesetzt sehen und von Liebe und Haßgefühlen gleichermaßen überrollt werden. In diesem Gefühlschaos klärt sich allmählich das Verhältnis zum Verstorbenen, so daß dann die Realität des Todes unumstößlich anerkannt werden kann. Jede Form des Erinnerns, jeder Besuch des Grabes, jede Begegnung mit einem Ort, an dem beide besonders schöne Stunden verbracht haben, jedes Stück von ihm lösen sowohl das glückhafte Gefühl der Wiedervereinigung als auch die schreckliche Erkenntnis aus, daß das alles vorbei, nicht wiederholbar ist. In der vierten Phase des Trauerprozesses fällt die Entscheidung zum Leben, auch wenn zunächst Lebens- und Todestrieb fast gleichberechtigt miteinander ringen. »Der Trauerprozeß geht seinem Ende entgegen, wenn es dem Trauernden gelingt, seine innere und äußere Welt wieder aufzubauen, in die der Verstorbene integriert ist. Dies kann nur gelingen, wenn die unausgeglichenen Gefühle des Hasses und der Liebe gegenüber dem Toten in der Vergebung in sich zusammenfallen und eine realistische Einsicht über die Vorzüge und Schwächen des Menschen gewonnen wird.« Das macht den Weg frei zu einer Neuorientierung, zum zweiten Leben, ohne ihn. »Halte nicht ein bei der Schmerzgrenze / Halte nicht ein / Geh ein Wort weiter / Einen Atemzug / Noch über dich hinaus / Greif dir im Leeren / Die Osterblume.« (M. L. Kaschnitz)

Ute hält nicht ein, verbissen geht sie vorwärts, sie hackt auf dem Schmerz herum, immer in der Hoffnung, er würde nachlassen. Sie will in der ihr eigenen Gründlichkeit auch die Trauer wie eine Arbeit perfekt erledigen, will nichts auslassen, sich nicht schonen. »Ich habe alle Methoden ausprobiert, ich wollte mich nicht drücken, ich wollte immer draufhalten, aber ich denke, ich wäre auch so weit gekommen, wenn ich nur darauf gewartet hätte, daß die Zeit vergangen wäre, denn sie ist der beste Freund, den man hat.«

Wie fragil andere Freundschaften sind, die Belastungen nicht standhalten, muß sie nach seinem Tod schmerzlich erleben. Der Trennung von ihm folgt die von seinen Freunden.

Befremdet muß sie feststellen, daß viele derjenigen, die so gerne in ihr Haus kamen, sich von ihr bekochen und bemuttern ließen, gar nicht sie gemeint haben, sondern nur die warme Mahlzeit oder nur den Mann. Inzwischen hat sie gelernt, sehr genau hinzuhören. Sie sucht sich die Menschen aus, mit denen sie zusammen sein will, sie grenzt sich ab, findet sich selbst. Sie ist sensibel geworden, spürt die falschen Zwischentöne und hat das Vertrauen in die großen Worte vom Füreinanderdasein verloren. Viele der Weggefährten aus dem gemeinsamen Leben mit ihrem Mann haben in ihren Augen versagt, die Bewährungsprobe nicht bestanden. »Ich hätte mir gewünscht, daß sie so getan hätten, als wäre alles normal, auch wenn es schwer war. Sie hätten mich Trauerkloß doch hin und wieder einmal zum Essen einladen können, vielleicht wären die Abende nicht so witzig gewesen, aber daß sie das ausgehalten und auf sich genommen hätten, das hätte ich mir gewünscht. Die meisten haben ganz klar nach dem Motto entschieden, ich kann das Elend so schlecht ertragen, und dann lasse ich es lieber gleich. Der beste Freund meines Mannes, der die Kinder von klein auf kennt, hat meinen Mann durch die Krankheit mitgetragen. Mein Mann hat auch oft gesagt, wenn etwas ist, dann fragt Ralf, denn er kannte uns gut, er war immer bei uns, gehörte dazu. Doch er hat so viel Angst vor dieser Last gekriegt, der ist verschwunden, er hat sich fünf Wochen lang nicht gemeldet. Eines Tages sitzt die Tochter ganz traurig am Küchentisch und sagt, der Ralf mag uns jetzt wohl auch nicht mehr. Er kam dann nach fünf Wochen mal vorbei, quatschte nur dummes Zeug. Das hat uns weh getan, weil er alte Zeiten heraufbeschworen hat, Erinnerungen an meinen Mann. Und dann habe ich ihn angerufen und ihm gesagt, wir möchten darauf verzichten, daß er vorbeikommt, das tut uns weh. Ich wollte nicht, daß ich so Überfällen ausgeliefert bin, daß irgendwer vorbeikommt, wenn es ihm danach zumute ist, ohne Rücksicht darauf, was das für uns bedeutet. Und die Leute aus der Firma redeten nur davon, wie schrecklich, daß er so jung sterben mußte, das hätte mir doch auch passieren können, und pflegten ihr Selbstmitleid und taten sich selbst leid. Nur eine hat bei der Beerdigung gesagt, er war ein so toller Mensch, alle anderen haben nur gejammert, was das gewesen wäre, wenn es sie getroffen hätte. Tod ist ein Abschied von vielen, aber auch die Stunde der Wahrheit.« Diese Stunde der Wahrheit kann Ute heute durchaus als Chance begreifen, sie ist dankbar, daß ihr die Augen geöffnet wurden, »aber wenn ich ihn hätte behalten können, hätte ich diese Blindheit gerne weiter in Kauf genommen«.

Nach dem Tod ihres Mannes spürt sie zum ersten Mal, daß ihre Kräfte begrenzt sind. Alles droht ihr über den Kopf zu wachsen. Die finanzielle Situation ist miserabel. Sie steht hilflos vor einem Wust von Papieren, hat keinen, den sie um Rat fragen, mit dem sie das erledigen kann. »Er hat nicht so viel Jahre zum Arbeiten gehabt, das Haus war hoch verschuldet, denn wir haben die Schwester von ihm ausbezahlt, dann mußten wir viel renovieren. Es war finanziell nichts geregelt, es war schwierig, dadurch hatte ich aber ganz schön zu tun, das war auch gut. Am Anfang hatte ich das Gefühl, ich muß alles, was ich besitze, verkaufen, weil es sonst nicht geht. Den riesengroßen Wagen, den habe ich als erstes verkauft, weil ich den nie mochte. Das hat mir sogar Vergnügen gemacht. Es war ein guterhaltener Mercedes. Ich hatte meinen Mann noch gefragt, was bekomme ich für den Wagen, und er hatte gesagt, wenn du Zeit hast, zwölftausend Mark, sonst immerhin zehntausend. Ich habe ihn für vierzehntausend verkauft.« Der Stolz über dieses Geschäft ist in Utes Stimme nicht zu überhören. Doch diese kleinen Erfolgserlebnisse tragen sie nur für kurze Zeit über das schwarze Loch hinweg, das sich immer wieder und oft völlig unvorbereitet drohend unter ihr auftut. Jeder Tag eine neue Herausforderung, jede Aufgabe eine ungemein harte Arbeit, deren Sinn sie nicht einsehen kann. Sie fühlt sich absolut überflüssig, fühlt sich schuldig, daß sie schon vier Lebensjahre mehr zugestanden bekommen hat als ihr Mann. Wenige Tage vor seinem Tod hatte er zu ihr gesagt, sie solle allen erzählen, daß Sterben sehr schön ist. Sie hat ihm genau zugehört und denkt daran, es ihm nachzumachen, zu ihm zu gehen. »Ich dachte damals, ich bin 50, er mußte mit 46 sterben, also die Jahre, die reichen mir. Ich hatte am Haus ein Gerüst, weil da das Dach gemacht wurde, und ich habe mir oft überlegt, daß es doch ganz einfach wäre, da auf den Dachboden und dann raus. Und mein Mann war mir damals noch so nahe, und es erschien mir so schön, einfach zu ihm zu gehen, und das Hierbleiben schien mir so schwierig. Irgendwann aber gab es einen Sonnenstrahl, eine Pflanze, ein Vogelgezwitscher, da lockte plötzlich das Leben, und da habe ich gespürt, daß ich lebe. Und daß es so gemeint ist, daß ich da bin. Und wenn ich denn schon da sein soll, dann hat das seinen Sinn, und der Sinn ist nicht, daß ich immer nur traurig bin und nichts mache, sondern der Sinn ist etwas anderes. Und dann habe ich mich diszipliniert und gesagt, es soll so sein, daß ich fröhlich bin, daß ich zurechtkomme und daß ich das Leben genießen kann. Wenn ich das nicht schaffe, ist es meine Schuld, aber ich muß versuchen, daß ich alles schön finde. Wir sind nicht für das Depressive da, denn die Depressionen sind ja auch furchtbar anstrengend. Ich habe theoretische Pläne gemacht, was eben zum Sich-gut-Fühlen dazugehört, und das habe ich dann umgesetzt. Manchmal war es ein Erfolg, und manchmal klappte es nicht. Die Reisen gehörten auch zu den Plänen. Ich habe mich gefragt, was wolltest du einmal, und dann fiel mir ein, nach Island. Das habe ich dann geplant und gemerkt, wenn ich das jetzt mache und es wird schön, dann denke ich immer nur, schade, daß Peter nicht dabei ist, also war es noch zu früh. Und als ich das Gefühl hatte, jetzt kannst du es für dich genießen, dann habe ich es gemacht. Ich habe meine ganze Kraft genommen, um mich am Leben zu erhalten, und als ich dann einen Sprachkurs in Irland machte, den hatte mein Mann noch vorgeschlagen, da war das dann auch schön, etwas in seinem Sinne zu tun. Ein Teil von mir ist gegangen, ich wäre auch sehr gerne mit ihm gegangen, ich fühlte mich reich durch das Leben mit ihm. Es macht mir jetzt mehr Mühe zu leben. Ich sehe ein, daß es für die Kinder ganz schrecklich gewesen wäre, das ist ein Grund, aber wir hatten eine gute Zeit miteinander, die Ausbildung, die

Kinder, die Partnerschaft für uns, der Genuß, da war alles drin, und dann fragt man sich, was soll da noch kommen.«

Marie Luise Kaschnitz, die der Trauer um ihren verstorbenen Mann in vielfältigen Texten und Gedichten Worte gab, schreibt: »Es bleibt dann neben dem Schweigen nur das Selbstgespräch, freilich ein mit Zucht und Überwindung geführtes, das eben um dieser Zucht und Überwindung willen noch einen Sinn haben mag … Und doch hat mich etwas ins Leben zurückgetrieben und mir die Augen aufgerissen … Bemühe dich gefälligst, was du daraus machst, steht bei dir. Jeden Tag habe ich ein wenig mehr gesehen und gehört und bedacht, und meinen toten Geliebten habe ich nie aus dem Sinn verloren, er war immer da.«

Manchmal, wenn der Schmerz wieder besonders heftig in ihr bohrt, fährt Ute zum Flughafen, trinkt genüßlich eine Tasse Kaffee und stellt sich vor, mit einer der nächsten Maschinen käme ihr Mann, um dann nach einer langen Trennung wieder bei ihr zu sein. Vor Jahren hat sie ihn nach einem fünf Monate langen Australienaufenthalt mit diesem warmen Gefühl der Vorfreude, mit klopfendem Herzen und vor Aufregung zitternden Knien am Flughafen abgeholt. In diesem kurzen Moment des Wartens war ihr die Verbundenheit mit ihm, die Geborgenheit an seiner Seite wie Balsam durch den Körper geströmt. Sie hatte das Glück mit jeder Pore ihrer Haut in sich aufgesogen und sich in der wohligen Wärme seiner Nähe geaalt. Dieses Gefühl ruft sie sich zurück, sie läßt sich davon wegtragen und wappnet sich damit für Augenblicke gegen Trauer und den ohnmächtigen Schmerz über den endgültigen Verlust. Etwas von dieser Wärme hofft sie in ihrem Haus bald wieder zu spüren, dann, wenn das erste Enkelkind geboren wird. Und mit der ihr eigenen Disziplin und Hartnäckigkeit nimmt sie sich vor, dann nicht mehr so viel zurückzuschauen, sondern nach vorn. Sie will, sie muß dieses Leben bestehen, sie hat es eingesehen, vom Verstand her erfaßt, daß das ihre Pflicht ist. Aufgaben sind für Ute dazu da, zufriedenstellend erledigt zu werden. Deshalb packt sie die Herausforderung bei den Hörnern und erfüllt die an sie gestellten Erwartungen. Verbissen kämpft sie sich Schritt für Schritt voran. Manchmal wirkt sie, als führe sie eine imaginäre Strichliste, mit allem, was noch zu bewältigen und zu erledigen ist. Einen Pflaumenkuchen nur für sich alleine backen und den dann auch mit Genuß essen – die erste Hürde ist bewältigt. Seine Werkstatt auf dem Dachboden des Hauses sortieren, Teile davon verschenken oder verkaufen – wenn das geschafft ist, kann sie sich eine Belohnung gönnen. Die Nähe von anderen Menschen zulassen und ihnen Vertrauen schenken. Das ist eines der schwierigsten Ziele auf ihrer Strichliste, doch auch die will sie bewältigen. Sie wird nichts überstürzen, alles sorgsam abwägen und hat sich selbst zwei Jahre als Frist gesetzt. Wenn sie bis dahin ihre »Hausaufgaben« gut gemeistert hat, schließt sie eine neue Partnerschaft nicht aus. »Schließlich habe ich eingesehen, daß mein Leben weitergeht, weil ich noch Zeit für mich haben soll. Also lebe ich dieses Leben.«

Zum Weiterlesen

Simone de Beauvoir
Das andere Geschlecht. Sitte und Sexus der Frau.
Rowohlt Taschenbuch Verlag, Reinbek 1968

»... und diese Erfahrung habe ich nun auch gemacht«
Texte zum Tod eines nahen Menschen. Herausgegeben von Elisabeth und Paul Raabe.
Arche Verlag, Zürich 1986

Michael Schibilsky
Trauerwege. Beratung für helfende Berufe.
Patmos Verlag, Düsseldorf 1996

Yorick Spiegel
Der Prozeß des Trauerns. Analyse und Beratung.
Chr. Kaiser Verlag, München 1973

»Wir waren ein altmodisches Ehepaar«

VOM MÜHSAMEN WEITERLEBEN EINER WITWE

es war eine gute ehe
sie blieben sich treu
es war eine gute ehe
nicht das geringste geschah
es war eine gute ehe

es war eine gute ehe
die stark war wie stahl
es war eine gute ehe
die still war wie stein
es war eine gute ehe
nicht das geringste geschah
es war eine gute ehe
jetzt ist das gefängnis gesprengt

Kurt Marti

Katja zieht ihre Schultern so hoch, als müsse sie sich damit die Ohren verdecken, und versucht ein zaghaftes Lächeln: »Gefängnis ist wirklich das falsche Wort, das hat doch mit Ehe nichts zu tun.« Sie schüttelt den Kopf und setzt ein leises »Nein, wirklich nicht« hinterher. Unvorstellbar, daß sie einmal laut würde, aus der Rolle fiele, deftige Alltagsworte über ihre Lippen brächte. Alles an ihr ist bescheiden, zurückhaltend, gediegen, wie das sonnige Wohnzimmer, in dem sie Tee in kleinen Schalen und Kekse serviert. Auf dem Klavier stehen Notenblätter, aber sie hat schon lange nicht mehr gespielt, sagt sie, als fürchte sie, mit der Musik zu viel Lärm in das stille Haus zu bringen und irgend jemanden zu stören. Der große Garten umschließt das Haus wie ein riesiger, grüner Schutzwall gegen neugierige Blicke und Eindringlinge. Die Glyzinien haben die Treppe mit einem Blütenteppich überzogen, als wollten sie den Zutritt verwehren. Die Schaukel hängt steif in ihrem morschen Seil, seit Jahren sind ihr die Bewegungen vergangen. Nur der große Hund fällt hin und wieder aus der Rolle, bellt oder seufzt aus tiefster Hundeseele. Es herrscht doch noch Leben in diesem Haus. »Mein Guter«, sagt Katja und tätschelt ungelenk sein seidig glänzendes Fell. Sie ist keine Tiernärrin, aber sie hat sich an den vierbeinigen Hausgenossen gewöhnt, weil er ihr etwas Sicherheit gibt in der Abgeschiedenheit des Hauses und bei ihren langen Spaziergängen am Rande der Stadt. Einmal ist sie bei diesen selbstvergessenen Wanderungen jäh aus ihren Gedanken gerissen worden. Die Situation war bedrohlich, unangenehm, sie wurde belästigt, und das Gefühl der Ohnmacht raubte ihr fast die Sinne. Danach hat sie ihrem Herzen einen Stoß gegeben, der Hund kam ins Haus. Sie pflegt ihn gut und nach Vorschrift, bürstet sein goldglänzendes Fell und hat sich damit abgefunden, daß nun überall Hundehaare auf den Teppichen liegen, so viel sie auch saugt und säubert. »Am Anfang fand ich das schrecklich, aber man gewöhnt sich an alles«, bekennt sie und korrigiert sich nach einer kleinen Pause selbst: »Man gewöhnt sich an fast alles.«

Den Tod ihres Mannes, den kann sie bis heute nicht wirklich akzeptieren, an das Leben ohne ihren Partner hat sie sich noch immer nicht endgültig gewöhnt. Längst hat sie selbstverständlich die Arbeiten übernommen, die früher zu seinem Bereich gehörten. Die Gartenpflege beispielsweise, die finanziellen Angelegenheiten, die Entscheidungen, was am Haus repariert und instand gesetzt werden muß. Doch die Kompetenz, die ihr dadurch zugewachsen ist, vermittelt ihr kaum Sicherheit. Dieses merkwürdige Bedürfnis mancher Frauen nach Selbstverwirklichung hat sie nie verstanden, nie bei sich selbst verspürt. Sie hat nie das Gefühl gehabt, sich selber verloren zu haben. Es war gut und hatte seine Richtigkeit, daß sie die Schwächere an der Seite des Mannes war. So wollte sie es, so ist sie erzogen worden, so gehört es zu ihr. Alles andere macht ihr angst, sie fühlt, daß das über ihre Kräfte gehen würde. »Ich war und bin nur eine Hälfte, aber ich konnte ihn durch die Hingabe so stark lieben. Und er hat mich bestätigt in dem, was ich war, Ehefrau und Mutter unserer vier Kinder, und es war alles gut so.« Emanzipation, Feminismus, Eigenständigkeit, das Gefühl, mit beiden Beinen fest und sicher auf der Erde zu stehen, das alles ist ihr fremd. Sie will sich nicht damit beschäftigen, schließt die Ohren, ihre Sinne, wenn die Gespräche sich um diese Themen drehen. Sie reagiert, als hätte sie Angst, sich schmutzig zu machen. Die verschiedenartigen Lebensentwürfe, mit denen Frauen in den vergangenen Jahren eine erfüllende Alternative zur längst krisenanfällig und brüchig gewordenen Ehe entworfen haben, bieten ihr keinen Halt. Die selbstbestimmten freien Lebensstile im Bewußtsein der eigenen Fähigkeiten, die Gemeinsamkeit der Frauen, all das kann sie nicht verlocken, nicht überzeugen. Vorbilder bei den Frauen der Gegenwart oder Geschichte – nur ihr Mann fällt ihr da ein. Neunzehn Jahre lang hatten sie sich in dieser klaren und traditionellen Rollenverteilung auf das Trefflichste ergänzt, eine gute Ehe geführt. Er ging als praktizierender Arzt hinaus in das feindliche Leben, sie schaltete und waltete zufrieden und dankbar im gemütlichen Heim. Ihren Beruf als Krankengymnastin hatte sie bei der Geburt des ersten Kindes an den Nagel gehängt. Sie kümmert sich um seine Patienten, die sich direkt über die Privatanschrift melden, öffnet die Tür, nimmt Anteil an ihren Geschichten. Sie macht Termine für Hausbesuche, hat Interesse an den Krankheitsfällen, läßt sich von ihm erzählen, hört aufmerksam zu, gibt ihm ein Forum und deckt den emotionalen Bereich ab. An den Wochenenden, seinen raren freien Abenden, machen sie Hausmusik, er spielt Bratsche und Geige, sie begleitet ihn auf dem Klavier. Beide sind kirchlich engagiert, sie eher im emotionalen Bereich, gefühlsmäßig, wie sie das nennt, er interessiert sich mehr für philosophische Fragestellungen. An der Art ihrer Betonung ist zu spüren, daß sie auch dies eine klassische und richtige Aufteilung findet. Selbstverständlich interessieren sich Männer für die Auseinandersetzung mit geistigen Fragen, Frauen sind eben weniger klug, weniger weltläufig, weniger wichtig. »Mein Mann hat auch von mir etwas angenommen und gelernt, wir haben uns ergänzt.« Der Nachsatz kommt rasch mit beschwörendem Unterton hinterher, als müsse sie sich für die eindeutige Rollenverteilung rechtfertigen. Und schnell nennt sie Beispiele als Beleg für das gegenseitige Nehmen und Geben. »Ich habe die Natur gerne. Wir haben dann gemeinsam Pflanzen und Bäume bestimmt oder im Odenwald die Vögel beobachtet. Blumen benennen, sie einordnen, das konnte ich besser. Da hat er von meinen Kenntnissen profitiert, und es hat ihm viel Spaß gemacht.« Für ihre Unterordnung in der Zweisamkeit erhält sie als Lohn Anerkennung und Wertschätzung aus dem sozialen Status ihres Gatten. Das gibt ihr Selbstvertrauen und Sicherheit. Mit ihm im Rücken fühlt sie sich stark. Er war ihr Fels in der Brandung des Lebens, an dem sie mit festem Griff ihre Balance in den Stürmen des Lebens hielt. Es hätte – wenn es nach ihr gegangen wäre – ewig so weitergehen können. Doch wann richtet sich das Leben schon nach unseren individuellen und egoistischen Wünschen?

Von dem Moment an, als er der Ursache seiner Magenbeschwerden auf den Grund gegangen war, machen sich beide nichts mehr vor. Magenkrebs, alles andere als ein kleines Karzinom. Dazu kommen weitere Komplikationen durch eine mit Hepatitis verseuchte Bluttransfusion. Müde und apathisch verbringt er die Wochen auf dem Sofa. Sie liest ihm vor, holt ihm den Sommer mit üppigen Blumensträußen ins Zimmer, sie tröstet ihn und weiß doch selbst nicht, wo sie Trost finden kann. Ihr Mann, ein großer Schweiger, nutzt die ihm noch verbleibende Zeit und »erzieht« seine Frau zur Witwe. »Er hat viel davon gesprochen, was er für die Kinder wichtig findet. Wir waren uns sehr einig in Fragen der Kindererziehung, so konnte ich da in seinem Sinne weitermachen. Er hat formuliert, was er sich für mich erhofft, er hat mich eingewiesen in die finanziellen Dinge, in das, was ich mit Versicherungen und anderen Angelegenheiten regeln muß. Er wollte, daß ich nicht abhängig werde und souverän bleibe und daß ich mich nicht rechtfertigen muß für Dinge.« Sie sträubt sich gegen diesen Abschied vom Puppenheim, will nichts wissen von der Verantwortung für das Haus, kann sich nicht damit abfinden, »Männeraufgaben« übernehmen zu müssen. Viel später, nach seinem Tod, ist sie dankbar für diese Hilfestellung. Doch sie und ihr Mann regeln in seinem Krankheitsjahr vor dem Tod nicht nur nötige finanzielle Dinge. In diesem letzten Jahr entwickelt sich zwischen ihnen eine besondere, bislang nicht gekannte Nähe und Intensität. Sie hängen daran ihre Hoffnung, stürzen ab in tiefe Verzweiflung. Auch die Kinder – im Alter von sieben bis fünfzehn Jahren – sind in diesen allmählichen Gewöhnungs- und Abschiedsprozeß einbezogen.

»Kinder haben eine ganz große Herzenskraft, um auch die Fragen von Leben und Vergehen aufnehmen zu können. Unser Ältester war ein großer Träumer, unmittelbar neben ihm konnte etwas besprochen werden, ohne daß er es merkte. Doch in dem Krankheitsjahr ist er wach geworden und war der erste, der nachfragte, ob sie denn ohne den Vater überhaupt leben könnten. Und wenn die Besucher davon sprachen, mein Mann sähe schon wieder viel besser aus, hat das Kind gesagt, wieso sind die so komisch, er sieht doch immer schlechter aus, er hat so tiefliegende Augen und so tiefe Rinnen in den Händen. Mir hat das viel bedeutet, daß er das ausgesprochen hat, weil ich auch unsicher war, ob ich alles richtig sehe und richtig mache. Manchmal hatte ich Zweifel, ob es mir nicht auffällt, wenn es ihm besser geht. Der Älteste hat lange am Bett gesessen und die Hand gehalten, die anderen Kinder konnten das nicht mehr so gut aushalten.«

Das meiste aushalten mußte sie, vor allem nach dem Tod ihres Mannes, dem sie die Erlösung von seinen Schmerzen und Leiden durchaus gewünscht hat und den sie doch so gerne bei sich behalten hätte. Obwohl sie fast ein Jahr der »Gewöhnung« zugestanden bekommen hatte, die Gelegenheit zum Abschiednehmen nutzen konnte, ist sein tatsächlicher Tod ein schrecklicher Schock. Wie in Trance kümmert sie sich um die Formalitäten, erinnert sich an seine Vorgaben und Ratschläge und hat das Gefühl, für alles zu schwach, zu einsam, zu verzweifelt zu sein. Sie ist unsicher und hat das Gefühl, sich nach allen Seiten verteidigen zu müssen. »Alles war noch viel schwerer, als ich es mir in den verzweifelten Momenten ausgemalt hatte. Ich habe versucht, die Dinge so zu regeln, wie wir es vorher besprochen hatten. Aber wir hatten ja nichts voraussehen können, nicht genau gewußt, was alles kommen könnte. Weil die Gegebenheiten anders waren, mußten Dinge dann auch anders gemacht werden. Da habe ich oft ein schlechtes Gewissen gehabt, daß ich mich nicht an seine Vorgaben gehalten habe. Ich habe mit ihm Zwiesprache gehalten und mich versucht zu rechtfertigen. Mit vielen Entscheidungen habe ich mich sehr gequält, aber daß ich es dann alleine durchstehen mußte, war auch mein Gerüst zum Weiterleben.« Bei jedem ihrer Sätze spürt man die Anstrengung, die sie das damals gekostet hat. Jeder Zentimeter schwer erkämpft, mühsam errungen, auch verteidigt gegen Einmischungen seitens der Mutter, der Freunde, der Nachbarn. »Unser ältester Sohn wollte unbedingt Segelfliegen, und alle haben gesagt, das kannst du ihm nicht erlauben, denn wenn ihm etwas passiert, was ist dann? Aber ich wußte, daß mein Mann die Lust und Begeisterung dafür in dem Kind geweckt hat, denn er war selbst begeisterter Segelflieger, deshalb habe ich es erlaubt, obwohl alle dagegen waren.« Stück für Stück kämpft sie sich auf bislang ungewohntes Terrain vor, zögert lange, ehe sie allein und ohne seine Hilfe aktiv wird. Manchmal fühlt sie sich absolut kraftlos, dann wieder hat sie eine große Sicherheit für richtige Entscheidungen. Sie wirkt, als hoffe sie immer noch, ihn durch ihre Hilflosigkeit zurückzuholen aus dem Reich der Toten, als müsse sie beweisen, daß es ohne ihn nicht geht. Sie hadert mit ihrem Schicksal und mit Gott, der ihr eine viel zu schwere Last auflädt. »Ich fand es ungerecht, daß Gott ihn gerufen hat, er war so unheimlich viel wichtiger als ich selbst. An seinen Patienten habe ich ja auch gesehen, daß er noch gebraucht wurde, er hätte noch so vielen Menschen helfen können. Ich habe ihn ja auch dringend gebraucht und konnte und wollte seinen Tod nicht akzeptieren. Ich habe oft eine große Wut gehabt, auch wenn ich mich dann für diesen Zorn und die bösen Gedanken geschämt habe. Aber ich fand es so ungerecht, daß manche Menschen so alt werden und so lange leben, und mein Mann mußte so früh sterben. Mein eigener Vater lebte noch, als mein Mann starb, er war über 90 und total verwirrt. Ich habe ein großes Erbarmen mit dem Vater und seinem Leiden gehabt, aber ich habe es als ungerecht empfunden, daß er noch lebte und mein Mann sterben mußte.« Sie soll nicht so lang trauern, sich zusammenreißen, wissen, daß das Leben weitergeht, signalisiert ihr die nähere Umgebung. Sie möchte es gerne allen recht machen, doch in diesem Punkt kann sie den Erwartungen nicht entsprechen. »Es gab Menschen, die zu mir sagten, ach, Schwarz trägt man heute wohl gar nicht mehr. Das war so vorwurfsvoll und so verletzend. Ich habe bewußt kein Schwarz getragen, um die Kinder nicht zu erschrecken, aber habe dunkle Sachen getragen. Dann wurde ich von außen angetrieben, nun ist aber Schluß, nun mußt du mal wieder was Helles tragen, nun mußt du mal wieder zum Friseur. Aber jeder hat seine eigene Zeit, seine eigene Dauer, die es braucht«, verteidigt sie sich.

Liliane Giudice schreibt in ihren »Aufzeichnungen einer Witwe« zur traditionell erwarteten und gleichwohl oft kritisierten Kleiderordnung: »Es war mir schwergefallen, Trauerkleidung anzulegen, es fiel mir fast noch schwerer, sie abzulegen. Jetzt hing ich am schwarzen Jackenkleid, in dem ich alle Phasen der Qual durchlitten hatte, wollte es nicht mehr weglegen. Im trennenden Schmerz hatte ich mich beengt gefühlt, wie in einem Panzer, der mir manchmal auch Schutz gewährte. Von Schwarz und Leid umhüllt, nahm ich in der Stadt Menschen und Dinge kaum gewahr, und niemand hätte gewagt, mich mit Nichtigkeiten anzusprechen. Wenn ich auf der Straße fühlte, daß mir die Tränen kamen und ich sie hilflos rollen lassen mußte, hätte ich mich sogar hinter einem jener dichten Witwenschleier verbergen mögen, die mir früher so theatralisch erschienen waren.«

Auch Katja versucht, sich hinter dem Leid und dem Dunkel der Kleidung zu verstecken. Gleichzeitig sehnt sie sich jedoch nach Gesprächen, nach Besuchen, nach Einladungen. Schmerzlich wird ihr klar, daß sich die Gäste um ihren Mann, nicht um sie geschart hatten. Sie fühlt sich nicht interessant, nicht humorvoll, nicht so wichtig, aber sie kämpft um die Freunde ihres Mannes. Wenn sie zu ihnen eingeladen wird, schmerzt sie der Verlust ihres Mannes durch jede Pore. »Wir haben ja meist so zusammengesessen, auf der einen Seite die Frauen mit ihren Themen, dann auf der anderen die Männer, die über Wirtschaft und Politik diskutiert haben. Ich habe mir gerne einen Platz gesucht, wo ich das Gespräch der Männer verfolgen konnte, ohne daß man mir nachgesagt hätte, ich dränge mich da rein und distanziere mich von den Frauen. Und ich habe dann gemerkt, daß ich ohne ihn gar nicht wußte, wie ich etwas einschätzen und beurteilen soll. Ich hatte ja keine eigene Meinung, sondern habe mich an ihm orientiert, sich seiner Meinung angeschlossen.« Zum ersten Mal in ihrem Leben füllt sie ohne seinen Rat und Vorschlag einen Wahlzettel aus. Ob sie das wohl richtig gemacht hat? Auch in solchen Fragen quälen sie Zweifel. Es kommt ihr vor, als laufe sie im Kreis, verirre sich, weil der Kompaß und Führer fehlt. Die wenigen Bekannten, die sie noch zu Essen oder gemeinsamen Unternehmungen einladen, verstärken ihre Unsicherheit. Selbstkritisch gibt sie zu: »Ich habe es ihnen auch nicht leichtgemacht. Selbst wenn ich nicht weinte, saßen die Tränen ganz nah, und man hört zu und denkt doch nur an den Mann, der jetzt nicht da ist. Es gibt nur ganz wenige Menschen, die damit unbefangen umgehen können.« Die Befangenheit der anderen verstärkt ihre eigene Unsicherheit, manchmal schlägt sie Begegnungen aus, allein aus der Angst heraus, sie könne sich falsch benehmen. »Ich habe früher auch Sachen alleine gemacht, wenn er keine Zeit hatte, aber da war er immer als Schutz im Hintergrund, und da konnte ich unbefangen sein, und jetzt fehlt er mir auch als Korrektor oder Kritiker zu meinem eigenen Verhalten. Mein Mann war immer schnell müde, und so war es leicht, zu einer bestimmten Zeit zu sagen, jetzt müssen wir gehen. Ich selbst hätte es nicht gewagt, das zu entscheiden. Ich hatte das Gefühl, mich dann zu wichtig zu nehmen, ich mochte nicht für mich auftrumpfen und Ich sagen. Aber wenn er müde war, war das für mich auch die Zeit zum Gehen. Heute weiß ich manchmal nicht, wann der richtige Zeitpunkt gekommen ist. Deshalb fühle ich mich ohne ihn auch so halbiert oder amputiert.« Der Weg vom vertrauten, schützenden Wir zum eigenständigen Ich erscheint ihr oft ungangbar, ziellos und ohne Ende. Sie entwickelt ungemein feine Sensoren für dumme, unbedachte Bemerkungen, für Zwischentöne und Unaufrichtigkeiten. Als während eines Essens Gerangel um die Sitzordnung entsteht und die Gastgeberin hilflos und spontan meint, es sei wohl eine übriggeblieben, hat sie immerhin den Mut, auf dem Absatz kehrtzumachen und nach Hause zu gehen. Diese achtlosen Halbsätze treffen und schmerzen sie wie Ohrfeigen. Manchmal zwingt sie sich, genau das alles auszuhalten, beobachtet sich selbst und merkt dann, wie sie immer eisiger, immer versteinerter wird. »Bei einem 50. Geburtstag, zu dem ich eingeladen war, hatte ich mich unendlich gefreut, und ich war ganz erwartungsvoll hingegangen, denn ich wollte so unendlich gerne tanzen. Mein Mann und ich, wir haben gern und gut miteinander getanzt. Keiner hat mich aufgefordert, und ich habe mich nicht getraut, selbst jemandem zu sagen, daß ich gerne tanzen würde. Ich merkte, daß ich mich irgendwann nur wie eine Marionette bewegte, ganz steif, als wäre ich leblos oder erfroren. Ich wollte unbedingt nach Hause und hatte Angst, daß ich gar nicht mehr bis zur Tür laufen kann.« Silvesterfeiern gibt es für sie nach einer ersten, schrecklichen Erfahrung nicht mehr: »Wenn sich um Mitternacht alle in die Arme fallen und ich alleine da stehe, das ist furchtbar. Heute entschuldige ich mich damit, daß der Hund bei der Knallerei

Angst hat und nicht ohne mich sein kann, und bleibe dann zu Hause.«

In ihrem stillen Haus hat sie so wenig wie möglich verändert. Seine Bücher stehen noch im Regal, manchmal blättert sie darin, auch wenn sie nichts davon versteht. Das weiße Emailleschild von der Praxis mit den Sprechzeiten steht blumenumrankt neben dem Klavier. Überall ist Platz für ihn, er brauchte nur zurückzukommen. Jede noch so kleine Hinterlassenschaft aus seinem Leben hat für sie ungeahnten Wert gewonnen. Der Tod vermag selbst dem Belanglosen Bedeutung zu verleihen. Jedes Kleidungsstück, jedes Buch hat Gewicht und Glanz, wird zum Schatz, zum Zeugnis über die Gewißheit seiner Existenz. Es sind die faßbaren Dinge, an die sich das Heimweh klammern kann. »Die schwerste Veränderung war, das Schlafzimmer aufzugeben. Das habe ich nur schweren Herzens getan. Die beiden Jungen hatten ein Zimmer zusammen, die beiden Mädchen hatten ein jeweils sehr kleines Zimmer, und meine älteste Tochter wollte so gerne ein größeres Zimmer haben. Das hat aber bedeutet, daß wir tauschen und ich das Schlafzimmer räumen mußte. Ich fand es aber gut, daß meine Tochter den Mut hatte, danach zu fragen.« Die Kinder sind inzwischen aus dem Haus, leben ihr eigenes Leben. Als die beiden Ältesten das Abitur in der Tasche hatten, hat Katja wieder angefangen, in ihrem Beruf als Krankengymnastin zu arbeiten. Mit einigen Fortbildungskursen bringt sie sich auf den neuesten Stand und nimmt dann eine Stelle im Krankenhaus an. Da das Geld nach dem Tod ihres Mannes knapp war und sie rechnen und sparen mußten, war die Berufstätigkeit ein guter Ausweg aus den finanziellen Sorgen. Sie sieht die Notwendigkeit ein, fühlt sich im Haushalt nicht mehr ausgelastet und braucht doch ihren ganzen Mut, um sich dieser neuen Aufgabe zu stellen. Mit Verwunderung bemerkt sie, daß ihr diese Bestätigung im Berufsleben guttut, daß sie auch außerhalb des häuslichen Milieus etwas leisten kann. »Bis dahin hatte ich das Gefühl, daß ich nicht so viel wert bin, dafür nicht tauge. Mein Mann hat mir sehr viel mehr zugetraut, als ich mir zutraue, und er hat mir ein ganzes Stück Stärke und auch Mut und Entwicklungsmöglichkeit gegeben. Inzwischen habe ich mich auch verändert, ich bin etwas selbständiger geworden. Manchmal frage ich mich, ob ihm das gefallen würde. Ich kann ihm einerseits für diese Veränderung dankbar sein, aber wenn ich ihn wiederhätte, dann würde ich das alles sofort wieder rückgängig machen. Die Selbständigkeit und die Sicherheit, die bedeuten mir nicht so viel, daß ich sie nicht gerne wieder aufgeben würde, um Zweisamkeit zu gewinnen.«

Die Zweisamkeit fehlt ihr an allen Ecken und Enden. Sie kann es schwer ertragen, wenn sie Paare auf der Straße sieht, die vertraut untergehakt gehen, so daß der Einklang ihrer Bewegungen und Gedanken auch für Außenstehende sichtbar ist. Sie zwingt sich dazu, hin und wieder etwas zu unternehmen, weniger, weil es ihr Spaß macht, sondern um den Kindern die Sorge zu nehmen, sie käme nicht alleine zurecht. Sie bucht Wochenendseminare oder einige Tage der Einkehr, nicht weit weg von zu Hause. Sie kann diesen Tapetenwechsel zwar genießen, leidet dann aber schnell unter Heimweh und muß sich durch vorzeitiges Bezahlen jeweils selbst überlisten. »Wenn ich nicht bezahlt hätte, dann würde ich jeweils im letzten Moment einen Rückzieher machen, auch wenn mir die Sachen gutgetan haben. Ich habe den Kindern gesagt, ich könne und ich würde alleine leben, aber sie haben es mir nicht so richtig geglaubt. Deshalb muß man es ihnen auch vormachen und vorleben. Als ich zum ersten Mal auf einer kleinen Reise war, waren die Kinder so begeistert und stolz, daß ich das geschafft habe.« Doch auch nach 13 Jahren Witwendasein muß sie sich zu vielen Unternehmungen zwingen, sie macht sie vernünftig, um die Kinder zu entlasten, weil sie es einsieht, daß sie nicht nur zu Hause sitzen kann. Sie leidet darunter, daß sie die schönen Erlebnisse nicht mit ihm teilen kann. Geteilte Freude, doppelte Freude. Geteiltes Leid, halbes Leid. »Wir haben zwar auch nicht immer geredet, aber wir haben uns eben an gemeinsamen Dingen erfreut und haben uns über Blicke verständigt. Das Sichwohlfühlen, weil der andere da ist, das fehlt mir ungemein.« Ihr fehlen seine Nähe, seine Zärtlichkeit, sie wünscht sich einen Begleiter für die Konzert- oder Theaterbesuche, auch ihre langen Spaziergänge würde sie gerne mit einem Menschen teilen, nicht nur mit dem Hund, der sie an der Leine herumzerrt und ihre Traurigkeit nicht als Witterung aufnimmt. Doch sie kann sich nicht vorstellen, einen anderen Partner zu finden. »Wenn ich mich nach Zärtlichkeit oder nach Gespräch sehne, dann denke ich an seine Augen, und dann ist man nicht für einen anderen offen.« Herzklopfen bei der Begegnung mit einem Mann, nein, das ist fast eine unsittliche Frage für sie. Diese Zeiten, diese Gefühle sind für sie vorbei. Unwiederbringlich, nicht wiederholbar. Sie ermahnt sich selbst, ihren toten Mann nicht zu glorifizieren, nicht auf einen Sockel zu stellen. Sie liest den Satz von Jeremias Gotthelf: »Wir sollen die Toten verehren, aber nicht mit Tränen und Weinen, sondern mit Ringen und Kämpfen, mit einem Leben nach ihrem Sinne, in Kraft und Heiterkeit.« Doch ihre ganze Kraft braucht sie, um wenigstens den Alltag Tag für Tag achtbar zu bestehen, um sich, das Haus, den Garten, den Hund zu versorgen. Da bleibt die Heiterkeit oft genug auf der Strecke. Tränen und Weinen haben noch die Oberhand. Noch hat sie die Stelle nicht erreicht, an der ein wirklicher Neuanfang möglich ist. Liliane Giudice schreibt in ihrem Buch »Ohne meinen Mann«: »Man ist äußerlich frei, man könnte seinen Körper trainieren oder sich neu einkleiden, könnte ein Geschäft eröffnen, sich an einer Universität immatrikulieren lassen, könnte ein Buch schreiben, sozial arbeiten – man könnte, aber man tut es nicht. Man ist frei und fühlt sich gebunden. Gebunden durch Gott? Gebunden durch den geliebten Heimgegangenen? Ein Vorgang ist an seinem Wendepunkt, was neu entsteht, braucht Zeit; man sollte warten.«

Auch Katja wartet. Sie wartet darauf, daß die Zeit vergeht, daß sich etwas ändert – nicht durch ihr eigenes Zutun, sondern von außen. Sie wartet, wie man auf einen erholsamen Regenguß nach Wochen der Trockenheit hofft. Woher die Veränderung in ihrem Leben kommen soll, wenn nicht aus ihr, ist in ihren Vorstellungen diffus und mit einem großen Fragezeichen versehen. Manchmal tröstet sie sich damit, daß ihre Kinder gewisse Gesten und Eigenheiten ihres Mannes angenommen haben. Auch sie selbst ertappt sich dabei, wie sie gedankenverloren Pfirsiche schält, eine Angewohnheit ihres Mannes, über die sie sich früher viel geärgert hat. Geschälte Pfirsiche schmecken einfach besser, hatte er ihr jeweils entgegnet. Heute weiß sie, daß er auch da recht hatte. Liebeserhalt nennt Lily Pincus dieses Phänomen, daß Gewohnheiten des Verstorbenen übernommen werden. Sie berichtet voll Ver- und Bewunderung von einer langweiligen Frau, die nach dem Tod ihres Mannes die Umgebung damit überrascht, daß sie schlagfertig, witzig, sprühend ist. In das Erstaunen der Umgebung hinein erklärt sie jeweils: »Er spricht aus mir, und ich muß das für ihn tun.« Damit entsteht für die Hinterbliebenen das sichere Gefühl, daß das Liebesobjekt nicht verloren ist, sondern in die andere Hälfte hineingenommen wurde, aus beiden wieder ein Ganzes wurde. »Es war eine gute Ehe, jetzt ist das Gefängnis gesprengt«, heißt es bei Kurt Marti – doch Katja hat noch keinen Weg gefunden, um die Freiheit für sich als solche zu definieren. Begriffe wie Eigenständigkeit und Selbstverwirklichung kommen aus einer ihr fremden Welt, zu der sie noch keinen Schlüssel gefunden hat. Jean Jacques Rousseau statt Simone de Beauvoir: »Die Männer trösten, ihnen ein angenehmes und süßes Dasein bereiten, das sind die Pflichten der Frauen zu allen Zeiten. Aus diesem gewohnheitsmäßigen Zwang entsteht eine Gefügigkeit, deren die Frauen ihr ganzes Leben bedürfen, da sie niemals aufhören, unterworfen zu sein, sei es einem Mann oder dem Urteil der Männer.«

Zum Weiterlesen

Ruth Coughlin
Zeit zu trauern. Eine Liebesgeschichte.
Verlag Droemer Knaur, München 1995

Liliane Giudice
Ohne meinen Mann. Aufzeichnungen einer Witwe.
Kreuz Verlag, Stuttgart 1970

Sybille von Rautter/Helga Ahlers
Witwe sein ist anders.
Humboldt Taschenbuch Verlag, München 1994

Uta Schlegel-Holzmann
Kein Abend mehr zu zweit. Familienstand Witwe.
Quell Verlag, Stuttgart 1992

»Ich darf mich nicht in Erinnerungen verlieren«

EINE WITWE REISST SICH ZUSAMMEN

Wenn erst die Rosen verrinnen
aus Vasen oder vom Strauch
und ihr Entblättern beginnen
fallen die Tränen auch
Traum von der Stunden Dauer
Wechsel und Wiederbeginn
Traum – vor der Tiefe der Trauer:
blättern die Rosen hin

Gottfried Benn

Die Enten drehen im kleinen Teich ihre Runden, nach rechts und nach links schnäbelnd, als hielten sie ein ausgiebiges Palaver. Spatzen wagen sich, nach Futter pickend, keck und vorwitzig bis an den Uferrand. Die Astern schwelgen in leuchtenden Herbstfarben. Der hohe Baum wirft die ersten bunten Blüten und streut sie lautlos über einen kleinen Erdhügel, der bescheiden mit einigen Blüten geschmückt ist. Es ist das Grab vom Hundchen, dessen Leben vor wenigen Tagen zu Ende ging. Sein wissend trauriger Blick hat Marie tief ins Herz geschnitten. Sie ist nervös, die Gedanken gehorchen ihr nicht, sie wandern weg vom Alltäglichen, kreisen um das tote Hundchen. Sie hat das lang vertraute kurze Wuff noch im Ohr, mit dem Hundchen morgens sein Futter anmahnte, höflich, aber fordernd. Immer zur selben Zeit, pünktlich. Der Tod des kranken

Vierbeiners überschattet ihre Zufriedenheit mit der gepflegten Gartenidylle, die sich vor ihrem Haus am Stadtrand von Hamburg ausbreitet. Wenn sie alleine ist, gesteht sie sich ein paar Tränen zu, läßt der Trauer ihren Lauf. Bekannte und Freundinnen erkundigen sich am Telefon nach ihrem Befinden. Das ist Balsam für ihre Seele. Sie klagt ein wenig, lauscht intensiv den zugewandt tröstenden Worten. Gleichzeitig bewahrt sie die Kontrolle über sich. Keiner soll denken, der Tod des Hundes werfe sie stärker aus der Bahn als der ihres vor einem Jahr verstorbenen Mannes. Doch über den ersten Schmerz ist allmählich Gras gewachsen. Hundchen aber hat vor wenigen Tagen noch gelebt. Sein Grab ist frisch, eine offen blutende Wunde. Da ist es verzeihlich, wenn plötzlich die Stimme etwas brüchig wird, die aufkommenden Tränen mühsam geschluckt werden müssen. So empfindsam reagiert der Mensch. Dabei widerstrebt es ihr, sich gehenzulassen. Sich regen bringt Segen, sagt sie mit fester Stimme. Diese Sinnsprüche und Lebensweisheiten hat sie von klein auf gelernt, und daran hält sie sich eisern. »Man muß aufpassen, daß man nicht verschludert, und man darf nirgends etwas einreißen lassen. Ich kann mich nicht erinnern, daß ich in meinem Leben einmal bis 9 Uhr morgens geschlafen habe. Zu Hause, als Kinder, mußten wir früh aufstehen, denn das lange Schlafen galt als vergeudete Zeit. Später, in der Ehe mit den eigenen Kindern, dem Beruf, gab es keinen Müßiggang. Im Alltag braucht man das feste Korsett und eine genaue Tagesplanung.« Regeln und Disziplin als Geländer durch das Leben. Am Tag nach dem Tod des Hundes, als das zaghafte morgendliche Bellen schmerzhaft auf sich warten ließ, regte sich in ihr ganz verstohlen der Wunsch, der bitteren Erkenntnis seines Todes im Bett zu entgehen.

Einfach die Decke über den Kopf ziehen, den Tag aussperren, die Zeit vergessen. Fast eine Minute lang liebäugelt sie mit diesen Verlockungen. Dann steht sie auf, pünktlich, gefaßt wie jeden Tag. Der seit Jahren eingeübte Rhythmus, die Disziplin, die sie sich abverlangt, dulden keine Ausnahmen. »Arbeit ist die beste Medizin«, heißt eine der Lektionen, die zu einem prägenden Bestandteil ihrer Selbst geworden sind. Der Tag ist nicht zum Schlafen da. Es gibt viele Verpflichtungen, die ihrer harren. »Sie kennen doch sicher die Episode aus dem Leben des Malers Auguste Renoir. Die beeindruckt mich sehr. Als ihm die Nachricht vom Tod seines geliebten Sohnes überbracht wurde, zeigte er keine Regung, sondern bat darum, zur Arbeit ins Atelier gebracht zu werden.«

Haltung, Ordnung, Pünktlichkeit und einige andere preußische Tugenden spielen im Leben vom Marie eine wichtige Rolle. Man könnte sie sich gut in alten Bildern von feinen Gesellschaften hineinträumen. Sie hätte das Zeug zur eleganten Gutsbesitzerin, vor der die Herren salutieren und sich respektvoll verneigen, während sie in tadelloser Garderobe und mit charmantem Lächeln zum Dinner bittet. Eine Grande Dame, die geschickt die Fäden in der Hand hält und die weiß, was zupacken heißt. Wohl erzogen, gut gebildet, aber bodenständig und zäh, wenn es darum geht, das Leben und seine Herausforderungen bei den Hörnern zu packen. Mit Faulheit und laissez faire hätte sie es wohl auch nicht so weit gebracht in ihrem Leben. Marie ist Gold- und Silberschmiedin mit einer eigenen Werkstatt in ihrem geräumigen Haus. Filigran gearbeitete Insekten schimmern auf einem kostbaren Gobelin, goldglänzend, mit edlen Steinen bestückt. Feingliedrige Ketten, elegant geschwungene Broschen, Ringe in unterschiedlichen Größen und Formen liegen gekonnt arrangiert in einer Glasvitrine. Das ist nur ein Bruchteil dessen, was sie im Lauf ihres Berufslebens entworfen und gefertigt hat. Sie verlangt dem Material so viel ab wie sich selbst, biegt und formt es, läßt es glänzen und schimmern in Kleinstformen, ebenso wie bei großen Ornamenten und Emblemen. Sie ist anerkannt in ihrer Profession und viel gefragte Jurorin bei kunsthandwerklichen Prüfungen und Wettbewerben. Museen stellen ihre Arbeiten aus, sie hat einen guten Namen in der Fachwelt. Lob für ihre phantasievoll gestalteten Kostbarkeiten läßt sie sich durchaus gefallen. Sie weiß, was sie kann, aber Lorbeeren werden nicht zum Ausruhen verteilt. Eitelkeiten und Schmeicheleien lenken nur vom Kern der Arbeit ab und führen nicht zum Ziel. Das Leben für die Kunst ist ihr von Kindheit an vertraut. Früh hat sich ihr sicherer Blick für Formen, Farben und Qualität ausgeprägt. Ihr Vater, Charles Crodel, war Maler und Keramiker. Er unterhielt ein angesehenes Maleratelier in Jena und leitete die Fachklasse für »Grafik und Zeichnung« an der Kunstgewerbeschule in Halle. 1933 wurde er durch die Nationalsozialisten aus dem Amt gejagt. Seine Bilder und Skulpturen galten bei den Nationalsozialisten als »entartet« und verschwanden in Kellern oder wurden zerstört. Auch ihre Mutter arbeitete künstlerisch. Fruchtbringender Humus also für die Berufsentscheidung der begabten Tochter.

Doch als 1939 die Deutschen mit dem Überfall auf Polen den Zweiten Weltkrieg anzetteln, meldet sie sich spontan als Rotkreuzschwester. Arglos und begeistert von der vaterländischen Verpflichtung erzählt sie am Mittagstisch von ihrer neuen Aufgabe. Die Eltern reagieren mit eisigem Schweigen. Einen Tag später meldet sie ihr Vater bei der Kunstgewerbeschule an. Wie sie den Unterricht mit ihrem Schwesterndienst vereinbaren könne, müsse sie selbst sehen, schaffen aber müsse sie es, um eine solide Ausbildung zu haben, bestimmt kategorisch der Vater. Selbstverständlich beugt sie sich dem väterlichen Diktat, pflichtbewußt, gehorsam und ohne zu jammern. Tagsüber drückt sie die Schulbank, nachts arbeitet sie als Schwester. Viel Schlaf braucht sie nicht, Arbeit und Disziplin heißt die Devise. Das Leben läßt keine Zeit für hochfliegende Pläne und süße Träume. »Man mußte sehen, wie man die täglichen Probleme bewältigt und einigermaßen sicher durch diese schwere Zeit kommt«, erinnert sie sich.

Im mühseligen Überlebenskampf keimen auch Träume, Sehnsüchte und die Liebe. Wenn alle Orientierungsmöglichkeiten zerbrechen, gewinnt der kleine Kern einer Familie als sozialer und emotionaler Halt eine entscheidende Bedeutung. Eine friedliche Zukunft, irgendwann, wünscht sie sich und heiratet 1944 in der aberwitzigen Erwartung auf ein glückliches, langes Eheleben.

»Wir wußten durchaus, wie ernst die Situation war, aber wir haben auch manches verdrängt und wollten dennoch heiraten. Man braucht vielleicht gerade in diesen Zeiten so einen Strohhalm als Hoffnungsschimmer. Wir kannten uns seit drei Jahren, wir liebten uns, wir wollten ein gemeinsames Leben führen.« Die Illusion vom kleinen Stückchen Glück inmitten des grausamen Schreckens des Krieges hat damals vielfältige Blüten getrieben. Unbändiger Lebenswille gegen das tägliche tausendfache Sterben. Private, häusliche Harmonie gegen die mörderischen Lügen des Regimes. Intensiv erlebte, ausgekostete Augenblicke im Angesicht des drohendes Untergangs. »Willst du meine Witwe werden?« lautete in dieser Zeit des mörderischen Krieges die bitter-ironische Frage des Frontsoldaten an die Liebste zu Hause.

Marie will alles andere als eine Witwe werden. Sie will ihre Liebe leben, gemeinsam mit ihrem Mann, einem Musikhistoriker, eine ferne, friedliche Zukunft planen. »Mein Mann war gegen den Krieg, wollte nicht Soldat werden, er kam auch erst sehr spät an die Front. Wir haben von Tag zu Tag gehofft, daß er verschont werden würde, daß der schreckliche Krieg ein Ende haben würde oder daß mein Mann wenigstens unversehrt von den Schlachtfeldern zurückkommen würde. Wir konnten uns nicht viel vornehmen für unser Eheleben, wir wollten einfach heiraten. Wir haben uns gegenseitig versprochen, nie mit Nazis zu verkehren. Das habe ich nicht einlösen können, denn wenn man heute tiefer bohrt, gibt es doch mehr, als ich dachte.«

Zwei Monate lang können sie unter den schweren Bedingungen des Krieges etwas ähnliches wie ein normales Eheleben auskosten. Dann zerplatzen die Hoffnungen, daß man ihn, den farbenblinden Kunstfreund, vor dem Gemetzel des Krieges bewahren könnte. Er muß an die Front. Sie schreiben sich Briefe, so oft das geht, klammern sich an jedes kleine Lebenszeichen, halten sich an der Vorstellung von einem sorglosen Später mühsam über Wasser. Im April 1945 – elf Monate nach der Hochzeit – wird ihr Mann als vermißt gemeldet. Aus der Traum von der Zweisamkeit. Kaum gewonnen, schon zerronnen. Bis heute kann sie sich ihren jungen, ersten Mann im Geist zurückholen, sie kann ihn träumen, sie sieht ihn in Gedanken vor sich, schön und voller Zuversicht, so wie damals am Hochzeitstag. Vielleicht liegt die bis heute anhaltende Verbindung und Seelenverwandtschaft mit ihm daran, daß es nichts Negatives in der kurzen Ehe gab, vermutet sie und untermauert ihre Einschätzung mit Zitaten und Sinnsprüchen. »Wer jung die Erde verlassen hat, wandelt auch ewig jung im Reiche Periphoneais. Ich habe mir gesagt, wen die Götter lieben, den nehmen sie jung zu sich. Es gab mit ihm keine Enttäuschung, keine negativen Erfahrungen, nur Hoffnung. Deshalb habe ich ihn mir wohl so lebendig erhalten, so daß ich ihn mir so nah heranholen kann.« Ein Traumbild, eine Illusion. Damals sucht sie weinend bei ihrer Schwiegermutter Trost und wird knapp beschieden: »Gib dich nicht der Wollust der Tränen hin.« Auch ihr Vater erwartet von ihr Contenance. »Als ich die Vermißtenmeldung erhielt, sagte er ziemlich energisch zu mir, daß ein Witwenleben der unproduktivste Ausweg sei, den es gibt. Mein Vater erinnerte sich dabei an eine Tante aus der Familie, die im Ersten Weltkrieg Witwe geworden war und diesen Status wie einen Glorienschein vor sich her trug. Sie wurde mir als Negativbeispiel vor Augen geführt, und das gab mir früh das Gefühl, Jammern und Klagen habe keinen Sinn. Also habe ich mir gesagt, hilf dir selbst, dann hilft dir Gott. Das ist zwar schwer, vor allem, wenn man jung ist, aber man muß da durch.«

Sie beißt die Zähne zusammen und geht da durch, vorwärts, neuen Ufern entgegen. Eine junge, starke Mutter Courage.

»Der Schnee schmilzt weg. Die Toten ruhn.
Und was noch nicht gestorben ist,
Das macht sich auf die Socken nun.«

Der Krieg ist zu Ende, langsam und allmählich wächst auf den Trümmern eine Normalität des Alltags. Die Frauen ermöglichen mit ihren pragmatischen Leistungen, mit Erfindungsreichtum bei der Beschaffung von Lebensmitteln, Kleidern, Wohnungen und die Versorgung ihrer Angehörigen. Viele der Frauen sind alleinstehend, haben ihren Mann oder den Verlobten im Krieg verloren, Frauenhaushalte sind eine Selbstverständlichkeit. In den 50er und 60er Jahren finden sich die durch Flucht und Vertreibung zerstreuten Familien allmählich wieder zusammen. Männer kehren aus der Gefangenschaft zurück, das soziale Klima verändert sich. Verheiratete Frauen werden wieder zur Norm. Frauen werden langsam und allmählich wieder aus der durch den Krieg erlernten oder aufgezwungenen Selbständigkeit gedrängt. Durch die Wiederherstellung von Ehe und Familie als gesellschaftliches Leitbild geraten alleinstehende Frauen und ihre Lebensnorm ins Abseits. Materiell stehen sie – verglichen mit den vollständigen Familien – lange schlechter da.

Marie ist eine dieser pragmatisch tüchtigen Frauen, die es verstehen, den Alltag zu meistern. Sie nimmt ihre Ausbildung in Jena wieder auf, besteht mit Bravour ihre Gesellinnen- und Meisterprüfung. Irgendwann tritt ein anderer Mann in ihr Leben, nicht so makellos schön und unfehlbar, wie sie ihren ersten Gefährten in Erinnerung hat, dafür zuverlässig, liebevoll und bereit, mit ihr durchs Leben zu gehen. Ein passender Mann für das geregelte Familienleben. Sie heiraten, zwei Söhne werden geboren. Vor dem Bau der Mauer verlassen sie mit den beiden Kindern die DDR, nisten sich bescheiden bei der Großmutter ein und versuchen, im Westen neue Wurzeln zu schlagen. »Mein zweiter Mann und ich haben uns fast nie gestritten, aber wir waren im Temperament sehr verschieden. Die Enge der zwei kleinen Zimmer, in denen wir lebten, machte uns Schwierigkeiten. Die neuen Erfahrungen im Westen, die Arbeit, die Kinder, das war alles sehr viel und für unsere Partnerschaft belastend. So haben wir uns in aller Freundschaft geschieden. Vielleicht stand der zweiten Ehe die Erinnerung an meinen ersten Mann im Weg. Wir haben uns bemüht, aber wir konnten uns nicht wirklich verstehen, es ging einfach nicht. Bis heute sind wir aber freundschaftlich verbunden, und er gehört nach wie vor zur Familie.«

Anstand und Disziplin, auch bei der Scheidung. Keine Skandale, keine bösen Worte, keine schmutzige Wäsche.

Wieder einmal wird sie mit ihren Kräften gefordert, muß die Zähne zusammenbeißen und einen produktiven Ausweg finden. Ihre in der DDR erworbenen Meisterqualifikationen werden nicht anerkannt, also holt sie die Prüfungen nach. Dann eröffnet sie eine Werkstatt in Hamburg, nimmt Auszubildende in ihr Haus und vereint Beruf und Kinder unter einem Dach. Oft findet sie nur während der ruhigen Nachtstunden Zeit, ihre Schmuckstücke zu fertigen, aber sie ist es gewohnt, sich viel abzuverlangen. Selbstmitleid oder gar Resignation sind in ihrem Verhaltenskodex nicht vorgesehen. Jammern risse den präzise organisierten Tagesplan nur aus den Fugen, Klagen sind unproduktiv und zeitraubend. Sie strukturiert ihren Patchwork-Alltag, koordiniert die unterschiedlichen Tätigkeiten, die beruflichen und häuslichen, die mütterlichen und sozialen. Sie ist vielseitig, reagiert auf Herausforderungen und ist immer in Bewegung.

Als eine der wenigen ihres Faches ist sie Spezialistin für Emaillearbeiten, die ihr lukrative Aufträge sichern. »Ich habe nach der Scheidung auch finanziell für die Kinder gesorgt. Der Große ging ins Internat, das hat mein Mann bezahlt, aber das andere wollte ich alleine schaffen und mich nicht von meinem Mann aushalten lassen. Darauf bin ich auch ganz stolz, denn das war damals noch unüblich. Möglicherweise hat die finanzielle Unabhängigkeit von meinem Mann auch dazu beigetragen, daß wir ein gutes und freundschaftliches Verhältnis gefunden haben. Er mußte nicht das Gefühl haben, daß ich mich auf seine Kosten ausruhe oder daß ich ihn ausbeute. Ich brauchte ihn um nichts zu bitten.«

Alleinerziehende berufstätige Frauen gehören Mitte der 60er Jahre noch nicht selbstverständlich in das Bild der Gesellschaft. Doch Marie weiß auch ohne Vorbilder und ohne den Rückhalt in Frauengruppen und abendfüllende Debatten mit streitbaren Wegbereiterinnen der zweiten Frauenbewegung ihre Prioritäten zu setzen. Ökonomisch unabhängig vom traditionellen Familienernährer schafft sie sich Status und Selbstwertgefühl über ihren eigenen Beruf. Das künstlerische Element ihres Broterwerbs fördert das Vertrauen auf die eigenen kreativen Ressourcen. Möglicherweise kann sie unbewußt und ungeplant die Früchte ernten, die oft verkannte Ahninnen der Emanzipation einmal gesät haben, Geschäftsfrauen, die sich im Wettbewerb behaupteten, Verboten und Restriktionen durch männliche Konkurrenten trotzten. Baut sie auf die Tradition der Goldspinnerinnen, die als »befreite Frauen« ihr eigen Brot verdienten und Blattgold für die Malerei, das Buchgewerbe und die Tuchhändler fertigten? Könnerinnen in ihrem Fach, »die mit Geschick und Freude die Arbeit verrichten, was ihnen viel Ansehen auch bei anderen Ständen brachte«, wie es in einer alten Chronik heißt.

Unsicherheit im beruflichen Leben, Unzufriedenheit mit ihrer Situation kennt Marie nicht. Sie sträubt sich dagegen, Herausforderungen als Fron zu empfinden, sie liebt ihre Arbeit, sie geht darin auf. Über häusliche Pflichten wird nicht lamentiert, sie werden erfüllt. Zu ihrem Haushalt gehören meist einige Auszubildende. Ihnen ist sie Vorbild, durch sie erfährt sie manche Hilfe im Alltag. Das Hadern mit dem Schicksal schafft kein Einkommen, nur das Zupacken bringt Gewinn. Sie steht mit beiden Beinen fest im Leben, sie ist stark und meistert ihr Leben allein. Doch als ihr am Ende einer langen Zugfahrt ein freundlicher, gutaussehender Mann anbietet, ihren schweren Koffer nach Hause zu tragen, nimmt sie dankbar an. Man tauscht Adressen, Telefonnummern. Man sieht sich, kommt sich näher. Ihr späterer Mann, mit dem Kosenamen »Mars« bedacht, läßt sich ihretwegen scheiden. Marie und Mars heiraten 1966. Er ist damals 50 Jahre alt, sie zehn Jahre jünger. Im ersten Eheglück hat sie sich über den Altersunterschied keine Gedanken gemacht, später tritt er deutlicher in Erscheinung. Sie fühlt sich jung, ist aktiv, unermüdlich arbeitet sie im gemeinsamen Haus, in der Werkstatt, im Garten. Bei ihm stellen sich immer wieder Krankheiten ein, seine Kräfte lassen nach, mit Mühe kann er bei ihrem Tempo Schritt halten. »Mein Mann war der Energische, aber letztendlich habe ich dann doch durchgesetzt, was ich wollte. Die Frau ist doch diejenige, die lenkt und die Fäden in der Hand hat. Natürlich ruhig und ohne laute Worte. Ich habe es nicht gelernt zu streiten, ich will das auch nicht, ich denke, in gewissen Situationen muß man dann eben die Klappe halten.«

Disziplin, immer wieder hilft sie ihr durch das Leben. Freundinnen nennen sie harmoniesüchtig, eine treffende und in ihren Augen durchaus positive Charakteristik. Mars nimmt regen Anteil an ihrer künstlerischen Arbeit. Sie führen ein offenes Haus, er regelt für sie den lästigen Papierkram, sie ergänzen sich trefflich und genießen die Harmonie. Ein leichter Schlaganfall, eine Krebserkrankung machen aus dem starken Mars einen pflegebedürftigen Menschen. Zehn Jahre lang schleppt sich sein Sterben hin. »Durch seine vielen Krankheiten war ich auf den Tod durchaus vorbereitet, doch ich habe immer gehofft, er würde wieder zu Kräften kommen. Deshalb habe ich mit meinem Mann auch nicht über Tod und Sterben gesprochen, es wurde verdrängt, weil man noch Hoffnung hatte. Man sagt dann den Kranken, ach, das wird schon wieder. Und er hat wohl auch das Gefühl gehabt, daß ich schon tüchtig genug bin, um das Leben weiterhin zu meistern.« Wenige Tage vor dem Tod ihres Mannes wird sie Augenzeugin eines plötzlichen und unerwarteten Todes. Ein Gärtner, mit dem Beschneiden der Bäume beauftragt, fühlt sich unwohl, will sich auf ihrem Sofa einen Augenblick verschnaufen. Ehe sie einen Arzt rufen kann, stirbt er unter ihren Händen. Für sie ist das nicht nur ein Schock, sondern auch eine Prüfung Gottes, mit der sie auf den Tod ihres Mannes eingestimmt werden soll. Sie wünscht ihm durchaus hin und wieder das Ende seiner Leiden. Einmal gesteht sie sich gegenüber einer Nachbarin einen Moment der Klage zu, sie schildert seinen erbarmungswürdigen Zustand, stöhnt über die aufreibende Zeit und die vielen Besuche im Krankenhaus. Sie hat das Gefühl, am Ende ihrer Kräfte zu sein. Seine Krankheit ist durch zahlreiche Stürze begleitet, er bricht sich die Rippen, die Hand, die Beine. »Die Nachbarin hat mich getröstet und mir die Augen wieder dafür geöffnet, daß ich froh sein kann, ihn noch um mich zu haben, auch wenn das viel Kraft und Nerven kostet.« Sie faßt wieder Tritt, verbietet sich die Klagen, sie funktioniert verläßlich, wie das alle von ihr erwarten, am meisten sie selbst. Bei seinem Tod packt sie für einen Moment das Gefühl, den sonst so sicheren Boden unter den Füßen zu verlieren. Die Endgültigkeit seines Todes raubt ihr den Atem. Schuldgefühle beuteln sie. Das Gefühl, nicht genügend für ihn getan zu haben, treibt sie um. »Manchmal war ich vielleicht zu vorsichtig. Einmal kam mein Sohn und meinte, wir könnten ihm noch ein Fläschchen Sekt ins Krankenhaus bringen, aber weil er schon Morphium bekam, lehnte ich das wegen der Medikamente ab. Das war vielleicht falsch, das hätte man ihm doch dann noch geben können. Hinterher ist man immer klüger. Auch beim Tod einer Freundin fiel mir erst hinterher ein, was ich noch hätte tun können. Und dann frage ich mich, warum ich so viel im Garten gewühlt habe, statt mich zu ihm zu setzen und mit ihm zu plaudern, aber es mußte ja auch gemacht werden, ich konnte doch nicht alles verkommen lassen. Sicherlich würde er heute meine Umtriebigkeit bemängeln. Ich denke, er hätte mich gerne etwas gemütlicher gehabt. Vielleicht ist es für den Partner anstrengend, wenn man immer viel um die Ohren hat, auch am Abend schwer zur Ruhe kommt.«

Wie schält man sich aus seiner Haut, die Schutz und Korsett gleichermaßen ist? Wie kann lang verpönter Müßiggang ohne äußeren Zwang plötzlich einen süßen Beigeschmack erhalten? Alle Selbstanklagen laufen ins Leere. Nichts ist mehr zu revidieren.

Mit der ihr eigenen Stärke und Disziplin zieht sich Marie aus dem Sumpf der Trauer. Sie richtet den Blick konzentriert auf das Positive in ihrem Leben, lenkt sich ab durch Arbeit und hält sich an ihrem Geländer aus Terminen, Verpflichtungen und Lebensweisheiten fest. »Unter jedem Dach ist ein Ach, und da muß ich eben eine gewisse Härte haben und mich daran freuen, daß ich einen schönen Beruf habe. Ich kann in meiner Werkstatt arbeiten, da erhalte ich Anerkennung und Zuspruch, da werde ich auch gebraucht. Und ein Trost ist sicherlich für mich, daß einer immer zuerst gehen muß, und einer muß übrigbleiben. Das bin in unserem Falle ich. Da muß ich sehen, wie ich weiterkomme. Das letzte, sehr Schöne und Beruhigende, was er zu mir gesagt hat, war, daß er froh ist, daß wir geheiratet haben.«

Der Tod, ungewollt, unerwartet, hat nicht nur einen bösen Stachel. Er kann Freiheit, Entlastung und Neuorientierung im Gefolge haben. Doch solche Gefühle sind vor dem Hintergrund einer gesellschaftlichen Erwartungshaltung schwer zuzugeben, nur zögernd zu denken und zu formulieren. Bei Elias Canetti heißt es: »Der Schrecken über den Anblick des Todes löst sich in Befriedigung auf, denn man ist nicht selbst der Tote. Dieser liegt, die Überlebende steht. Es ist so, als wäre ein Kampf vorausgegangen und als hätte man den Toten selbst gefällt. Im Überleben ist jeder des anderen Feind, an diesem elementaren Triumph gemessen, ist aller Schmerz gering.« Ambivalenz der Gefühle. Zum Schmerz über den Verlust des Lebenspartners gesellt sich die Befriedigung über das eigene Überleben. Der Verzweiflung über das endgültige »nie wieder« folgt die Erleichterung. Keine Ängste mehr, ob er die Nacht überstehen wird, kein banges Warten mehr auf den Arzt, keine Besuche mehr im Krankenhaus, das so viel Siechtum ausstrahlt. Kein Grund mehr, die Arbeit zu unterbrechen, weil er wartet. Keine Rücksicht mehr, weil er Schmerzen hat, sich nicht wohlfühlt, nicht alleine sein kann. Das alles ist mit seinem Tod auch aus dem Leben gegangen. Doch darf man sich diesen Zwiespalt der Gefühle eingestehen? Darf die Umwelt sie entdecken? Der Gang zum Grab, die Pflege der Blumen, die sorgfältige Auswahl eines Steins – hilfreiche Rituale, mit denen sich auch Zweifel über die angemessene Art der Trauer bekämpfen lassen. Man funktioniert und spürt den süßen Schmerz der eigenen Existenz.

Bald nach dem Tod ihres Mannes hat sie seinen Schreibtisch und einige andere Relikte seines Lebens weggeräumt. Sie wehrt sich wieder einmal erfolgreich gegen die »Wollust der Tränen«. Freundinnen, die mit ihr über ihn sprechen wollen, die in Fotos und Erinnerungen kramen, setzt sie höflich ihre Grenzen. Sie weiß, bis zu welchem Grad sie den Schmerz an sich heranlassen kann, sie will sich nicht im Selbstmitleid und in den schmerzlichen Gedanken verlieren. Dafür fühlt sie sich noch nicht sicher genug. Vielleicht später. Seinen Hut läßt sie an der Garderobe hängen, er schenkt ihr Geborgenheit und Wärme, wenn sie nach Hause kommt. Manchmal hat sie das Gefühl von Sentimentalität in der Erinnerung an das, was war. Sie entbehrt das gemeinsam spontane »weißt du noch«, die kleinen Zeichen von Vertrautheit und Verbundenheit. Obwohl sie sehr genau weiß, was sie will, vermißt sie seine Bestätigung für ihre Entscheidungen. Es ist keiner mehr im Haus, der ihr ein »gut gemacht« oder gar ein »Bravo!« zuruft.

Doch Tränen helfen da nicht weiter. Sie meidet unproduktive Wege. »Ich habe ein schönes Leben gehabt, jetzt zehre ich von den Erinnerungen. Doch die ziehen mich auch von einem vorwärtsstrebenden Weg auf eine andere Schiene, das drückt mich nieder und lähmt mich. Ich darf mich nicht in den Erinnerungen verlieren.«

Also vorwärts. Zielstrebig geht sie auf andere Menschen zu, knüpft neue Verbindungen, pflegt Kontakte in der Nachbarschaft. Einsamkeit ist eine schlechte Gesellschafterin, deshalb sucht sie nach anderen Begleitern. Sie betreut ehrenamtlich einige alte Frauen, lädt zu gemeinsamen Nachmittagen, regt Ausflüge oder Konzertbesuche an, tröstet, hört zu, organisiert Hilfe. Sie plant konsequent und sachlich für ihr Alter, überlegt Alternativen zur »schrecklichen Ghettosituation des Altersheims«. Nur nicht anderen zur Last fallen, die Kinder beanspruchen, sich selbst gehenlassen, das wäre das Ende. Sie nimmt in Kauf, daß einige vor ihrer Konsequenz und Härte erschrecken, »aber die habe ich mir nun mal so angewöhnt. Das ist wie in der Geschichte von Max Liebermann, der gefragt wird, warum er male. Da gibt er auch zur Antwort, er habe sich das nun mal so angewöhnt.« Gewohnheiten sind treue Begleiter durch ihr Leben, es gibt selten Anlaß, sie hinter sich zu lassen. Die Disziplin ist ein sicheres Geländer. Arbeit die beste Medizin. Deshalb möchte sie selbst am liebsten in den Sielen sterben, nicht schwach und krank, sondern aktiv, mitten aus der Arbeit weggerissen. Ein Leben, konsequent gedacht bis zum Ende.

Arbeit wartet genug auf sie, in der Werkstatt, im Haus, im großen, liebevoll gepflegten Garten, den Enten, Eichhörnchen und Vögel mit Leben erfüllen. Sie plant Ausstellungen, neue Projekte. An einigen ihrer Arbeiten zeigt ein Museum Interesse. Sie liest, nimmt Anteil am Geschehen außerhalb ihres geschmackvoll gestalteten Hauses, geht ins Theater, trifft Freunde. Sie plant noch einiges für die kommenden Jahre. Eine Kunstfahrt nach Straßburg, die sie noch mit ihrem Mann gemeinsam vorhatte, auch Reisen zu Messen, Ausstellungen, Freunden. »Ich bin unabhängig, frei und keinem Rechenschaft schuldig. Ich gestalte mein Leben, keiner wartet auf mich zu Hause, zumal jetzt, wo das Hundchen tot ist.«

Zum Weiterlesen

Heinrich Böll
Haus ohne Hüter.
Deutscher Taschenbuch Verlag, München 1981

Lieselotte Orgel-Purper
Willst Du meine Witwe werden? Eine deutsche Liebe im Krieg.
Aufbau-Verlag, Berlin 1995

Veuves abusives

DER UMSTRITTENE TYPUS DER KÜNSTLERWITWE

Ich war Kurt Tucholskys Käthchen
Mich hat Wedekind verführt
Benn hat mich als Straßenmädchen
auskultiert, doch nie berührt

Brecht schrieb einzig meinetwegen
Songs und sich die Finger wund
Ich – er kam mir sehr entgegen –
vergewaltigte Klabund

Ich war oft bei Dehmel nächtlich
b) im Bett und a) zu Tisch
Wiechert fand mein Tun verächtlich
nicht so Egon Erwin Kisch

Alle Männer, die mich trafen
(Thomas, Heinrich, und so fort)
haben gern mit mir geschlafen,
rein platonisch, Ehrenwort!

Ich war René Rilkes Klärchen
Mich pries Loerke im Gedicht …
Lieber Leser, glaub dem Märchen
der Matronen lieber nicht!

Drum nur, weil zu kurz sie kamen
sind vor allem offenbar
die Memoiren dieser Damen
schamlos, dumm und gar nicht wahr.

Der Versuch der alten Damen
in die Literaturgeschichte zu gelangen
von Fridolin Tschudi

Seit es »geistiges Eigentum« und damit ein juristisch geregeltes Verhältnis zum künstlerischen Produkt gibt, spukt das Klischee von den schrecklichen Witwen der Schriftsteller, Maler oder Komponisten durch Köpfe und Geschichten. Der männlichen Phantasie sind mancherlei schlüpfrige Reime und vollmundige Vorurteile über die hinterbliebenen Frauen großer Meister entsprungen. Neid und Mißgunst gegenüber den hingebungsvollen Musen und mächtigen Erbinnen sind die Väter vieler bösartiger Verleumdungen. In schrillen Farben und Facetten entstehen Bilder von Furien und Drachen, die nichts anderes im Schilde führen, als den wahren Kennern und Liebhabern der Werke ihrer Männer boshaft auf der Nase herumzutanzen. Eifersüchtig wachen sie über das Erbe, bauen Barrieren um das Werk, verteidigen Testamentsklauseln mit Zähnen und Klauen und hüten den Nachlaß, als gehöre er ihnen höchst-persönlich und nicht der gesamten begierigen Nachwelt. Übertreibungen und Unterstellungen größtenteils, doch als geistiges Eigentum durch Urheberrecht geschützt. Künstlerwitwen müssen für viele Klischees herhalten. Mit ihrer gütigen, dazu teuer bezahlten Hilfe entstehen Magister- und Doktorarbeiten. Gnädig und herablassend empfangen sie Studenten und Doktorandinnen. Neuauflagen der Werke, Ausstellungen, Dokumentationen sind nur mit ihrem Segen möglich, doch ihr Jawort läßt lange auf sich warten. Deshalb füllen die Dokumente über Rechtsfälle zwischen Witwen und Verlegern endlose Regalmeter. Eine Politik der eifersüchtigen Besitzstandswahrung. Charlotte

Kerr, Witwe Friedrich Dürrenmatts, verhinderte mit einem Gerichtsentscheid die Aufführung eines Werkes von Friedrich Dürrenmatt am Theater in Landshut. Sie nämlich vertritt die Überzeugung, daß es sich bei »Midas« um kein Theaterstück, sondern um ein Prosawerk handelt, das der Verlag zu Unrecht zur Aufführung verkauft hat. Bis zum vorläufig gütlichen Ende des Konflikts im »gegenseitigen Einvernehmen« zwischen Erbin und Verlag gingen Jahre ins Land. In der Zwischenzeit bot sich den Feuilletonisten reichlich Gelegenheit, öffentlich über die Mühsal mit den bösen Witwen zu stöhnen. Hartnäckig schwirrt das Schmähwort von den »veuves abusives«, den Mißbrauch treibenden Witwen, in den Köpfen und Vorstellungen herum, dem der französische Diplomat und Politiker Anatole de Monzie ein eigenes Buch gewidmet hat. Unverstand und Eigennutz wird ihnen bescheinigt, weil sie wie Glucken auf seinem künstlerischen Vermächtnis hocken, und das anscheinend nur, um mit klammheimlicher Freude Ausstellungsmacher, Verleger oder Musiker zur Verzweiflung zu bringen. Die Forderung nach dem barbarischen Brauch der Witwenverbrennung, die in Indien trotz eines offiziellen Verbots bis heute viele Frauenleben fordert, wird keinesfalls nur unter scherzhaften Aspekten erhoben. »Witwen sind immer furchtbar«, schaudert es den Schweizer Komponisten und Opernintendanten Rolf Liebermann, denn ohnmächtig muß sich die Nachwelt gefallen lassen, wie Witwen nicht das Andenken der Meister pflegen, sondern ihn – aus Rache für ein verpaßtes Eigenleben – lauthals vom Sockel stürzen und sein untadeliges Denkmal zertrümmern. Die Witwe, so sagt ein böses Bonmot, ist die Kröte, die die Nachwelt schlucken muß.

»Die Alte sieht die junge Witwe weinen an dem Sarg. Es lachen Brecht und Eisler«, spottete der Liedermacher Wolf Biermann bissig über Versuche der zweiten Frau des Dramatikers Heiner Müller, nach dessen Tod Veröffentlichungen zu verhindern. Im Streit um das Urheberrecht an Heiner Müllers elfbändiger Werkausgabe muß sich die Witwe Brigitte Mayer von einem Theaterkritiker nachsagen lassen, »sie habe nach dem Tod ihres Mannes nichts besseres zu tun, als die wilde Sau zu spielen«. Für diese unzulässige Schmähkritik ist ihr inzwischen ein Schmerzensgeld von 20.000 DM zugesprochen worden.

Künstlerwitwen scheinen besonders beliebte Zielscheiben für Häme und Mißgunst, üble Nachrede und Verleumdungen zu sein. Mögliche Kritik am Werk des verstorbenen Mannes, aus Angst oder Opportunismus nicht ihm gegenüber offen dargelegt, scheint in geballter Form auf die hinterbliebenen Frauen niederzuprasseln. Auch Politikerwitwen sind von dieser öffentlichen Schelte nicht ausgenommen. Brigitte Seebacher-Brandt, Witwe Willy Brandts, hat im Umgang mit seinem Vermächtnis selbst gutwillige Weggefährten verprellt. Was sie »in seinem Sinne« vielen Widerständen zum Trotz durchgesetzt hat, sollte wohl eher ihr ehrgeiziger Rachefeldzug gegen die deutsche Sozialdemokratie sein, als seinem Nachruhm nutzen. Ganz anders dagegen Greta Wehner, die sich in ihrem Leben über Jahrzehnte selbstverständlich und konsequent dem »ersten Diener seiner Partei«, Herbert Wehner, untergeordnet hat. Greta Wehner war unermüdlich für ihren Mann auf den Beinen, war Gastgeberin und Chauffeurin, Privatsekretärin, Gesprächspartnerin und Köchin. Eine unschätzbare Stütze für ihren Mann. Doch sie wurde vor allem zu seiner Stimme, als er nicht mehr sprechen konnte. Sie bewahrte seine Würde, als er durch die Alzheimer Krankheit mehr und mehr die Orientierung und sein Gedächtnis verlor. In Dresden versucht die alte, aber agile Dame, ein Haus als Bibliothek für seine Bücher und sein Andenken zu finden. Witwenarbeit vom Feinsten in traditioneller Rollenverteilung.

Gleichwohl sind Witwen keine Engel, keine Übermenschen. Es sind Frauen im Widerstreit ihrer Gefühle, oft verletzt, gedemütigt, betrogen und unterschätzt. Frauen, getroffen vom Verlust des geliebten Menschen, überfordert und aus Liebe oder Gewohnheit blind. Frauen, die die besondere Problematik einer Künstlerehe, die extreme Sensibilität und Reizbarkeit eines schöpferisch tätigen Menschen über Jahrzehnte ohne

Murren auf sich genommen haben. Heroinnen des Alltags, deren eigene Wünsche, Vorstellungen und Hoffnungen meist restlos zu kurz kommen. Sie sind keinesfalls die besten Interpretinnen seiner Werke, aber sie wissen aus Erfahrung, wie das Werk entstand, wie mühsam es dem Leben abgerungen wurde. Doch wenn sie über ihn sprechen oder schreiben sollen, wird von ihnen erwartet, das sie das Wesentliche über ihn entschlüsseln. Sie selbst war für ihn das Wesentliche in seinem Leben, das aber will außer ihr kaum jemand wahrhaben. Für die Nachwelt zählt das Werk. Seines, versteht sich. Nicht die vielen Lebenserinnerungen, die vom Leben an seiner Seite, in seinem Sinne und der Frau von … Zeugnis ablegen. Das Alltägliche, keinesfalls nur Sorglose und Idyllische ihres Lebens bleibt in der Wertung anderer marginal. Doch diese Reduktion auf ein zweitrangiges Schattendasein hinterläßt Spuren, schreit nach Rechtfertigung, vielleicht auch nach später Rache. Wie also könnten die Gralshüterinnen beim Umgang mit dem Nachlaß ausschließlich Objektivität, Altruismus und reine Wahrheit walten lassen? Falsche, nicht einlösbare Erwartungshaltungen haben Fehlverhalten im Schlepptau. Kränkungen, Eifersucht, Ängstlichkeit, Geltungsstreben, Bewunderung und zu seinen Lebzeiten verpönte Kritik führen beim Umgang mit dem Nachlaß unbewußt die Feder.

Marie Romain-Rolland zum Beispiel wollte die umfangreiche Korrespondenz ihres Mannes edieren. Der Wunsch nach Vollständigkeit und Wahrhaftigkeit war nicht der Motor für diese Fleißarbeit. Sinn und Ziel ihrer Arbeit als Herausgeberin war ganz offensichtlich, ihren Gatten nach seinem Tod in einem untadeligen, strahlenden Licht erscheinen zu lassen. Nicht jeder seiner Texte aber war für ein tadelloses Denkmal geeignet. Also mußte er ihren korrigierenden und kaschierenden Bemühungen zum Opfer fallen. Auch Renate Gerhardt, Ehefrau des früh verstorbenen Dichters und Verlegers Rainer Maria Gerhardt, hat bis heute eine Ausgabe der Schriften und Zeitschriftenprojekte ihres Mannes mit juristischen Mitteln verhindert. Mary Gerold-Tucholsky, als gestrenge Nachlaßhüterin bekannt, hat mit ihren Einsprüchen auch ihr Recht zu sichern versucht. Mit Argusaugen wachte sie darüber, jeweils als die einzige Frau von Bedeutung in Tucholskys Leben in die Annalen einzugehen. Vor Konkurrenzgefühlen und Eifersucht ist keine Witwe gefeit. Um Achtung, Status und Anerkennung läßt sich auf mancherlei Art buhlen. Der Frau des Malers Francis Piccabia wird nachgesagt, sie habe die Echtheit von Werken ihres Mannes grundsätzlich für die Jahre bestritten, in der er mit einer anderen Frau zusammenlebte.

Der Kunstsammler und Autor Lothar Günther Buchheim sieht auch bei Nina Kandinsky und ihren Auseinandersetzungen um Urheberrechte nur rohe Kräfte und niedrige Beweggründe am Werk. Nina Kandinsky habe nur deshalb 13 Jahre lang gegen ihn prozessiert, weil er nicht von seiner Überzeugung abrücke, der russische Maler Wassily Kandinsky hätte lieber seine Partnerin und Kollegin Gabriele Münter geheiratet. Ob sie allerdings bereit gewesen wäre, für ihn ihr künstlerisches Schaffen aufzugeben oder auch nur einzuschränken, bleibt im Reich der Spekulation. Mehr als verständlich erscheint es allerdings, wenn sich eine liebende Frau gegen das Stigma von der zweiten Wahl mit ihren Waffen und Möglichkeiten wehrt. Die Psychodynamik einer Witwe führt auf vielfältige verschlungene Wege. Die Beweise für Nachlaßfälschungen und Geschichtsklitterung sind Lehrstücke über Deformationsprozesse und öffentliche Erwartung, über Mißachtung und verletzte Gefühle im Schatten eines großen Mannes. Nur selten wird den Witwen das Lob zuteil, das der Literaturkritiker Marcel Reich-Ranicki über Katja Mann formulierte: »In dem sie zwischen ihm und der Umwelt, zwischen seinem Werk und dem täglichen Leben mit Geist und Takt, mit Umsicht und Souveränität vermittelte, ermöglichte sie erst die Entstehung, die Fortsetzung und die Vollendung dieses Werks.« Thomas Mann hat diese Eigenschaft sehr wohl zu schätzen gewußt: »Solange Menschen meiner gedenken, wird ihrer gedacht sein. Die Nachwelt, haben sie ein gutes Wort über mich, ihr zugleich wird es gelten.« Um öffentliches Lob für die stummen Dienerinnen, die umsichtigen Geburtshelferinnen der Werke, die Managerinnen und Trösterinnen des Alltags ist es allerdings nicht zum besten bestellt. Die nicht selten ungerechtfertigten und vorschnellen Urteile über diese Hüterinnen seines Vermächtnisses reflektieren eine gesellschaftliche Erwartungshaltung, nach der selbstverständlich angenommen wird, daß berühmte Männer nur selbstlose und bescheidene Frauen an ihrer Seite haben können und dürfen. Individualität, eigenes Urteilsvermögen, aber auch Rebellion gegen ein Leben in seinem Schatten wird den Frauen an der Seite eines großen Mannes nicht zugetraut oder lautstark abgesprochen. Zwei Genies oder gleichermaßen anerkannte und bekannte Persönlichkeiten in einer ehelichen Lebensgemeinschaft laufen den traditionellen Vorstellungen zuwider. An diesem Bild von der kleinen, opferbereiten Frau in den Diensten des genialen Meisters haben die Männer selbst kräftig gewirkt. Nach diesen Maßgaben haben sie sich ihre Musen und Frauen ausgesucht. »Bei der Wahl seiner ersten Frauen darf man sich gewisse Nachlässigkeiten erlauben. Bei der Wahl seiner Witwe aber sollte man keinen Fehler machen«, mahnt Sacha Guitry mit Blick auf die Annahme, daß nur eine gute Muse oder Witwe ein eigenes Leben nach dem Tod gewähre. Doch nicht nur für seinen Nachruhm wird ihre Selbstbeschränkung benötigt, vor allem für die ungebrochene Hingabe zu Lebzeiten an das Genie. »Du hast von nun an nur einen Beruf – mich glücklich zu machen! Verstehst Du, was ich meine, Alma? Die Rolle des Komponisten fällt mir zu – Deine ist die der liebenden Gefährtin und verständnisvollen Partnerin.« So kategorisch hat Gustav Mahler die Position von Mann und Frau in der Ehe festgelegt. Um möglichen späteren Mißverständnissen vorzubeugen, stellt er Alma Schindler, deren Kompositionen er durchaus schätzt, noch vor dem Hochzeitstermin seine Bedingungen. Sie akzeptiert und macht sich keinerlei Illusionen über das, was auf sie zukommt. »Die Frau wird neben einem bedeutenden Künstler immer zu kurz kommen. Er empfindet sich, wie auch sie, nur als Instrument, um seine Art von

Herrschsucht durchzusetzen und auslebend zu gestalten, nämlich seine Kunst. Mit einem Wort: um besser arbeiten zu können.« Über diese eindeutig nachgeordnete Rolle tröstet sich Alma Mahler, in zweiter und dritter Ehe auch mit Walter Gropius und Franz Werfel verheiratet, selbst hinweg: »Mein Leben war schön. Gott vergönnte mir, die genialen Werke in unserer Zeit zu kennen, ehe sie die Hand ihrer Schöpfer verließen.« Das ist rechter Gotteslohn für mancherlei Verzicht auf ein selbstbestimmtes Leben. »Du bist die Frau und ich der Künstler. Ich muß dich bald zur Frau haben, sonst geht meine große Begabung elend zugrunde. Du mußt mich in der Nacht wie ein Zaubertrank neu beleben. Ich habe es heute an der Arbeit am roten Bild gesehen, wie stark du mich machst und was ich sein werde, wenn die Kraft stetig wirkt.« So fordernd hat der Maler Oskar Kokoschka seine Erwartungen an Alma Mahler-Werfel herangetragen. Obwohl ihr der Dienst am männlichen Genius durchaus Glückseligkeit beschert und sie gern mit »eisernen Krallen die Beute für ihr Nest« einfing, hat sie Oskar Kokoschka einen Korb gegeben.

Der Maler Max Beckmann stellt seine Frau am Anfang der Partnerschaft ganz klar vor die Alternative, entweder eine eigene Karriere als Geigerin zu machen oder ihn als Maler zu unterstützen. In ihren Erinnerungen schreibt Mathilde Beckmann über die Ansprüche ihres Mannes: »Ja, also, Kind, ich will dir nicht im Wege stehen. Wenn du Karriere machen willst mit der Geige, dann laß ich dich frei. Aber wir können dann nicht zusammen leben. Entweder du wirst Geigerin, oder du bleibst bei mir. Beides geht nicht. Ich brauche dich ganz oder gar nicht.« Mathilde Beckmann ist nie mehr öffentlich aufgetreten.

Offensichtlich hat sie sich das zu Herzen genommen, was Nina Kandinsky als Sinn und Lebenszweck einer Frau formuliert hat: »Wenn eine Frau einen Mann richtig liebt, dann muß sie ihm den Haushalt gewissenhaft führen und auch eine gute Köchin sein. Sie muß hinter dem Mann zurücktreten und vieles aufgeben, damit er sich entfalten und ohne Sorgen arbeiten kann. Ich habe das getan. Deshalb war unsere Ehe so glücklich, deshalb sind wir auch nicht einen Tag unseres gemeinsamen Lebens voneinander getrennt gewesen. Ich habe versucht, Kandinsky das Leben zu erleichtern.«

Welch große Leistung dieser Schattenarbeiterinnen. Die gesamte Variationsbreite des vieldeutigen Begriffs »Liebe« läßt sich daran ablesen. Sie haben die Arbeit der Männer ermöglicht, beschützt und gefördert. Karrierebegleiterinnen, denen der Erfolg der Männer nachträglich recht gibt. Ein sanfter Abglanz seines Ruhmes fällt auch auf sie.

Die vielfältigen Aufgaben, die der Ehefrau als Köchin, Geliebte, Sekretärin, Telefonistin, Bewunderin und Krankenschwester zufallen, lassen wenig Spielraum für eigenes Schaffen. »Ich habe in meinem Leben nie tun können, was ich hätte tun wollen«, schreibt Katja Mann in ihren Memoiren. Liegt also der kulturellen Produktion jeweils nur ein Frauenopfer zugrunde? Ein Opfer, belohnt durch ein intensives Leben mit großen Geistern. Carola Bloch, couragierte Kämpferin, erfolgreiche Architektin, sagt über ihre erste Begegnung mit dem damals jungen Philosophen: »Mir verblaßten alle Gestalten, die ich bis dahin in meinem Leben getroffen hatte, im Vergleich mit diesem Vulkan von einem Menschen.« Für diesen Vulkan arbeitet sie im amerikanischen Exil als Versicherungsvertreterin und Kellnerin, um den Lebensunterhalt zu verdienen. Einem Band seiner Gesamtausgabe stellte Ernst Bloch den Satz voran: »Für meine Frau Carola – Mann und Werk vor den Nazis rettend.«

Auf den Schultern von Künstlerwitwen konnte manche Kunst und Literatur entstehen. Was wüßten wir heute von den Gedichten Ossip Mandelstams, von seinem Leidensweg durch Verbannung und dem Tod in einem sibirischen Lager, ohne seine Frau? Nadeschda hat seine Gedichte auswendig gelernt, die einzige Chance, um sie in ihrem Gedächtnis vor der Vernichtung zu retten, der Nachwelt zu überliefern.

Auf vielen Opfern des eigenen Lebens, auf Selbstaufgabe und unsichtbarer Leistung wachsen die sichtbaren Werke der Meister. »Mein Drachodont« nannte Adorno zärtlich seine Frau Gretel, die ihm jene unerbittlich strenge Arbeitsdisziplin abverlangte, auf der seine außergewöhnliche Produktivität gedeihen konnte. Mit wahrhaft drachenähnlichem Eifer hat sie jedes seiner Manuskripte vom Entwurf bis zur endgültigen Form mit ihm besprochen. Sie war seine Lektorin, Sekretärin, Korrektorin, auch seine Krankenschwester. Als »Oberassistentin« im »Institut für Sozialforschung« hält sie ihrem Mann den Rücken von Kleinkram und Alltagsärger frei, sorgt für ein angenehmes Ambiente in der bescheidenen Frankfurter Wohnung und hütet seinen Schlaf. Mit verzweifeltem Eifer verteidigt sie ihn während der studentischen Revolten, versucht ihn gegen jede Aufregung abzuschirmen. Absolute Identifikation mit seinem Werk und Selbstaufgabe bis zum Letzten war ihre selbstgewählte Aufgabe. Sie hat sich ihr mit Perfektion und Präzision gewidmet. Dabei hätte sie als promovierte Chemikerin durchaus eine eigene Karriere machen können. Nach dem Tod Adornos im Jahr 1969 bekennt sie: »Hätte ich noch ein zweites Leben, würde ich mich mit Mikrobiologie befassen, da fallen die Entscheidungen der Zukunft.« Gretel Adorno stirbt im Alter von 91 Jahren. Sie hat sich kein zweites Leben gesucht, sondern das erste ausgekostet.

Es ist reich gewesen.

Zum Weiterlesen

Ulrike Edschmidt
Diesseits des Schreibtischs. Lebensgeschichten von Frauen schreibender Männer.
Luchterhand Literaturverlag, Neuwied 1990

Martha Feuchtwanger
Nur eine Frau. Jahre, Tage, Stunden.
Verlag Droemer Knaur, München 1983

Dietmar Grieser
In deinem Sinne. Begegnungen mit Künstlerwitwen.
Verlag Langen Müller, München 1986

Dietmar Grieser
Musen leben länger. Begegnungen mit Dichterwitwen.
Ullstein Verlag, München 1992

Charlotte Kerr
Die Frau im roten Mantel.
Piper-Verlag, München 1992

Alma Mahler-Werfel
Mein Leben.
Fischer Taschenbuch Verlag, Frankfurt 1997

Inge Stephan
Das Schicksal der begabten Frau. Im Schatten berühmter Männer.
Kreuz Verlag, Stuttgart 1989

Der kleine Unterschied

WITWENVERBRENNUNG IN INDIEN

»Wo wünschte außer Keikej,
der pflichtvergessenen, sonst ein Weib
zu leben noch, wenn den Gemahl,
des Herzens Gottheit, sie verloren?«

»Viele Frauen Indiens werden, wenn ihre Männer sterben, auf einen Scheiterhaufen gelegt, um mit ihm zu verbrennen. Solche Frauen ernten großes Lob von allen.« Das berichtet zu Beginn des 14. Jahrhunderts Marco Polo ohne allzu große Verwunderung über die in Indien übliche Sitte der Witwenverbrennung. Der rituelle, selten wirkliche Selbstmord der Frauen bestimmte damals das Bild des Landes in der Außenwelt. Die meisten Fälle von Witwenverbrennung, genannt Sati, ereigneten sich zwischen dem 17. und 19. Jahrhundert im kolonialen Bengalen. Unter der Kriegerkaste der Rajasthan erlebt die Witwenverbrennung ihre Hochblüte. Beim Tod eines angesehenen Herrschers im 18. Jahrhundert sollen 64 Frauen aus seinem familiären Umkreis mit ihm auf den Scheiterhaufen gestiegen sein. Freiwillig, beseelt vom Wunsch nach der heiligen Vereinigung mit ihm, glücklich über das Opfer, das sie ihm zu geben imstande waren. Bei der Prozession schritt einer Überlieferung zufolge vor den Frauen ein hoher Beamter mit einem Spiegel in der Hand. Damit sollten sich die Frauen selbst davon überzeugen können, daß ihre Gesichtszüge unverändert blieben, sie alle keinerlei Angst oder gar Grauen verspürten. Das jedenfalls glauben religiöse Inder bis heute. Sati, die Witwenverbrennung, ist für sie der lodernde Beweis absoluter Treue und Hingabe der Frau an den Mann. Etwa so, wie es Wilhelm Lehmann auf den Tod von Sir Albert Mortons Frau formuliert hat:

»Er starb voraus ihr.
Sie versuchte, ohne ihn zu leben,
Doch es gefiel ihr nicht,
sie hat sich schnell ihm nachbegeben.«

Doch wenn eine Frau nicht das Recht hat, zu entscheiden, ob und wen sie wann heiraten will, ob sie studieren, eine Anstellung antreten will, wenn einer Frau das Lebensrecht abgesprochen wird, woher soll ihr dann das Recht zufallen, die Entscheidung zu treffen, ob sie sterben oder leben will?

Sati sagt wenig über Liebe und Treue. Sati beleuchtet vielmehr den niedrigen gesellschaftlichen Stellenwert der Frauen auf dem indischen Kontinent. Die Persönlichkeit einer Frau ist in Indien vollkommen an die Identität des Mannes gekoppelt, ohne ihn ist sie ein Nichts, eine Belastung, eine Bürde, verachtet bis in ihren Tod. Frauengruppen und Menschenrechtsorganisationen, die gegen die barbarischen Traditionen zu Felde ziehen, erheben seit langem berechtigte Zweifel an der Freiwilligkeit des Opfergangs. In neun von zehn Fällen werden Witwen zur Verbrennung gezwungen. Eine Esserin weniger im Haus steigert die Rationen der anderen Familienmitglieder. Ist die Witwe erbberechtigt, könnte das Vermögen des verstorbenen Mannes, durch die Mitgift ihrer Eltern in die Familie gebracht, der Frau in die Hände fallen. Scheiterhaufen sichern den Schwiegereltern das Geld. Frauen mußten auch für politische Interessen in den Flammen sterben. Das grausame Spektakel sollte den britischen Kolonialherren Todesmut, Opferbereitschaft und Entschlossenheit des indischen Volkes demonstrieren. Für Sati als Mittel der nationalen Selbstbehauptung gegenüber den Kolonialherren waren die Frauen gerade gut genug. Die Engländer verboten diesen Fluch eines entwürdigenden Aberglaubens und ahndeten Verstöße mit schweren Strafen. Ohne Erfolg. Noch immer verbrennen Witwen unter qualvollen Schmerzen und gegen ihren Willen auf den Scheiterhaufen. Während Witwer rasch wieder heiraten, gilt die Wiederheirat einer Witwe als schwerer Ehebruch, als Verbrechen. Sie liegt der Familie auf der Tasche, verursacht hohe Kosten. Da kann die Ermordung, religiös umgedeutet zum heiligen Opfer einer wahrhaft ergebenen Frau, als Ausweg dienen. Kein kollektiver wirksamer Widerstand regt sich. Die Menge gröhlt, tanzt und jubelt. Die barbarischen Riten haben den Charakter von Volksbelustigungen. Kultfeiern mit Menschenopfern bringen Farbe und Spannung in den öden Alltag. Die Witwe wird als Heilige verehrt, gilt als von den Gottheiten auserwählt und als unsterblich. Im Jahr 1987 verbrannte in Deorala die 18jährige junge Witwe Roop Kanwar, nachdem ihr Mann offensichtlich an einem Blinddarmdurchbruch gestorben war. Doch die offizielle Todesursache eines Ehemannes ist von geringem Interesse. Meist wird der Frau unterstellt, sie sei eine »Kulkshani«, eine von bösen Geistern Besessene, die ihren Mann verschlungen hat. Von diesem Vorwurf befreit sie nur der Scheiterhaufen. Roop Kanwars gellende Hilfeschreie wurden von Trommeln und Gesängen übertönt. Dreimal konnte sie aus den Flammen flüchten, doch die Schwäger schleppten sie zurück, vereitelten mit Schwertern und dicken Holzscheiten ihr Entkommen. Die Polizei regelte am Tatort das Gedränge der neugierigen Menschenmenge. Selbst Parlamentsabgeordnete sollen das tödliche Spektakel mit eigenen Augen verfolgt haben. Da Menschen, die die Klagelaute einer Witwe bei ihrer Verbrennung vernehmen, angeblich taub werden, gehört zu dem höllischen Spektakel viel Lärm und Geschrei. Bilder von der Hochzeit der jungen Frau wurden als Reliquien für teures Geld verkauft. Die Familie der Hinterbliebenen konnte sich mit den Opfergaben der Pilger am Scheiterhaufen ein dickes Finanzpolster für den Lebensabend sichern. Tote Frauen sind in Indien ein Gewinn, verbrannt oder erdrosselt, genießen sie Ansehen und Achtung. Lebend sind sie ohne Wert, eine Last für

Familie und Gesellschaft. Der versucht man zu entgehen, mit welchen Mitteln auch immer. Geschlechterbestimmung bei Embryonen ist in Pandschab ein großes Geschäft, die Abtreibung weiblicher Föten ganz legal. Wenn es doch zur Geburt eines Mädchens kommt, entschuldigen sich die Mütter tief beschämt für die schwere Verfehlung, einem Mädchen das Leben geschenkt zu haben. Viele Mütter verweigern den weiblichen Säuglingen die Brust. Investitionen in Mädchen gelten als Verschwendung. Mädchen werden schlechter versorgt, schlechter ernährt und kaum ausgebildet. Fast 19 Prozent aller weiblichen Säuglinge zeigen Zeichen schwerer Unterernährung, bei männlichen Babys sind es rund zwei Prozent. Zu essen bekommt in Indien zuerst der Mann, dann die Söhne. Sie sichern das Ansehen, auch das Einkommen der Familie. Was nach ihrer Mahlzeit übrigbleibt, ist für die Töchter. Mädchen und Frauen haben in Indien eine viel geringere Überlebenschance als Männer. Seit der ersten Volkszählung Indiens im Jahr 1901 nimmt die Zahl der Frauen stetig ab.

1921 – vier Jahre später als in Deutschland – erhielten die Inderinnen das allgemeine Wahlrecht. Bis heute haben sie jedoch nicht das Recht, ihren Ehemann auszusuchen. Sie werden verkuppelt, von Liebe keine Spur. Die jungen Frauen werden aus der Befehlsgewalt des Vaters in die des Ehemannes übergeben. Stirbt der Mann, haben sie sich der Herrschaft der Schwiegermutter und der ihrer Söhne zu beugen, ohne Widerrede. Die Ehe ist ein Geschäft. Wer Söhne sein eigen nennt, hat gute Aussichten, Millionär zu werden. Ein Vater von Töchtern läuft Gefahr, sich zu ruinieren. Der Ursprung für dieses Geschäft heißt Mitgift, ein Geschenk, eine Ausstattung, die Eltern ihrer Tochter mit in die Ehe gaben. Manchmal ergänzten sie die Gabe mit einigen Aufmerksamkeiten für die Schwiegereltern. Der Brauch uferte aus, führte zu Erpressungen und Bestechungen. Die Forderungen an die Brauteltern reißen auch nach der Ehe nicht ab. Motorräder, Kühlschränke, Farbfernseher – Statussymbole der indischen Stadtgesellschaft – sind übliche Äquivalente für eine rechtlose Frau. Kann die Familie nicht mehr bezahlen, wird die junge Frau schlecht behandelt, geschlagen, eingesperrt, manchmal auch hingerichtet. Mehr als 500 junge Frauen starben 1995 in Neu-Delhi an schweren Verbrennungen oder an Gift. »Bräute verbrennen« ist neben der Tötung weiblicher Neugeborener der grausamste Auswuchs der frauenverachtenden Männergesellschaft Indiens. Inzwischen ist die Polizei gesetzlich verpflichtet, den Tod einer Frau während der ersten sieben Jahre ihrer Ehe als Mord zu ahnden.

»Wenn ein Hindu ins Feuer schaut, sieht er darin viel mehr als nur die Flammen. Die kleinen lodernden Feuer, die alle wichtigen religiösen Rituale und Riten begleiten, sind auch eine irdische Verkörperung Gottes, tröstlich und allmächtig zugleich«, heißt es in einem populärwissenschaftlichen Handbuch über den Hinduismus.

Wenn ein Hindu ins Feuer schaut, sieht er dann auch die Frauen, die er dort verbrennt?

Zum Weiterlesen

Elisabeth Bumiller
Hundert Söhne sollst du haben. Frauenleben in Indien.
Knaur Taschenbuch, München 1994

»Nur ein toter Mann ist ein guter Mann«

WITWENBILDER IN KRIMINALROMANEN

Witwen sind schön, reich, widerspenstig, verrückt, lustig, hinkend, standhaft, geldgierig und gnadenlos. Das jedenfalls lehrt uns ein Blick in die Liste der Unterhaltungs- und Kriminalromane, in denen Witwen bereits im Titel eine zentrale Rolle spielen. Es gibt sie à la carte, mit Teufelsgesicht und mit tödlichen Bissen. Sie sind aufregend farbig, mit Vorliebe rot, schwarz oder grün, die weiße Witwe ist die Ausnahmeerscheinung in der Literatur. Witwen sind getrieben von der Vorstellung, daß nur ein toter Mann ein guter Mann sein kann. Also hantieren sie mit Messer, Skalpell oder Rattengift, auch mit Charme und teuflischer Verführungskunst. Sie lassen Männer kaltblütig in Winterstürmen über Bord gehen, zersägen sie in Einzelteile, lassen sie in der Wüste erbarmungslos verdursten oder treiben sie ganz geschickt mit bösartiger Verführungskunst in den todbringenden Herzinfarkt. Witwen bringen zunächst die moralisch integren und tüchtigen Kommissare zur Verzweiflung. Mit typisch weiblicher Heimtücke verwischen sie Spuren und legen falsche Fährten. Doch männliche Überlegenheit und Stärke bringt zum guten Schluß jede Witwe zu Fall. Witwen umgarnen die Männer, scheinbar aus Sehnsucht nach Zärtlichkeit und Liebe. Viel zu spät merken die armen Männer, daß nicht ihr Charme und ihr Charakter das Ziel der weiblichen Wünsche waren, sondern lediglich das stattliche Landgut und das dick gefüllte Bankkonto. Alle nur denkbaren Klischees über weibliche Eigenschaften, jedes noch so abgegriffene Bild scheint für einen Unterhaltungsroman über

Witwen gerade passend zu sein. Tränen fließen dabei nicht, von Trauer keine Spur. Gefühle und normale Verhältnisse stören im Unterhaltungsstoff über Witwen.

In Heinrich Bölls Nachkriegsroman »Haus ohne Hüter« hadert die Witwe mit ihrem Schicksal. Der Ehe, in der Gesellschaft hoch und heilig gehalten, wird von einem Tag auf den anderen ein Ende bereitet, weil »ein kleiner Stümper kommt und läßt dir deinen Mann abknallen«. In Krimis scheinen alle Frauen der Welt nur darauf zu lauern, daß die Männer endlich abgeknallt werden. Und wenn die Umstände dazu nicht taugen, kein Krieg dabei hilft, dann legen sie flugs selbst Hand an.

Bei ihren heimtückischen, gegen die Zunft der Männer gerichteten Machenschaften legen die Witwen eine erstaunliche Mobilität an den Tag. Sie sind im Witwenexpreß ebenso unterwegs wie auf dem behäbigen Witwendampfer, sie brechen auf zur Landpartie und streifen durch die Metropolen der Welt. Witwen in New York, Witwen in Sankt Petersburg, nirgends ist Mann vor ihnen sicher. Nicht immer können sie allein agieren, mal gesellt sich ihnen der Sohn zur Seite, hin und wieder engagieren sie Helfershelfer. Ganz gefährlich sind die Witwen mit ihren Schwestern, eher amüsant und harmlos dagegen die Witwe und ihr Dackel. Herr Maigret wird mit einer verrückten Witwe zusammengespannt, und auch mancher namenlose Detektiv scheint mit Witwen gemeinsame Sache zu machen. Die Mannlosigkeit, die im Begriff Witwe enthalten ist, scheint manchem Autor von Witwenbüchern gegen den Strich zu gehen, und so geben die hinterbliebenen Damen als Angler-Witwen, Radfahrer-Witwen, Computer-Witwen, Fußball-Witwen, Golf-Witwen und, wegen der Exotik nicht zu vergessen, als Vodoo-Witwen Stoff für dickleibige Bücher ab. Da treibt die Männerphantasie – allerdings oft genug auch die der Autorinnen – merkwürdige Blüten. Mit der Lebenswirklichkeit von Witwen hat das alles wenig oder gar nichts zu tun.

Auch für das Theater sind Witwen ein dankbarer Stoff, in mannigfaltigen Variationen tummeln sie sich in der Literatur.

Allen voran schreitet die allseits bekannte Witwe Bolte. Dabei verrät uns Wilhelm Busch gerade über ihren Witwenstand so gut wie nichts. Wie sie lebt, mit wem sie verheiratet war, all das liegt im Dunkel. Lediglich als Opfer und Zielscheibe einiger Lausbubenstreiche hat sie sich uns ins Gedächtnis eingeprägt. Doch sie gehört offensichtlich zur Kategorie der komischen Alten, die sich als Rollenfach für das Theater besonderer Beliebtheit erfreut. Im gleichen Maße bewähren sich die Kupplerinnen. Marthe Schwerdtlein aus Goethes Faust ist geradezu ein Paradebeispiel für eine derartige Figurengestaltung, auch wenn wir in ihrem Fall nicht genau wissen können, ob sich die resolute Dame wirklich im Witwenstand befindet. Mephistos Aussagen dürfen bezweifelt werden. Friedrich Schiller wendet sich lieber der trauernden Witwe zu und schreibt ihr die angemessene Haltung vor: »Denn es geziemt der Witwe, die den Gatten verloren, ihres Lebens Licht und Ruhm, die schwarz umflorte Nachtgestalt dem Aug der Welt in stillen Mauern zu verbergen.« Noch viel konsequenter will eine Frau in Jean Cocteaus Theaterstück »Schule der Witwen« dem Aug der Welt entsagen. Sie beschließt, ihrem Gatten, den sie vorher bei einem Ausstopfer fein präparieren ließ, in den Tod zu folgen. Sie hat alles vorbereitet, auch ihr Testament gemacht, doch dann nimmt die Geschichte eine unverhofft glückliche Wendung. Dem Wachmann fehlt plötzlich eine Leiche, die er vor Grabräubern bewachen sollte. Er läuft Gefahr, seine Anstellung zu verlieren. Die Witwe verheißt Hilfe. Der Leichnam ihres Mannes macht den Diebstahl der anderen Leiche wieder wett. Ermattet und glücklich läßt sich die Witwe vom Wachmann davon überzeugen, daß das Leben durchaus noch lebenswert ist. Der Vorhang fällt beim Happy-End. Auch Carlo Goldoni führt uns eine ganze Palette lebenspraller Witwen vor, die sich nicht hinter Mauern verbergen, sondern auf dem Campiello um das Glück ihrer Kinder balgen und dabei doch in erster Linie ihre eigenen, möglicherweise letzten Chancen im Auge haben. »Sie sieht in ihrer Witwenqual schon längst sich um nach dem Gemahl.« Meist fliegen bei diesen Episoden die

Fetzen, da wird gezankt und intrigiert, daß einem die Augen übergehen vor Staunen. Da werden alle nur denkbaren Tricks aus der Tasche gezogen, da darf gelacht und gebangt werden, bis sich am Ende alle wieder einträchtig versöhnt in den Armen liegen.

Von dort ist es nur ein kleiner Schritt zur lustigen Witwe, der Franz Lehár in schöner Operettenseligkeit ein Denkmal gesetzt hat. Seine Madame Glawari reizt und weckt das Männerinteresse, nicht zuletzt deshalb, weil sie trotz der Glätte des diplomatischen Parketts im fast bankrotten Kleinstaat nicht aus dem Tritt gerät. In Lehárs Operette geht es vom ersten bis zum letzten Takt um die immer gleiche Frage, wie die Männer und die Frauen, wenn sie ausbrechen, die eigenen Gefühle unter Kontrolle halten. Ein jäher Wechsel zwischen »Zügel schießen lassen« und »an die Kandare nehmen«. Zur lustigen Witwe gesellen sich die kämpferischen Weiber bei Bertolt Brecht, aufrechte Frauen, die das revolutionäre Vermächtnis ihres im Kampf ruhmreich Gefallenen standhaft erfüllen und vollenden. Frau Carrar und die Wlassowa zum Beispiel, während Mutter Courage dann bereits wieder das Klischee von der störrischen und unbelehrbaren Witwe erfüllt, die uneinsichtig und unbelehrbar der Mitwelt das Leben schwermachen. Wieviel klüger ist dagegen seine »unwürdige Greisin«, die die Freiheiten des Alters erkennt und den Mut und die Kraft hat, zu neuen Ufern aufzubrechen, so schwer verständlich das für die Umwelt auch sein mag.

Witwen tummeln sich quer durch die Literaturgeschichte als alte, als kluge, als mächtige und als zerbrochene Frauen. Sie erheitern, verstören, wecken Mitgefühl und Unverständnis, Zorn und Trauer. Sie bedienen gängige Klischees und müssen sich manche Bosheit nachsagen lassen. Zwischen Buchdeckel gepreßt werden sie je nach Blickwinkel zu Furien oder Hyänen, zu Dummchen oder Denkmälern. Es wird Zeit, daß sich ein Kriminalroman der Realität der Frauen annimmt und mit den Fehlurteilen aufräumt. Vielleicht lautet der Titel dann:

»Witwen schlagen zurück!«

Zum Weiterlesen

Bertolt Brecht
Mutter Courage und ihre Kinder.
edition suhrkamp, Frankfurt 1969

Jean Cocteau
Taschentheater.
Athenäum Verlag, München 1989

»Worte statt Tränen«

JENKA SPERBER, WITWE DES ROMANCIERS UND ESSAYISTEN MANÈS SPERBER

»Das Schönste, das man erleben kann, ist da, wo man so verehrend liebt, gebraucht zu werden, mit allem, was man schenken kann. Da gibt es überhaupt keine Grenzen der Kraft mehr.«

Gertrud Bäumer

Behäbig schaukelt der Aufzug mit seiner käfiggleichen Kabine nach oben. Die Wohnung im sechsten Stock gibt den Blick frei über die grauen Dächer von Paris. In der Ferne überragt der Eiffelturm die Galerie der Schornsteine und luftig grünen Oasen. Der Jardin du Luxembourg ist zum Greifen nahe. Montparnasse, das gediegen feine Viertel, ist seit langem das vertraute Zuhause von Jenka Sperber. Sie hat ihre Stammplätze in den umliegenden Cafés, zum Arbeiten, zum Essen, zum Beobachten der Flaneure. »Comme toujours, Madame?« »Oui, comme toujours!« Der Ober weiß, wie sie die Schokolade am liebsten trinkt. Auf der Straße huschen immer wieder interessierte, bewundernde Blicke in ihre Richtung. Auch ein ehrerbietiges »Bonjour, Madame« eines Passanten gilt ihr. Sie fängt es auf wie kostbaren Nektar. »Auch im Alter braucht eine Frau Komplimente und Bewunderung, das hört nie auf, glauben Sie mir.«

Gerade jetzt wohl braucht sie diese kleinen Gesten der Freunde und Nachbarn. Signale, daß man sie kennt, ein Lob über das elegante Kleid, die modische Frisur. Anerkennung für eine starke Frau, die ein halbes Jahrhundert im Schatten eines großen Mannes ihre Rolle perfekt gemeistert hat. Immer in seiner Nähe, aber im Hintergrund, selbstverständlich für ihn da, mit ihrer Bewunderung, ihrer Selbstbeschränkung, mit ihrem Schweigen. »Das hört nie auf, glauben Sie mir.«

Mit einem Kompliment für ihren grünen Jägerhut – den einzigen ihres Lebens – hat sie vor vielen Jahren einmal angefangen, die Partnerschaft von Jenka und Manès Sperber. Jenka an seiner Seite, mit ihm unter einem Dach, meist in Rufweite, und doch wie auf einem anderen Planeten. Ihr Leben konträr, gegensätzlich zu dem seinen. Sie lebt den Alltag, er die Welt, sie das Marginale, er das Wesentliche. Keine geliehene Existenz, aber ein geschenktes Leben. »Ohne ihn wäre ich sicherlich eine ganz andere geworden«, überlegt Jenka, doch es ist gut für sie, daß es dazu nie gekommen ist. Manès lebt in seiner eigenen Welt, doch wenn sie zum Bäcker im Quartier geht, will er wissen, wie lange sie wegbleibt. Seine Sorge ist unbegründet, sie wird immer wiederkommen. Einmal hat sie ihn für vier Stunden verlassen, weil er sich weigerte, beim Essen mit ihr Konversation zu machen. Sie kann darüber noch heute lachen und staunen. Auch er hat oft über sie gelacht, zum Beispiel über ihre »enzyklopädische Ignoranz«, doch er hat nie versucht, ihre Wissenslücken zu stopfen. Sie bewundert seine Stärke und unerbittliche Konsequenz. Ein ungleiches Paar, aber ein passend aufeinander eingespieltes Team mit klar verteilten Rollen. Der Meister und sein schönes Mädchen.

Von dem Tag, als sie ihm das erste Mal begegnet, hat sie noch jedes Detail präzise in Erinnerung, als wäre es gerade erst geschehen: Paris 1936. Eine Veranstaltung des Schriftstellerverbandes deutscher Emigranten. Egon Erwin Kisch und andere deutsche Intellektuelle diskutieren über den Zionismus. Unbekannte Menschen, junge und alte, Emigranten, von den Nazis aus Deutschland oder Polen vertrieben, füllen den Saal. Ein Mann auf der Tribüne fesselt im Gewirr der Menschen, Stimmen und Sprachen ihre Aufmerksamkeit. Er wirkt arrogant auf sie, sie geht innerlich bereits beim ersten Blick auf Distanz. Doch sie registriert seine fast aristokratische Haltung und die scharf geschnittenen Gesichtszüge. Während die anderen reden, liest er Zeitung. Das gehört sich nicht, hat sie gelernt. Irgendwann an einem festgefahrenen Punkt des Disputs ergreift er das Wort. Er faßt den Wirrwarr der sich widerstreitenden Ansichten in klare Sätze zusammen, schafft Strukturen, gliedert und zieht Schlußfolgerungen. Einer der Zuhörer raunt ihr zu, er sei der Sohn eines Wunderrabbis und Psychologe. Da spürt die junge, zwanzigjährige Frau plötzlich einen Zipfel von dem Leben in ihrer Nähe, das als Kind im Heimatdorf in Lettland ihre Träume erfüllt hat. Es war wie das Versprechen von Ungeahntem am anderen Ufer. Ein Leben voller Geheimnisse, Rätsel und großer Verheißungen. Ein Leben, pulsierend, überraschend, aufregend. Ein Leben, weit und unendlich wie die Strände zu Hause, an denen sie stundenlang allein spazierenging. Dort konkretisieren sich ihre Lebenspläne. Sie will das Besondere, den idealen Mann, ihr in allem Wesentlichen überlegen, mutig, stark und klug den Stürmen des Schicksals trotzend. Einen Mann, schön und stark wie ihr Vater, dessen Bewunderung und Anerkennung ihr weit mehr bedeutete als die alltägliche liebevolle Fürsorge der Mutter. Der Vater hatte mit seiner Liebe die Weiblichkeit in ihr erweckt, sie gibt sie wie ein Echo an den idealen Mann zurück. Welch wundervolle Aufgabe, einen großen, starken Mann glücklich zu machen. Frauenschicksal. Ein Ziel für sie, aufs Innigste gewünscht.

An einem Sonntag steht der Psychologe nach einer Museumsführung mit Egon Erwin Kisch am Tor und spricht sie an. Er stehe nicht gerne früh auf, für sie habe er es getan. Trotz seines Opfers schlägt sie die Einladung zum Mittagessen aus. Ein Spaziergang im Jardin du Luxembourg am Nachmittag, ja dazu läßt sie sich überreden. Es ist »sein« Park, er kennt die besten Wege, die Statuen, die Blumen. Stundenlang kann er hier spazierengehen, auch später zieht es ihn täglich dorthin, am liebsten allein. Selbst wenn sie mit ihm geht, bleibt sie in respektvoller Distanz. Doch sie fühlt sich geborgen und sicher, als ginge sie an seinem Arm. Beim ersten Mal duldet er sie neben sich. Kurz und eindeutig gibt er Auskunft über seine Lebenssituation. Er sei verheiratet, lebe jedoch allein, habe einen Sohn, sei ein Eheinvalide und werde sich nie wieder binden. Kein Flirt, keine Verführung in seinem Ton, in seinem Verhalten. Dafür unvermittelt die Frage, ob sie mit ihm leben wolle. Sie ziert sich empört, schließlich kenne sie ihn nicht, außerdem könne das ja jeder fragen. Seine Antwort duldet keinen Widerspruch. »Ich bin nicht jeder!«

Manès Sperber, 1905 in Ostgalizien geboren, ist damals 31 Jahre alt und hat bereits ein ereignisreiches Leben hinter sich. Aufgewachsen in der Tradition des vom Chassidismus geprägten Judentums, erlebt er die ständige Bedrohung durch Pogrome, aber auch die scharf profilierte autonome Gemeinschaft mit einer eigenen und eigenartigen Kultur. Früh opponiert er gegen die individuelle und kollektive »Wasserträger-Existenz«, stellt die messianische Hoffnung und das Gottvertrauen seiner Umgebung in Frage. 1916 flieht die Familie Sperber aus Angst vor der russischen Invasion von Zablotow nach Wien. Als Zwölfjähriger erlebt Manès 1917 den Sturz des Zaren, später das Ende des Ersten Weltkriegs. Er begeistert sich für die Idee vom Recht auf Freiheit und Wahrheit für jeden, wird Mitglied im Schomer, der jüdischen Pfadfinderorganisation, die bald zu einer revolutionären Bürgerbewegung wird gegen den Krieg, gegen alles Bürgerliche und Autoritäre. Im Alter von 15 Jahren beginnt Manès Sperber, mit dem Kommunismus zu sympathisieren. Er begegnet Alfred Adler, dem Begründer der vergleichenden Individualpsychologie, und ist elektrisiert von seinen Ansichten. Er wird Schüler, Mitarbeiter, schließlich auch Biograph Alfred Adlers. Im Herbst 1927 geht Sperber im Auftrag Adlers nach Berlin. Er versucht, eine Verbindung zwischen Individualpsychologie und Marxismus zu knüpfen. Bald wird er Experte für die Berliner Zentrale der Wohlfahrtspflege, gibt Kurse für Fürsorger und Heimerzieher. Als Adler den Wunsch an ihn heranträgt, er möge ein Buch über Sigmund Freud und die Psychoanalyse publizieren, kommt es zum Bruch mit dem langjährigen Lehrer Alfred

Adler. Adler wiederum hatte seinerseits mit seinem Lehrer Sigmund Freud gebrochen. Sperber verweigerte sich dem Ansinnen seines Lehrers, von dem er sich als »Linker« innerhalb der Individualpsychologie innerlich längst schon emanzipiert hatte.

Zur persönlichen Enttäuschung kommt 1933 die politische dazu. Der politische Zusammenschluß aller linken Kräfte gegen die Partei der Nationalsozialisten gelingt nicht. Am 30. Januar 1933 wird Adolf Hitler zum Reichskanzler ernannt. Bei der nächsten Wahl bekommen die Nationalsozialisten die meisten Stimmen. Manès Sperber beginnt, sich für die Arbeit im Untergrund vorzubereiten. Er wird verhaftet – »ein Toter im Wartestand« –, doch am 20. April unvermittelt wieder freigelassen. Über Prag, Wien, Korcula in Jugoslawien kommt er schließlich nach Paris.

»Gemessen an seinem Leben, seinen Erfahrungen, stand ich mit leeren Händen da. Was hatte ich denn vorzuweisen? Ich war ein Nichts, hatte nichts erlebt«, sagt Jenka, die wie ein weltfremdes, unschuldiges Kind diesem Vulkan an Leben gegenübertritt. Er erzählt aus seiner therapeutischen Praxis von Rauschgiftsüchtigen, aggressiven Schwächlingen und feigen Sadisten, von seiner Arbeit am Jugendgericht, von seinem Zusammenleben mit einem Schizophrenen. Er spricht von der Lebensfreude, den durchtanzten Nächten, den endlosen Diskussionen, den Treffen auf den jugoslawischen Inseln und den Nächten voller Gesang. Sie hört gierig zu und kann dem nichts entgegensetzen. Was sind schon verträumte Abende am heimischen Ofen, Spaziergänge am Meer gegen die Fülle seiner Erfahrungen? Er bietet ihr das Leben, sie offeriert liebevolle Fürsorge, Bewunderung und warme Mahlzeiten. Am Essen ist er nicht interessiert, lieber investiert er das wenige Geld in Kino- oder Theaterkarten. Sie leben ärmlich in billigen Hotels, er findet sie schäbig, sie romantisch. Sie treibt auf langen Fußmärschen durch Paris besondere Leckereien und Spezialitäten für ihn auf und legt sie ihm ins Schlüsselfach im Hotel. Ihm wären Zeitungen wichtiger gewesen, versucht er ihr einzutrichtern. In dieser Frage bleibt sie schwer erziehbar, setzt sich zur Wehr, bringt weiterhin Brote statt Lektüre. Kleine Rebellionen, süße Rache, ihr Protest gegen die Bücher und Zeitungen, denen er mehr Beachtung schenkt als ihr. Sie ist ihm bedingungslos ergeben, aber sie ist nicht gewillt, sich zu unterwerfen. Sie würde gerne mit ihm streiten, Wortgefechte führen, um sich an seiner Stärke zu messen. Er verweigert das Spiel. Manchmal stürmt sie in sein Arbeitszimmer, um ihm von einer Begebenheit zu berichten, denn impulsiv und spontan muß sie Beobachtungen schnell loswerden, um davon nicht niedergedrückt zu werden. Wie reagiert der kenntnisreiche Psychologe? Jenka lacht ein herzhaft spöttisches Lachen über solch naive Fragen und verstärkt ihre Worte mit eindeutigen Handbewegungen. »Zum einen Ohr herein, zum anderen heraus.« An einer Stelle heißt es in den meist sehr autobiographisch gefärbten Texten von Manès Sperber über Jenka: »Dieses verwöhnte lettisch-jüdische Mädchen war keineswegs darauf vorbereitet, ein Leben wie das meine unter jenen besonderen Umständen zu teilen.« In dieser Hinsicht hat er sich in ihr getäuscht. Sie wußte sehr genau, was sie wollte und was sie in seinem Leben zu tun hatte. Über die knappen drei Zeilen empört sich Jenka noch heute. Für ein gemeinsames Leben, das ein halbes Jahrhundert überdauert hat, hätte es durchaus ein bißchen mehr sein können. Drei Zeilen – doch auch diese Knappheit hat ihrem Selbstbewußtsein keinen Schaden zugefügt. Sie findet immer Wege aus der Kränkung, sie will nicht untergehen und reagiert auf seine Abweisung mit kleinen Tricks aus dem Nähkästchen der Frauen. Einmal hat sie die halbe Nacht verzweifelt geweint, weil er ihren Geburtstag vergessen hat und ihre Tränen darüber als närrisch verspottet. In Zukunft wird sie sich prächtige Sträuße aussuchen, die sie sich in seinem Namen schicken läßt. Freunde und Bekannte werden in das Spiel einbezogen und bewundern jeweils die Wahl und die Kunst seiner Verwöhnung. »Niemanden durch Zweideutigkeit in Wort oder Tat verletzen«, heißt es bei Manès Sperber in einem seiner Bücher. Er war auch ihr gegenüber eindeutig, hart, ließ sich nicht gehen. Sie hat ihm auf ihre Art Paroli geboten.

Die rebellische Empörung darüber, was sie sich habe zumuten lassen, fruchtet nicht bei Jenka Sperber. Sie versteht sie nicht einmal. Normale Maßstäbe und theoretische Ansichten über Gleichbehandlung in der Partnerschaft läßt sie im Zusammenhang mit ihrer Ehe nicht zu. »Frauen fordern zu viel, stellen zu hohe und überzogene Ansprüche, statt das zu genießen, was das Leben mit einem Mann ihnen bietet.« Solche Sätze beschließt sie gerne mit einem knappen »merken Sie sich das«. Jenka ist keinesfalls blind in ein beklagenswertes Schicksal gerannt, ganz gezielt hat sie sich das ihre ausgesucht. Sie hat sich auf ein Geschäft im Leben eingelassen und guten Gewinn gemacht. Sie gibt Liebe und bekommt Leben. Sie blickt bewundernd zu ihm auf, er auf sie herunter, aber das hat sie nicht kleingemacht. Für sie war das Leben mit Manès Sperber immer ein gegenseitiges Geben und Nehmen, auch wenn die beiden Schalen der Waage sehr unterschiedlich bestückt waren. Sie hat profitiert, viel Glanz aus seinem interessanten Leben ging auf sie über. Begegnungen mit Politikern, Künstlern und Intellektuellen, Reisen durch Europa und Amerika, überall große Empfänge, Bewunderung, intensive Gespräche, nie Langeweile. Es war ein reiches Leben, an dem sie teilhatte, dafür hat sie ihren Part perfekt gespielt, den des unbedarften Mädchens. Diese starke Frau schien neben ihm klein, still und im Hintergrund, doch sie ist daran nicht verzweifelt, eher gewachsen. Nie wollte sie ihre Jahre missen oder gegen eine miefige Kleinbürgerlichkeit und lähmende Normalität eintauschen. Einmaligkeit verlangt auch Opfer.

Sie spricht gern über ihren verstorbenen Mann, lobt seine Essays, seine klugen Gedanken, seinen Humor und seine Heiterkeit. Sie berichtet von Episoden, die seine Unnachgiebigkeit und Härte gegen sich selbst unterstreichen. Etwa, als sich der passionierte Kettenraucher auf Anraten eines befreundeten Arztes von einem Moment auf den anderen die Zigaretten versagte. Die Entzugserscheinungen quälten ihn, so daß er mehrere Monate nicht schreiben konnte. Aber er hielt eisern an seinem Entschluß fest und lächelte über ihren törichten Rat, doch wieder zu rauchen, wenn es so schwer sei. Er hat nie wieder eine Zigarette angerührt, aber andere in seiner Gegenwart selbstverständlich dazu ermuntert. Doch auch wenn Jenka mit einem bezaubernd schüchternen Lächeln diese kleinen Episoden erzählt, bleibt sie dennoch vorsichtig und zurückhaltend bei dem, was sie über ihn preisgibt. Sie will keine dieser schrecklichen Witwen sein, die aus dem Mann ein Denkmal machen, das Leben mit ihm ausschlachten. Allzu gut hat sie ein gemeinsames Essen mit Albert Camus und ihm in Erinnerung, bei dem die Männer sich intensiv und nicht gerade freundlich über die veuve abusives auslassen. Jenka hört, wie fast immer, schweigend zu, doch zum Schluß fragt sie die beiden, was denn eine Frau nach dem Tod sagen, weitergeben dürfe und müsse? Beide antworten ihr wie aus einem Mund: L'essentiell, nur das Wesentliche. Sie gibt sich alle Mühe, wirklich nur das Wesentliche zu berichten. Sie haben nie über seinen möglichen Tod gesprochen, aber er hat ihr klare Anweisungen hinterlassen, wie sie mit seinem Nachlaß zu verfahren habe. Unter keinen Umständen solle sie hausieren oder gar betteln gehen. Lediglich auf Nachfragen solle sie reagieren. Sie sind gekommen, zum Glück, wieder und immer wieder, auch wenn eine Gesamtausgabe der Werke Manès Sperbers auf sich warten läßt. Doch Jenka nimmt teil an den Sperber-Symposien, sie gibt Auskünfte, sortiert die Manuskripte, überlegt, was mit der Sekundärliteratur, der deutschen Bibliothek, den von Freunden gewidmeten Büchern werden solle. Sie ist sorgfältig darauf bedacht, das Wesentliche über ihn lebendig zu halten. Alltagsgeschichten gehören natürlich nicht dazu. Die haben ihn auch nie interessiert. Er hat sich nur um Wesentliches gekümmert, nie eine Steuererklärung ausgefüllt, nie Geld abgehoben, nie eine Rechnung bezahlt. Das alles hat sie erledigt, dazu die Wohnung jeweils üppig dekorativ mit Blumen geschmückt, alles organisiert für die Besuche, die abendlichen Essen und Feste, sie hat sich schön gemacht für ihn und sich gerne bewundern lassen in ihrer absoluten und ungebrochenen Anbetung für ihn. Manchmal hat er ihr aus einem Manuskript vorgelesen, aber er hat sie nicht um ihre Meinung dazu gefragt. Wenn sie etwas dazu gesagt hat, hat es ihn nicht tangiert oder gar von seiner Meinung abgebracht, er hat alles alleine in seinem Kopf entwickelt und war in seinem Denken in einer großen selbstgewählten und gewünschten Einsamkeit. Jenka war nie seine Muse, nie die ebenbürtige Gesprächspartnerin. »Intellektuell und literarisch war ich für ihn zero, zero«, sagt sie, aber es scheint für sie nicht abwertend oder beleidigend zu sein. Sie bewundert seine ungebrochene und andauernde Lebenslust, die Intensität, mit der er Kino, Theater, Musik, Literatur in sich aufsaugt. In den ersten Jahren, als das Geld knapp ist, hungert er lieber, als auf einen Theaterbesuch zu verzichten. Ihre Wege trennten sich tagsüber häufig, und sie hatte sich damit abgefunden, daß er ausschließlich auf eigene Art das Leben genießen wollte. Ihre Art, das Leben zu sehen, ist eine andere. Nicht immer versteht sie, weshalb er die Last der Welt auf seine Schultern nehmen will, sich aber um ihr Seelenheil einen Pfifferling kümmert, doch das erzählt sie nur en passant, als gehöre auch dies zu den ganz unwesentlichen Dingen, denen keine Bedeutung zukommt. Manchmal scheint es bei ihren Erzählungen, als würde sie das Leben an der Seite des großen Mannes wie einen Roman inszenieren, mit Glanz versehen, auch wenn der Alltag sicherlich nicht nur glänzend war. Sie ist klug und kennt die Schattenseiten, doch sie ist eine geschickte Arrangeurin und rückt das Leben ins rechte Licht.

Irgendwann in den späten dreißiger Jahren tauschen sie die schäbigen Hotelzimmer gegen eine kleine billige Wohnung. Jenka genießt dieses Stück bürgerlicher Normalität, er findet schnell ein Haar in der Suppe. Doch Abend für Abend führen sie ein offenes Haus, Dichter, Intellektuelle, Philosophen, Exilanten und Künstler kommen zu nächtelangen Diskussionen. Die Phasen, in denen Jenka und Manès für sich sind, ganz privat, sind auf wenige Stunden in der Woche beschränkt. Immer herrscht ein Kommen und Gehen, rangieren die weltpolitischen Debatten vor den häuslichen, privaten Fragen. Jenka macht sich mit den Kochkünsten vertraut. Sie leiht sich das fehlende Eßbesteck in der Nachbarschaft zusammen, und ihm macht es diebische Freude, vor berühmten Gästen nachzufragen, wo sie das Besteck denn ausgeborgt habe. Es sind aufregende Stunden mit leidenschaftlichen Diskussionen über den Spanischen Bürgerkrieg, die Moskauer Prozesse, das Tausendjährige Reich. Die weite Welt ist in ihrem kleinen Heim, auch wenn Jenka manchmal das Empfinden hat, als ob diese Männer niemals Söhne, Väter, Gatten gewesen wären, als ob es keinen Alltag für sie gäbe. Für Manès Sperber und seine Freunde war das Leben nicht alltäglich, da gab es keine Sorgen um verkochtes Gemüse, fehlendes Fleisch oder gestiegene Preise. In diesem Reich der Niederungen mußte Jenka allein zurechtkommen.

»Ich habe ihm vorgeworfen, überempfindlich und häufig rücksichtslos zu sein. Er war es gewiß, an üblichen Erwartungen gemessen, er beanspruchte meine ganze Zeit und opferte meinen Hobbys selten eine Stunde. Es verstand sich von selbst, daß er für viele und vieles, ich aber für ihn da war.« Doch Jenka käme nach dieser nüchternen Bilanz dennoch nicht auf die Idee, sich als unverstanden und vernachlässigt anzusehen. Sie hatte genau das, was sie sich erträumt hatte, und sie genoß es in vollen Zügen.

Nach dem Hitler-Stalin-Pakt, den Sperber als »Stalins Verrat am Antifaschismus« bezeichnet, löst er sich endgültig vom Kommunismus. Dieser Bruch mit der Partei war für ihn nach eigenem Bekunden die schwerste Phase seines Lebens, er verabscheute sich als »betrogenen und betrügenden Mithelfer und unschuldigen Mittäter«.

Kurz nach der Kriegserklärung meldete sich Manès Sperber als Freiwilliger. Er wird wegen Untergewichts zurückgewiesen und beginnt eine Mastkur. Bei der nächsten Musterung hat er gerade das Mindestgewicht erreicht. Er ist fast glücklich, er muß dabeisein. Jenka und er müssen sich trennen, aber sie schreiben sich, so oft es geht. An die 200 Briefe, zu einem

Zehntel Liebesbriefe, zu neun Zehntel Umweltbeschreibung und allgemeine Analyse, erinnert sich Jenka, hat sie damals erhalten. Die Briefe sind verlorengegangen, aber sie weiß noch genau, daß der kleine Teil der Liebesbriefe bedeutsamer und beglückender für sie war als alle Liebesgedichte, die sie je gelesen hat. Einige Monate später finden sie in einem winzigen Provinznest in Südfrankreich wieder zusammen. Das Leben ist kärglich, doch schnell finden sich wieder Freunde und Gesprächspartner, und Jenka versteht es, aus fast nichts viel zu zaubern. Sie genießen den schlichten Umstand des Zusammenseins und fühlen sich trotz der bedrohlichen Weltlage durchaus glücklich. Im Januar 1942, im denkbar ungünstigsten Moment, realisiert Jenka, daß sie im dritten Monat schwanger ist. Manès reagiert zunächst panisch, doch er glaubt an den Segen der Kinder und ist glücklich, als der Sohn Dan gesund zur Welt kommt. Derweil sucht die Gestapo im besetzten Paris nach Manès Sperber, noch in der Annahme, er sei weiterhin ein Parteigänger der Kommunisten. Freunde besorgen falsche Papiere und bringen ihn in die Schweiz. Auch Jenka geht mit dem Baby in die Schweiz, doch erst 1945 findet die Familie im befreiten Paris wieder zusammen. Während der Kriegsjahre in Frankreich und der Schweiz hat Manès Sperber seinen ersten Roman begonnen. Mühsam, auf notdürftigen Zetteln und vor allem in seinen Gedanken entsteht die Grundlage für die Trilogie »Wie eine Träne im Ozean«. Sie besteht aus den Bänden »Der verbrannte Dornbusch«, »Tiefer als der Abgrund«, »Die verlorene Bucht« und ist die Geschichte einer Gruppe kommunistischer Revolutionäre, die eine bessere Welt schaffen wollen, aber scheitern. Diese Geschichte, gleichzeitig Chronik der politischen Landschaft Europas von 1930 bis 1945, gewürzt mit dem »bitteren Geschmack der Hoffnung«, ist in den 60er Jahren auch verfilmt worden. Manès Sperber wird in Paris literarischer Direktor des Verlagshauses Calmann-Levy und publiziert Romane, Essays, Aufsätze. Doch Zuspruch, Anerkennungen und Preise kommen relativ spät. Das Leben im befreiten Paris gestaltet sich für die kleine Familie keinesfalls im

Luxus, erinnert sich Jenka. Sie ist – wie viele Frauen ihrer Generation – an den Herausforderungen während der Kriegszeit gewachsen, in Not und Verzweiflung, im Ungewissen über die Zukunft mußte sie »ihre Frau« stehen und hat ungeahnte Kräfte und Fähigkeiten entwickelt. Mit ungeheurer Zähigkeit, mit Improvisationsgabe, Pragmatismus und der Fähigkeit zur Anpassung haben viele Frauen die Jahre des Krieges und des Exils gemeistert. Oft weniger larmoyant als die Männer, doch diese fast zwangsläufige Emanzipation der Frauen haben viele mit dem Einzug einer relativen Normalität nach dem Krieg rasch wieder vergessen oder verdrängt. Die alten Beziehungsmuster setzten sich weiter fort. Die Eigenständigkeit und Stärke der Frauen verschwand zugunsten des traditionellen Rollenbildes. Das war auch bei Jenka Sperber nicht anders, die sehr wohl wußte, daß das Zusammenleben nur nach den alten, bewährten Spielregeln würde funktionieren können. »Ende der 40er Jahre hatten wir eine besonders schwierige materielle Zeit. Er litt sehr unter den Schulden und zog einen späteren materiellen Erfolg seiner Bücher nicht in Betracht. Gerade zu diesem Zeitpunkt war das deutsche Wiedergutmachungsverfahren in vollem Gange. Manès konnte maximale Ansprüche geltend machen und mit einer ansehnlichen Lebensrente rechnen. Ich war durchaus dafür. Deutsche Freunde wollten alles schnellstens erledigen. Doch für ihn kam die Wiedergutmachung nicht in Frage. Wenn ich alt und krank bin, kann ich mir immer noch eine Kugel durch den Kopf schießen, sagte er, aber ich muß mich innerlich frei fühlen. Den Juden gegenüber, den Deutschen gegenüber. Es war nicht der einzige Fall, da ich ihn gegen unsere gemeinsamen Interessen handeln sah. Ich nannte ihn dann böse Reb Boruch. Dies war der Name seines unbeirrbaren Großvaters, von dem in den ›Wasserträgern‹ die Rede ist. Aber ich versuchte nie, ihn umzustimmen, weil es aussichtslos war.«

Manès Sperber war immer von dem Wunsch getrieben, »die Hügel hinter den Hügeln zu sehen«. Auf ihre ganz eigene, weibliche Art, in der selbstgewählten zweiten Reihe, hat Jenka es wohl geschafft, bei ihrem Mann »die Hügel hinter den Hügeln zu sehen«. Sie hat sich nicht die Zähne ausgebissen, sondern lieber ihr strahlendes Lächeln gezeigt. Sie kannte ihre Möglichkeiten und wußte um ihre begrenzten Kräfte. Dafür hat sie – wie sie sagt – ein Gefühl des absoluten Geborgenseins erhalten. Nicht im Täglichen und Materiellen, darauf kam es nicht an, »aber ich konnte mir keine Situation vorstellen, der er nicht gewachsen gewesen wäre, ich habe es in fünf Jahrzehnten nicht erlebt«. Er wich nie aus. Ein unerschütterlicher Fels in der Brandung, der all das zu erklären und zu erhellen vermag, was sie in sich und ihrem Inneren selbst nicht versteht.

1983 erhält Manès Sperber den Friedenspreis des Deutschen Buchhandels, eine Krönung für sein bisheriges Schaffen. Zu diesem Zeitpunkt ist er bereits durch mehrere Krankheiten anfällig und schwach, er kann den Preis nicht persönlich in Empfang nehmen. Seine umstrittene Dankesrede, die für einige Turbulenzen im Schriftsteller-Verband sorgte, wird bei der Preisverleihung in der Frankfurter Paulskirche von Alfred Grosser verlesen. Jenka arrangiert für ihren kranken Mann eine Feier in Paris im kleinen Kreis und kommentiert lapidar: »M. hat mit keinem Wort Bedauern oder Enttäuschung ausgedrückt. Er hatte ein Leben lang Selbstbeherrschung trainiert.« Wenn sie im Lauf der nächsten Wochen nach ihrem Befinden und dem ihres Mannes befragt wird, gibt sie zur Antwort: »Wir trinken Champagner oder pflegen einen Kranken, der keiner sein will.« Fast erstaunt und mit Befremden nimmt sie zur Kenntnis, daß ihr starker Fels in der Brandung am Ende seines Lebens Schwäche zeigt, anlehnungsbedürftig ist, für Minuten die Selbstbeherrschung verliert. Wenige Wochen vor seinem Tod hat Manès Sperber in einem Interview auf die Frage nach dem Tod geantwortet: »Was der alte Mann lernt, ist etwas sehr Einfaches … daß er mit dem Leben nur verbunden ist, wenn er nicht daran denkt, daß er morgen vielleicht nicht mehr aufwachen wird, sondern daran, was er morgen tun will. Er bindet die Gegenwart an die Zukunft, statt sie an das große Nichts zu binden. Ich bin der Lebende, der Tote bin ich nicht mehr.« Diese Klarheit, dieses Festhalten an Aktivität und Zukunft, das ist es, was Jenka an ihrem Mann bewundert hat. Nach seinem Ableben droht sie zunächst in einen schwarzen Abgrund zu stürzen. Es war, als ob er alles mitgenommen hätte, die Luft zum Atmen und den Sinn des Lebens. Sie kann nicht weinen, der Gang zum Grab stellt keine Nähe zu ihm her. Die empfindet sie zu Hause, wenn sie auf den Sessel schaut, in dem er gern gesessen hat, wenn sie seine Bilder, seine Bücher, seine Briefe in die Hand nimmt. Langsam und allmählich schafft sie sich aus dem Loch der Einsamkeit und Verzweiflung heraus. Sie gibt aus den nachgelassenen Schriften von Manès Sperber einen Roman heraus, der bei der Kritik aber wegen mangelnder Qualität nur auf Ablehnung stößt. Der Roman trägt den Titel »Der schwarze Zaun« und wurde von Sperber in einem seiner Krisenjahre, 1959, geschrieben. Vor dem Hintergrund der Nazi-Greuel gestaltet er die Thematik von Schuld und Sühne. Möglicherweise hat Manès Sperber gespürt, daß ihm diese schriftstellerische Arbeit mißlungen war. Er, der gerne und viel publizierte, hat diesen Roman sicherlich bewußt in der Schublade gelassen und nicht veröffentlicht. Ob die posthume Veröffentlichung durch die Witwe glücklich war, ein Akt in seinem Sinne, darf bezweifelt werden. Seinem Ansehen als Romancier hat er sicherlich nicht gedient. Manche vermuten dahinter die späte Rache der Witwe, die ihm Kränkungen und Verletzungen heimzahlen wollte. Jenka treiben solche Vermutungen die Zornesröte ins Gesicht. Nie ist ihr in den Sinn gekommen, gegen ihn zu arbeiten, weshalb sollte sie das nach seinem Tod tun? Sie will vielmehr alles versuchen, um Manès Sperbers Gedanken weiterzutragen, allen bekannt zu machen. Für sie zählt die Kontinuität in seinem schriftstellerischen Schaffen, die es zu dokumentieren gilt. Da sie voller Bewunderung auf die Schriften und Gedanken von Manès Sperber blickt, fehlt ihr möglicherweise auch die nötige kritische Distanz, um die literarische Qualität realistisch einschätzen zu können. Und möglicherweise gehörte die posthume Veröffentlichung dieses keinesfalls gelungenen Romans von Sperber zu ihrer Bewältigung seines Todes. Für sie und andere muß er in Schriften und Publikationen weiter existieren. Als an ihrem Wohnhaus eine kleine graue Erinnerungstafel mit seinen Lebensdaten angebracht wird, ist das ein großer Tag für sie, einer, der noch einmal etwas vom alten Glanz des vergangenen Lebens aufleuchten läßt. Längst wartet sie auf die Wiederbelebung einer Manès-Sperber-Gesellschaft, doch sie selbst drängt nicht, bittet nicht, fordert nicht. Nekrologischer Enthusiasmus war ihm verhaßt, es gibt keinen Grund für sie, sich darüber hinwegzusetzen. Mit einem kleinen Anflug von Verachtung nimmt sie das nachlassende Interesse an Manès Sperber hin. Sie weiß, daß es zum Schaden der anderen ist, seine Gedanken zu übersehen. Sie hat für ihr eigenes Überleben während der ersten, akuten und intensiven Trauerphase einige Erinnerungen an das Leben mit Manès Sperber zu Papier gebracht. Es sind »Worte statt Tränen«, die sie hütet und bislang nur wenigen Vertrauten zum Durchblättern und Lesen gegeben hat. Es ist keine Chronologie alltäglicher Ereignisse, schon gar kein Klatsch- und Tratschbericht im Sinne der Beichte »Mein Leben mit«. Es ist ihre Form der literarischen Verarbeitung eines langen, intensiven, aufregenden und mit klaren Rollen geführten Lebens, das sie jederzeit und ohne Überlegung noch einmal wählen würde. Durch das Schreiben hat Jenka wieder festen Boden unter den Füßen gewonnen. Die Selbstentfremdung, der Zustand des Überlebens, die Resignation sind einer positiven Entschlossenheit gewichen. Sie weiß, daß sie auch ohne ihn leben wird. Sie nutzt ihre Tage, sie füllt die Leere, sie schaut nach vorn. Ausgedehnte Spaziergänge im Jardin du Luxembourg, Essen in den vertrauten Restaurants des Viertels, Kontakte, Besuche von Freunden und Bekannten. Sie freut sich an den Straßenfesten während des Nationalfeiertages, erinnert sich an durchtanzte Nächte in früheren Jahren mit Manès. Sie genießt das, was ihr das Leben bietet, nascht mit verzücktem Lächeln an der Crème brulée, genießt die Aufmerksamkeit der Passanten und lächelt ihrem Spiegelbild flüchtig, aber aufmunternd zu. »Fast alles scheint wieder möglich, sogar

Lebensfreude. Die Arbeit am Archiv ist fordernd und interessant. Nichts ist mehr wie früher, aber es kann anders werden und sinnvoll sein.«

Zum Weiterlesen

Heinz Friedrich
Manès Sperber. Sein letztes Jahr.
Deutscher Taschenbuch Verlag, München 1985

Alfred Paffenholz
Manès Sperber. SOAK-Einführungen 16.
Soak-Verlag, Hannover 1984

Manès Sperber
Die Wasserträger Gottes.
Europa Verlag, Wien 1974

Wie eine Träne im Ozean. Trilogie.
Ullstein Verlag, Berlin 1971

Die vergebliche Warnung.
Fischer Taschenbuch Verlag, Frankfurt 1993

Bis man mir Scherben auf die Augen legt.
Fischer Taschenbuch Verlag, Frankfurt 1994

Die Tyrannis und andere Essays aus der Zeit der Verachtung.
Deutscher Taschenbuch Verlag, München 1987

Wolyna. Erzählungen.
Deutscher Taschenbuch Verlag, München 1987

»Mein Leben ist Musik«

NURIA SCHOENBERG-NONO, WITWE LUIGI NONOS

»So wurdest du zum Himmel hingezogen,
Sanft in Musik schiedst du in Freundesarmen,
Der Frühling wich, und Klagen ziemt uns Armen.«

Ludwig Tieck

Venedig steht das Wasser bis zum Hals, der Himmel gießt es über die Stadt wie aus riesigen Kübeln. Die Wellen machen sich auf den Uferwegen breit. Die Übergänge von den Kanälen zu den Wegen verschwinden unter riesig grauen Pfützen. Die Tauben retten sich unter die trockenen Dachfirste, die Fußgänger in Häuser und Cafés. Nur schemenhaft sind von der Insel Guidecca aus die Häuser am anderen Ufer, jenseits des Kanals zu erkennen. Die Serenissima ist in dichtes Grau gehüllt. Doch selbst durch den dichtesten Nebelschleier und den undurchdringlichen Regenvorhang weiß Nuria Nono das Haus auszumachen, in dem ihr Mann, der Komponist Luigi Nono, im Januar 1924 geboren wurde. Sie kennt jeden Stein dort und hat es im Blick, wenn sie Tag für Tag von ihrer Wohnung ein paar Schritte zum Archivio Luigi Nono huscht. Zwei prächtige Räume im Palazetto Foscari aus dem 16. Jahrhundert, die Fassade mit dem Blick zum Kanal, beherbergen den Nachlaß von Luigi Nono. Dachkammern oder Hinterzimmer wären erschwinglicher gewesen, aber auf halbherzige Provisorien wollte sich Nuria Nono nicht einlassen. Wenn schon ein Archiv, dann sollte es das richtige Ambiente für den Nachlaß Nonos bieten. Der liegt Nuria Nono am Herzen, der hält sie auf Trab. Viele junge Wissenschaftlerinnen aus dem In- und Ausland registrieren und sortieren die Fülle des Materials. Die Partituren, mit unterschiedlichen Farbstiften geschrieben und gezeichnet, müssen vor schädlichen Lichteinwirkungen geschützt werden. Jedes einzelne Blatt wird mit modernen Farbkopierern vervielfältigt. Manuskripte, Bücher, Briefe, nichts soll verlorengehen. Die Mahnungen mancher Freundinnen, Nuria Nono solle an sich denken, mag sie schon nicht mehr hören. »Was heißt denn Selbstverwirklichung? Ich habe ein wunderbares Leben gehabt, mit so viel Glück. Sollte ich vielleicht als Sekretärin arbeiten, um anderen meine Emanzipation zu beweisen, und Nono und sein Werk ignorieren. Was hätten er und ich davon gehabt, als er noch lebte? Dann hätte er sich abends mit den Freunden im Restaurant getroffen und nicht in unserer Wohnung. Wo wäre da meine Selbstverwirklichung gewesen? Ich empfinde es nicht als Opfer oder Verzicht, den Nachlaß von Schoenberg und Nono zu verwalten. Ich weiß nicht, wie ich mich anders besser verwirklichen könnte. Mein Leben – das waren eben Schoenberg und Nono.« In Nuria Nonos jugendlich klingender Stimme klingt für einen Augenblick Verärgerung an. Es mißfällt ihr, sich für ihre Haltung rechtfertigen zu müssen. Die wohlmeinenden Ratschläge für etwas mehr »Emanzipation« machen sie ebenso wütend wie hämische Bemerkungen über Witwen. »Es ist, als wären die Menschen neidisch, daß ich 35 Jahre meines Lebens mit Luigi Nono geteilt habe und daß mein Vater Arnold Schoenberg heißt. Ich habe mich nicht geopfert, mich nicht gegen meinen Willen dafür hergegeben.« Das erinnert an einen ironischen Ausspruch ihres Vaters, Arnold Schoenberg, der beim Militär gefragt wurde, ob er wirklich der Komponist Arnold Schoenberg sei. Seine Antwort lautete damals: »Einer hat es sein müssen, keiner hat es sein wollen, so habe ich mich dazu hergegeben.«

Arnold Schoenberg, 1874 in Wien geboren, war mehr als nur

Komponist, er war Dirigent, Philosoph, Maler, Theoretiker, der mit seiner Zwölftonmusik für manchen handfesten Skandal sorgte. Die neuen Akkorde, die mit den bisher bekannten Regeln der Harmonie nicht vereinbar waren, die es bislang nicht gegeben hatte, verstörten seine Zeitgenossen. Mit Beginn der nationalsozialistischen Schreckensherrschaft ging Arnold Schoenberg mit seiner Familie über Paris und New York nach Los Angeles. Hier, im sonnig warmen Klima eines fast immerwährenden Frühlings, wächst Nuria Nono mit ihren beiden Brüdern auf. Das Leben ist wenig spektakulär, sie erinnert sich an viele Hausaufgaben und die häufige Mahnung der Mutter, daß sie als europäisches Emigrantenkind in der Schule besser zu sein habe als die Amerikanerinnen. Arnold Schoenberg arbeitet als Professor, er gibt Unterricht in Harmonielehre und Komposition, Ruhm und Anerkennung aber lassen auf sich warten. »Ich erinnere mich, als ich dreizehn Jahre alt war, hat mich die Mutter einer Freundin gefragt, was mein Vater von Beruf sei. Und als ich ihr sagte, mein Vater sei der größte Komponist dieses Jahrhunderts, meinte sie, daß wir dann sicherlich sehr reich seien. Ich habe das verneint, und sie meinte kopfschüttelnd: I am very sorry. Schoenberg war wohl eher berühmt als Vater von meinem Bruder Ronnie, der sehr gut Tennis spielte. Als Professor an der Uni war er durchaus angesehen, aber wir wuchsen als Kinder nicht mit dem Gefühl auf, durch ihn und seine Bedeutung etwas Besonderes zu sein. Wir haben seine Arbeit sehr respektiert und akzeptiert, daß er nicht viel Zeit hatte, und wir wußten, daß wir ruhig sein mußten, wenn er arbeitete.« Noch heute wundert sich Nuria Nono über die stereotype Frage, ob sie als junges Mädchen die Musik ihres Vaters gehört und verstanden habe. Inzwischen reagiert sie schlagfertig mit der Gegenfrage, woran es wohl liege, daß chinesische Kinder so gut die chinesische Sprache verstünden. »Es war doch ganz selbstverständlich für uns, das war eine der Sprachen, mit der ich aufgewachsen bin.« Sie bedauert lediglich, daß ihr Vater aufgrund der mangelnden Qualität von Oper und Orchestern zur damaligen Zeit in Los Angeles manchen

Konzertbesuch untersagte. Die Klassik mit großen Dirigenten und den Spitzenorchestern der Welt hat sie später ausgiebig nachgeholt.

1954 wird Schoenbergs Oper »Moses und Aaron« in Hamburg uraufgeführt, und Nuria reist gemeinsam mit ihrer Mutter zur Premiere. Dort lernt sie Luigi Nono kennen, der mit seinem Lehrer Hermann Scherchen an den Vorarbeiten für die Abschrift und Einrichtung der Partitur beteiligt war. Wenige Wochen später gibt es eine zweite Begegnung mit Nono in Rom, bei der sie zum ersten Mal ein Werk von ihm hört, was sie sehr beeindruckt. »Wir waren dann zwei Wochen lang sehr viel zusammen, er hat mir Rom gezeigt. Dann bin ich zurück nach Amerika, wir haben uns viel geschrieben. 1955 bin ich nach Darmstadt zu den Ferienkursen für Neue Musik, bei denen Nono auch als Dozent tätig war. Ich wohnte damals bei einem Onkel. Da haben wir uns verlobt. Das tat man noch damals«, sagt sie und lacht wie ein verlegenes, frisch verliebtes Mädchen. »Ich hatte mir immer vorgestellt, ich würde einen Tennisspieler heiraten, weil ich vielleicht Angst gehabt habe vor so einem ernsten Leben, doch in dem Moment, wo ich Luigi begegnet bin, wußte ich, daß das mein Leben sein würde. Er hat seinen Eltern damals einen sehr schönen Brief geschrieben und ihnen erklärt, daß ich genau die richtige Person zum Heiraten für ihn bin. Ich verstand, wie schwer das Leben für einen jungen Komponisten ist, denn ich war durch meinen Vater darauf vorbereitet. Ich hatte großen Respekt vor seiner Arbeit und der Musik.«

Der Wechsel von Kalifornien nach Italien bedeutet für Nuria den Abschied von ihrem Medizinstudium. Sie kann noch nicht gut genug Italienisch, um die Studien in der neuen Heimat fortzusetzen. Der Verzicht fällt ihr jedoch nicht schwer. Sie macht Übersetzungen und kümmert sich intensiv um den Nachlaß ihres Vaters. Sie interessiert sich für pädagogische Fragen und versucht, in Venedig das Schulsystem zu modernisieren. »Das ist mir leider nicht gelungen«, merkt sie ganz trocken an. Gemeinsam mit Luigi engagiert sie sich für soziale

Verbesserungen auf der Guidecca, damals ein reines Arbeiterviertel mit vielen Problemen. Selbstverständlich nimmt sie Anteil an seinem kompositorischen Schaffen. »Er hat viel mit mir über seine Ideen gesprochen, er hat immer erzählt, was er machen will, er hat mir die Texte zu lesen gegeben. Er hat über die technischen Probleme mit uns diskutiert, und er hat uns später auch schöne Skizzenblätter geschenkt. Er wollte immer, daß ich und die beiden Töchter intensiv an dem teilnehmen, was er macht. Ich habe wenig kritische Einwendungen gemacht, weil ich literarisch und philosophisch nicht gut genug informiert war. Ich habe immer an ihn geglaubt. Es ist nicht meine Sache gewesen, ihm etwas auszureden. Ich habe ihm zugehört, ich habe ihn unterstützt und ihm gezeigt, daß ich an ihn glaube. Ich habe Texte für ihn übersetzt und habe ihm in diesem Sinne geholfen, aber ich fände es eine Anmaßung, wenn ich seine Arbeit kritisieren würde. Wenn ich etwas nicht verstanden habe, dann gab er mir die entsprechenden Bücher zum Nachlesen.« Nuria Nono beschreibt den Umfang der Literatur mit einer Handbewegung, die ein etwa zehnbändiges Lexikon umfassen könnte. Die Geschichte der Philosophie von den Anfängen bis heute, mehrbändig, gehörte zu seinen Lektüreempfehlungen. Sie kann noch heute herzhaft darüber lachen. Luigi Nono hat in verschiedenen europäischen Ländern unterrichtet, sie bereisen gemeinsam Lateinamerika und kommen immer wieder gerne nach Venedig zurück. Dort gibt Nono seit 1975 die Zeitschrift »Laboratorio Musicale« heraus. »Das Leben mit ihm war nicht nur ernst, es war ein lustiges Leben. Er war ein wunderbarer Familienvater, wir haben viel unternommen, bis auf die Zeiten, wo er sich ganz konzentrieren mußte, weil er an einer Komposition saß. Ich war so glücklich in dieser Ehe, wir haben einen interessanten Freundeskreis gehabt, ich hatte auch meine eigenen Interessen und ein wunderbares Leben.« Der Freundeskreis ist seit dem Tod Luigi Nonos kleiner und immer kleiner geworden. »Plötzlich wurde ich nicht mehr eingeladen. Die meisten haben uns als Mann und Frau eingeladen, weil sie sich für ihn interessiert haben, ich gehörte dann eben dazu. Doch jetzt, als Witwe und Frau allein, bin ich nicht mehr spannend genug. Es ist anders, seit er nicht mehr da ist und sich die Gespräche um seine Ideen drehen. Ich habe eben nicht die Persönlichkeit von ihm. Doch ich frage mich heute, ob es damals wirklich meine Freunde waren, denn sie interessieren sich nach seinem Tod nicht mehr für mich. Es gibt Leute, die fragen: ›Was sollte ich an einem Abend mit der Nuria anfangen?‹ Das hindert mich, meinerseits Menschen einzuladen, so wie früher, wo das Haus immer voll war und ich auf viele Gäste eingestellt war. Es ist so eindeutig, daß es nicht um mich geht, deshalb traue ich mich nicht. Manchmal kommen einige Gäste, doch sie treffen sich dann untereinander in meiner Wohnung, aber sie kommen nicht wirklich zu mir. In Amerika werde ich nur eingeladen, wenn es noch einen anderen einzelnen Herrn gibt. Aber als Frau bringe ich auf einer Gesellschaft die bunte Reihe durcheinander. Leute meines Alters haben da viele Probleme.« Nuria Nono konstatiert diese Mißachtung und gesellschaftliche Degradierung ohne Selbstmitleid oder Weinerlichkeit. Sie weiß, daß es vielen Witwen ähnlich geht, und sie blickt eher distanziert und verwundert auf diese merkwürdigen Verhaltensweisen. Sie würde sich durchaus mehr Menschlichkeit und Anerkennung wünschen, aber sie macht sich keine Illusionen. Ob Italien oder Amerika, die Gesellschaften sind auf Paare und auf Männer fixiert, daran scheint nicht zu rütteln zu sein. Immerhin hat sie das Glück, im Archiv viele junge Menschen um sich zu haben, die sie als Person respektieren und mögen und selbstverständlich und herzlich mit ihr umgehen. Sie ist froh und dankbar für diese Kontakte. Sie helfen ihr über die trüben Tage hinweg, wenn die Lücke, die Luigi Nonos Tod in ihrem Leben hinterlassen hat, besonders schmerzt. Sie genießt das Zusammensein mit den aufgeschlossenen Menschen, nimmt Anregungen, Gesprächsthemen gerne auf, auch um nicht zu verknöchern. »Die Leute aus meiner Generation kommen mir meist besonders alt vor, wenn sie mich nicht als Person akzeptieren, sondern als Witwe quasi ad acta legen.« Das Wort Witwe klingt schmerzhaft in ihren Ohren. »Nuria Schoenberg – Vedova Nono, das war der erste Brief, den ich von der GEMA bekam. Als ich das so schwarz auf weiß vor mir sah, war das ein Schock für mich. Für mich bin ich weiter die Frau von Nono, für andere bin ich plötzlich die Witwe. Und dann muß man zu den Behörden. Da wird man wirklich schlecht behandelt, keiner nimmt Rücksicht darauf, daß man traurig ist und leidet. Und dann kommt die Einsamkeit, die Trauer, weil der Mann, mit dem man 35 Jahre zusammen war, gestorben ist und nicht mehr lebt. Das ist schlimm, früh beim Aufwachen und abends beim Schlafengehen. Ich bin allein. Ich kann nicht anrufen, ich kann nicht auf ihn warten, er wird auch am nächsten Morgen nicht wieder da sein. Ich kann nicht mehr mit ihm sprechen, ich kann nicht mehr mit ihm einfach schweigen – das ist der Schmerz, er wird bleiben. Immer, da gibt es nichts, was an diese Stelle kommt. Ich habe jetzt ein Enkelkind, das ist wieder ein ganz neues Gefühl, weil plötzlich ein anderer Mensch existiert, den man vom ersten Tag seines Lebens an liebt. Das ist keine Liebe, an der man arbeiten muß, sie ist einfach da, aber sie füllt nicht den Platz von dem, den ich verloren habe. Ich glaube nicht, daß ich aufhören werde, um Nono zu trauern. Ich trauere auch noch um meinen Vater und um meine Mutter, auch wenn es andere wichtige Menschen für mich im Leben gibt. Es bleibt eine Lücke, und wenn man sich ihrer bewußt wird, dann tut es weh.«

Es gab Zeiten, in denen Nuria und ihr Mann über einen langen Zeitraum getrennt waren, in denen nicht nur eine räumliche Distanz zwischen ihnen lag. Doch der Schmerz über diese Schwierigkeiten ist mit dem über sein endgültiges Ableben nicht zu vergleichen.

Um die Trauer und Wehmut in Grenzen zu halten, ist Nuria Nono nahezu unermüdlich tätig. 1993 hat sie das Nono-Archiv gegründet, das der Bürgermeister von Venedig würdigte »als Abbild jenes Laboratoriums, jenes Weges des unerschöpflichen Experimentierens, der selbst das Werk Nonos ist, seiner Großzügigkeit, seines nie gestillten Wissensdrangs und seiner

Bereitschaft zum Zuhören«. Inzwischen ist der größte Teil seiner Bibliothek von rund 10.000 Bänden im Archiv aufgebaut und sortiert, sämtliche Schriften sind im Computer erfaßt. Die umfängliche Korrespondenz von Luigi Nono muß noch sortiert und gesichtet werden. Zu einigen der Briefe wird Nuria Nono Verständnishilfen notieren, etwa, wenn Abkürzungen, Namen oder Ereignisse nicht sofort einzuordnen sind. »Ich will nicht zensieren, sondern ich will zum Verständnis beitragen. Solange mein Gedächtnis noch funktioniert und ich nicht senil bin, will ich das machen, nicht um etwas zu verbergen, sondern um spätere Fehler zu vermeiden. Ich werde allerdings private Dinge beiseite legen, denn die sind fürs erste für sein Werk unerheblich. Das wichtigste ist die Musik, ist sein Werk. Was immer wir im Archiv machen, soll dazu dienen, die Musik besser zu verstehen und besser aufzuführen.«

Nuria Nono weiß nicht nur durch die Arbeit am Archiv ihres Vaters um den Wert von Dokumenten, die exakt dechiffriert und geordnet sein müssen. Sie hat einen genauen Überblick über die vielen Skizzen zu Nonos Werken und ist daran interessiert, alles zugänglich zu machen. Deshalb reagiert sie besonders empfindlich, wenn man ihr Zensur oder Fälschungen unterstellen will. Oft genug hat sie die Erfahrung gemacht, daß die Negativbeispiele von den »veuves abusives« auch gegen sie ins Feld geführt wurden. »Es ist mir gerade in Salzburg passiert: Ein berühmter Mann hat einen Vortrag gehalten über Schoenberg, und am Ende hat er gesagt, wir werden ja nie wissen, was Schoenberg wirklich dachte, weil seine Witwe den Zugang zu den Aufzeichnungen versperrt und manches gefälscht hat. Er schloß seine Rede mit der Forderung, man solle doch die Witwen verbrennen.« Noch immer raubt ihr diese Zumutung fast den Atem. Für solche Ignoranz, gepaart mit denkbar schlechtem Benehmen, fehlen ihr in der deutschen Sprache die treffenden Begriffe. »Ich habe ihn korrigiert und ihn darauf hingewiesen, daß wir bei Schoenberg wirklich die gesamte Korrespondenz freigegeben hatten. Nur bei Texten, durch die noch lebende Personen geschädigt werden könnten, mußte man eine Erlaubnis einholen. Inzwischen ist wirklich alles frei, wir haben nie etwas verheimlicht oder jemanden verhindert. Auch diejenigen, die gegen Schoenberg geschrieben haben, konnten alles einsehen. Und der Mann hat mir dann gesagt, alle Witwen seien schrecklich. Er erwähnte Cosima Wagner und wiederholte die Idee, man sollte alle Witwen verbrennen.« Nuria Nono steht die Empörung über diese Anmaßung in glühendem Rot ins Gesicht geschrieben. An ihren Händen und ihrem Blick ist zu merken, daß sie sich durch diese Diffamierungen persönlich angegriffen fühlt. Sie sucht nach Worten und bekommt italienisches Tempo beim Sprechen. »Ich weiß nicht, ob es immer notwendig ist, alles bekanntzugeben und der Welt zu zeigen. Es gibt ja durchaus Dinge, die jemand selbst nicht bekannt machen wollte, sonst hätte er das ja zu Lebzeiten selbst getan. Zum Beispiel bei Helene Berg, da haben Leute einen Haß auf sie, dabei war sie eine wunderbare Frau. Sie hat Alban Berg vergöttert und wirklich gut für ihn gesorgt, und nach seinem Ableben hat sie alle Tantiemen nur für die Berg-Stiftung gelassen und hat selbst ganz bescheiden gelebt. Trotzdem nimmt man ihr übel, daß sie nicht erzählt hat, daß er Liebhaberinnen hatte und daß sie wußte, daß er mit der Schwester von Werfel ein Kind hatte. Alban Berg hat darüber nie gesprochen, er hat nichts im Testament vermerkt, weshalb also sollte sie das an die große Glocke hängen? Sie hat das als Geheimnis ihres Mannes respektiert. Weshalb wird sie deshalb schlechtgemacht?« Nuria Nono hat auf ihre Frage die Antwort schon parat: »Das ist die arrogante Art der Nachgeborenen, die glauben, daß das Leben eines großen Mannes der Welt und der Geschichte gehört. Ich bin nicht so sicher, ob das so ist, der Mensch ist immer noch ein Mensch, auch wenn er ein Genie ist, er hat ein Recht auf sein eigenes Leben. Man ärgert sich selten darüber, daß eine Witwe nicht die erste Abschrift eines Werkes vorzeigt, sie ärgern sich darüber, daß sie nicht über kurze Liebesgeschichten oder über Fehler berichtet, aus denen man eine Sensation machen kann. Es ist, als wären alle eifersüchtig, daß eine Frau das Leben mit so einem großen Mann geteilt hat und dem Genie so nahe sein konnte. Und irgendwie glauben die anderen, sie wüßten alles besser über das Leben, und sie ärgern sich, daß die Witwe auch physisch die Sachen hat.«

Nuria Nono wollte sich nie dem Vorwurf aussetzen, eine dieser »bösen« Witwen zu sein, die mit dem Nachlaß nach Gutdünken verfälschend oder korrigierend und beschönigend umgehen. Sie schüttelt sich förmlich bei dem Gedanken, daß man ihr so wenig Niveau und Anstand zutraut. Sie empört sich über scheinbar teilnahmsvolle Fragen nach Eigenheiten ihres Mannes, weil das in ihren Ohren klingt, als spreche man ihm das Menschsein ab. Alltag, Sorgen um die Kinder, kleine Dispute über Nebensächlichkeiten, Fehler und Schwächen, all das hat sie in den Ehejahren mit ihrem Mann kennengelernt. Doch dieser Teil seiner und ihrer Privatheit enthält keinen Schlüssel zu seinem Werk, deshalb wehrt sie sich gegen Neugier in diesen Dingen. Nuria Nono hat, wie sicherlich viele Frauen an der Seite berühmter Männer, seine kostbare Zeit oft genug mit anderen teilen müssen. Sie hat immer wieder auch schmerzlich erfahren, daß dem kleinen privaten häuslichen Glück viele öffentliche Aufgaben und Anforderungen im Wege stehen. Sie hat sich über den hohen Preis des Lebens mit Luigi Nono keine Illusionen gemacht. Doch sie will zumindest einen kleinen Anteil dieser Person des öffentlichen Interesses für ihre ganz privaten und ureigenen Erinnerungen bewahren. Die Preisgabe jedweder noch so nebensächlichen Alltäglichkeit aus dem intensiven Leben eines Künstlers würde die Intimität und die Privatheit zerstören. Sie beharrt aus gutem Grund auf ihrem Recht zur geschützten Privatheit mit Luigi Nono, mit dem sie nie in einem Glashaus leben wollte. Erst wenige Tage vor seinem Tod im Mai 1990 haben beide das Thema Nachlaß angesprochen, schließlich – so erklärt sie fast entschuldigend – »ist der Tod in Italien wirklich das allergrößte Tabu. Als er im Sterben lag, hat er seine Briefe durchgesehen, er hat Sachen weggeworfen, und auf andere hat er Bemerkungen gemacht, was sie bedeuten und was damit zu geschehen hat. Und da er angefangen hat, seine Texte zu ordnen, habe ich das auch gemacht, denn ich war ohnehin 24 Stunden bei ihm. Ich hielt es für sinnvoll, die Zeit zu nutzen. Aber das wollte er nicht, er sagte, laß das, es ist, als ob ich schon tot wäre. So habe ich das gelassen, aber es war für ihn wichtig, daß ich es dann später in seinem Sinne mache.«

Der Begriff »in seinem Sinne« bereitet Nuria Nono heute oft genug Kopfzerbrechen. Sie weiß über seine Ideen, seine Musik sehr gut Bescheid. Auch in den Jahren, in denen sie nicht häufig zusammen waren, in der Zeit, als er in Freiburg das Experimentalstudio leitete, hat er sie genau über alle Vorhaben informiert. Doch inzwischen sind einige Jahre vergangen. Was wäre heute in seinem Sinne? Fast verwundert reagiert sie auf junge Musiker, die phasenweise mit Nono zusammengearbeitet haben und sehr sicher sind, was er heute gewollt hätte. »Es kommen durchaus Leute, die in musikalischen Fragen viel enger mit Nono zusammen waren als ich, und die da vielleicht mehr wissen, aber ich weiß nicht, was er heute wollte. Ich kann nicht mit letzter Gewißheit sagen, wie er sich weiterentwickelt hätte. Er war doch nicht starr, er war nicht festgefahren, er hat nicht sein ganzes Leben gleich gedacht. Wenn er neue Erfahrungen gemacht hat, neue Informationen bekommen hat, dann hat das doch auch seine Meinung beeinflußt, es hat dazu geführt, daß er manches anders bewertet hat. Ich weiß, daß er ethische Prinzipien hatte, er hätte nicht gelogen und nicht gestohlen, aber in anderen Fragen war er doch nicht für immer festgelegt. Er ging mit der Zeit, er hat sich anregen lassen, er hat auch seine Ansichten geändert. Ich weiß nicht, wie Luigi Nono im Jahr 1997 zu einer ganz bestimmten Frage stehen würde. Und wenn mir jemand sagt, Nono hätte es so gewollt, dann kann ich das nur nach meinem Gefühl entscheiden, ich kann nicht sagen, wie er wirklich gedacht hätte.« Verunsichert und nahezu ratlos steht sie vor der Selbstsicherheit all derer, die ins Archiv kommen, sich die Arbeit an den Dokumenten anschauen, die mit ihr einige Worte wechseln, um ihr dann im Brustton der Überzeugung letzte Wahrheiten über ihren Mann zu verkünden. Sie ist nicht nur in diesen Fragen weitaus behutsamer, nachdenklicher. Sie zollt dem Menschen und Musiker Nono auch nach seinem Tod den ihm gebührenden Respekt. Sie ist viel zu gut erzogen, um ihrem Ärger über das Verhalten wirklich freien Lauf zu lassen. Sie setzt die Arbeit des Archivs gegen die vorschnellen Urteile und das Schubladendenken. Sie will, daß außer seinem Werk auch etwas von den Erinnerungen an einen ganz besonderen Menschen überleben wird. »Ich glaube, Nono war ein Mensch, der wirklich an Sachen geglaubt hat und sich dafür auch ganz und gar eingesetzt hat. Das bezog sich nicht nur auf die Musik, auch auf politische Überzeugungen oder soziale Fragen. Er war nicht käuflich, er war ein wirklich reiner Mensch, der sich nicht nach den Moden und dem Markt gerichtet hat, sondern er hat das verfolgt, was ihm wichtig war und was er für richtig fand. Er war so liebenswürdig und so großzügig. Ich habe aus aller Welt Briefe zu seinem Tod bekommen. Manche haben geschrieben, sie hätten ihn nur wenige Tage oder Wochen getroffen. Ich war auch wirklich erstaunt, wie viele Menschen er gekannt hat. Alle sprachen von seiner Offenheit und seiner Großzügigkeit. Er hat tatsächlich sehr vielen Menschen die Möglichkeit gegeben, sich zu entwickeln. Er war großzügig mit seiner Kunst, aber nicht nur da, er war großzügig im Leben, zu fast allen und immer mit einem großen, offenen Herzen. Das war eine seiner wichtigsten Charaktereigenschaften. Ich wünsche mir, daß man das nicht vergißt. Seine Musik wird überdauern, doch man soll auch nicht vergessen, Nono war außen und innen ein schöner Mensch.«

Zum Weiterlesen

H. K. Metzger/R. Riehn
Arnold Schoenberg, 1981. Materialien zum Archivio Luigi Nono. Venedig o. J.

»Ich bin nicht ohne, aber er war ganz besonders«

EDELTRUD MEISTERMANN-SEEGER,
WITWE DES MALERS GEORG MEISTERMANN

»Es gab Herzen,
welche die Tiefe unseres Wesens kannten
und auf uns schworen,
selbst wenn die ganze Welt uns verließ.«

»Er hat nicht Wort gehalten.« Unvermittelt steht dieser kurze Satz im Raum. Mit trauriger Zärtlichkeit hat ihn Edeltrud Meistermann wie zu sich selbst gesagt. Er enthält nicht einmal den Anflug von Zorn oder Bosheit, beides paßt ohnehin nicht zu dieser feinen neunzigjährigen Dame mit der jugendlichen Stimme und dem liebreizenden Charme, den sie am Telefon ebenso entfaltet wie in dem kleinen Arbeitszimmer voller Kunstwerke. Nein, das ist nicht seine Handschrift, auch wenn er der Künstler war. Das hat sie eingerichtet, erzählt sie lachend, »aber alle denken, daß er für die Atmosphäre und das Interieur zuständig war. Dabei hat ihn das nicht sonderlich interessiert, aber er hatte Vertrauen, daß ich das richtig mache.« An Kunst kann man sich satt sehen in diesem modernen Haus mit Fenstern von Georg Meistermann. Schon von außen zieht es in der Straße wegen der Bemalung und der klaren Konturen die Blicke auf sich. Im ersten Stock unterhält Edeltrud Meistermann ihre psychoanalytische Praxis. Sie arbeitet noch immer unermüdlich, reist ins Ausland, hält Vorträge, betreut Patienten. Sie ist ein Arbeitstier, auch wenn sie ruhige Gelassenheit und Konzentration auf den Augenblick ausstrahlt. Die eiserne Arbeitsdisziplin gehört für sie zu der Verantwortung, die sie als Analytikerin für andere Menschen übernommen hat. Ihr erster Lehrer hat ihr als Auftrag und Verpflichtung auf den Weg gegeben, nicht zu ruhen, nicht nachzulassen, etwas gegen das Elend der Menschen zu tun bis zum Tod. Das sind Grundsätze, an denen nicht zu rütteln ist. »Ich würde sehr viel lieber etwas faulenzen, jeden Morgen ist es schwer aufzustehen. Gleich nach dem Wachwerden muß ich mich zusammenreißen, meine Turnübungen machen und dann an die Arbeit gehen. Wenn ich das unterlasse, läuft mir der Tag aus dem Ruder. Doch Disziplin bis auf das Äußerste ist etwas ganz Wichtiges, wenn man alt wird.«

Im Hochparterre des Hauses öffnen sich Gänge und halbe Treppen zu den Räumen der Privatwohnung. Bilder und wertvolle Sammelobjekte, wohin man schaut. Sie genießt das bewundernde Interesse an einer knapp ein Meter hohen Frauenskulptur der französischen Künstlerin Nicki de St. Phalle mit einem leuchtend blauen Herz auf einer der runden Brüste, der eine Arm zum Füllhorn geformt. Die Plastik ist eine ihrer jüngsten Errungenschaften, zu der sie ihr kunstbegeisterter Enkel förmlich genötigt hat. Edeltrud Meistermann-Seeger versteht es geschickt, mit ihren Sätzen neugierige Fragen zu wecken. Nach einem kurzen, bewußt gesetzten Zögern bietet sie amüsiert und herzlich die Antwort an. »Wieso hat mein Enkel mich genötigt? Das war auf der ›art‹ in Köln, ich saß im Rollstuhl, denn ich hatte mir den Wirbel angebrochen. Ich habe lange mit diesem Bruch herumlaboriert, das Laufen fiel mir schwer, deshalb fuhr mich mein Enkel im Rollstuhl durch die Ausstellung. Die Nana sah ich sofort, aber dann sagte ich mir, daß ich ja schon genügend schöne Dinge zu Hause habe. Mein Enkel ist dann so lange mit dem Rollstuhl um die Nana gefahren, bis ich mich doch zum Kauf entschlossen habe.« Mit fast kindlichem Stolz zeigt die Kunstexpertin und Liebhaberin einige ihrer anderen Sammelstücke. Ihr Interesse für Kunst ist früh geweckt worden. Sie besuchte mit dem Vater und dem

Bruder die Museen, berauschte sich an den Bildern, schärfte ihren Blick und ihr Urteilsvermögen. Als Jugendliche hat sie sich eisern und mühsam Groschen zusammengespart, um sich eine Radierung von Käthe Kollwitz kaufen zu können. Zwölf Reichsmark hat sie damals dafür bezahlt. Später erwirbt sie unter anderem drei Bilder von Georg Meistermann, dessen Kunst sie bewundert, der in ihren Vorstellungen aber bereits ein alter Mann ist. Sie kennt ihn nicht näher, weiß aber, daß er 1933 vom Ausstellungsverbot der Nationalsozialisten betroffen war. Georg Meistermann, 1911 in Solingen geboren, studierte an der Kunstakademie in Düsseldorf. Er war ein »Frühbegabter«, hatte im Alter von 22 Jahren erste, viel beachtete Ausstellungen, ehe ihn die Nationalsozialisten in der Versenkung verschwinden ließen. Während der Pariser Weltausstellung 1937 gab ihm die moderne französische Malerei neue Impulse. Meistermann entwickelte immer strengere Formen und kam zur Glasmalerei. Viele Fenster mit religiösen Themen sind von ihm gestaltet worden, auch wenn er sich nie als Kirchenkünstler gesehen hat. In den Jahren nach 1945 gehörte der Schüler Heinrich Nauens und Ewald Matarés mit Willi Baumeister und Ernst Wilhelm Nay zu der kleinen Gruppe von deutschen Malern, die den Anschluß an internationale Tendenzen wiederherstellte und deutsche Kunst wieder glaubwürdig machte. 1946 wurde eine erste große Retrospektive seines Schaffens in Wuppertal gezeigt. Vor einer Ausstellung in Köln 1947 meldet sich ein Kunsthändler bei Edeltrud Seeger und schlägt ein Treffen mit dem von ihr geschätzten Künstler vor. Einladungen, Stehempfänge mit Smalltalk sind noch nie ihre Sache gewesen, sie hat ganz andere Dinge im Kopf und geizt mit ihrer Zeit. Doch schließlich siegt die Neugier auf den Künstler. An diese Begegnung in der Galerie denkt sie gerne zurück, das verraten die zarte Röte und das gewinnende Lächeln auf ihrem Gesicht. »Ich bin in diese Galerie gekommen und war ganz perplex. Es starrte mich ein jüngerer Mann an, der ganz blaue Augen hatte und nicht etwa wegguckte, sondern immer intensiver guckte. Ein herrlicher Blick. Dann hat er mich abends nach Hause gebracht. Und da fand ich ihn sehr interessant. Er erzählte seine Lieblingsgeschichte, wie er 1941 als Soldat den Eid auf Adolf Hitler verweigert hat, und ich war sehr beeindruckt. Und so wie er von Gott sprach, so frei und ungezwungen, das gefiel mir auch. So kam das dann.« Sie betont die letzten Worte, als sei damit wirklich alles gesagt und benötige keine weiteren Erklärungen. Ohnehin scheint sich die Analytikerin nur schwer damit zurechtzufinden, daß sie in der Rolle der Befragten ist und Privates preisgeben soll. Das gemeinsame Leben mit Georg Meistermann war zunächst nicht ohne weiteres zu realisieren. Zum Zeitpunkt der ersten Begegnung mit ihm ist sie noch in zweiter Ehe verheiratet. Doch längst wissen sie und ihr Mann, daß sie sich durch die Kriegsjahre und seine Zeit in amerikanischer Kriegsgefangenschaft fremd geworden sind. Sie hat zäh und diszipliniert sich und ihre vier Kinder aus erster Ehe einigermaßen unbeschadet durch den Krieg gebracht, den Vater versorgt, ihren Zuckergroßhandel betrieben und fast nebenher ihre Doktorarbeit in Psychologie geschrieben. Ein Studium hatten ihr die Eltern verweigert, nachdem ihre älteren Schwestern während des Studiums geheiratet hatten. Eine weitere Fehlinvestition wollten sie damals nicht riskieren. Für sie, der man in der Familie keine allzu großen geistigen Höhenflüge zutraute, sahen die Eltern eine solide Ausbildung vor. Nach dem »Einjährigen« lernt sie »ihren Bürokram« bei einer Ausbildung als Kauffrau. Im Betrieb lernt sie ihren ersten Mann kennen und heiratet ihn ohne eine Ahnung von Liebe. Sie bekommt vier Kinder. In einem autobiographischen Essay schreibt sie über diese Zeit: »Ich hatte meine Welt für mich. F. B. ging seinen Geschäften und Vergnügungen nach, ich tat das übrige: Kinder, Haushalt, Buchhaltung – und das alles wiederum wie im Spiel. Ich bekam eine Kinderschwester zu dem Hausmädchen und ein Auto mit Führerschein ... Die Arbeit war ein Vergnügen, und die Kinder waren mein höchstes Glück. Ich fand Zeit zum Lesen, für einen Theaterbesuch oder eine Einladung. Ich fühlte mich zum ersten Mal geborgen in Ruhe und Sicherheit. Doch das alles war trügerisch.« 1932, zur

Zeit der größten Arbeitslosigkeit, übernimmt sie von ihrem wenig geschäftstüchtigen Mann einen Zuckergroßhandel, mit dem sie sich und die Familie ernähren kann. Sie läßt sich scheiden und verzichtet auf Unterhaltszahlungen für sich und die Kinder. Den zweiten Mann heiratet sie einige Jahre später, weil der Vater ihrer Kinder mit dem Entzug des Sorgerechts angesichts der unmoralischen Beziehung droht. Von ihm trennt sie sich nach dem Krieg. »Natürlich hat das Finden von Meistermann und mir das Ganze beschleunigt; dieses Finden, mit dem für uns beide das von nun ab unstillbare Suchen des Anderen begann. Suchen und Finden, im Finden als neues Objekt erscheinen und ein sich erneut passend machendes Objekt des anderen werden. Nie, buchstäblich nicht bis zur letzten Stunde seines Lebens, suchten und fanden wir uns endgültig … Für ihn war ich – und blieb es bis zum letzten Tag – eine phantastische Figur aus einer anderen Welt, mit einer anderen Macht, wie er es nannte, sagte und schrieb: die Macht, Leben zu geben. Ich habe keinen Menschen so tief, beseligend und für uns beide immer bis zum Erdrücktwerden gefährlich verehrt, angebetet und verherrlicht.«

Edeltrud Meistermann hat zahlreiche Bücher zu ihrer psychoanalytischen Arbeit publiziert. In einem Lehrbuch über das Fokaltraining, das sie zur Basis einer Theapiemethode macht, schreibt sie über Liebe und Liebeswahl: »Liebe läßt sich lernen und lehren. Die Bedingungen scheinen einfach: Lieben ohne Ansprüche. Füreinander da sein, passend werden, mit dem fremden Objekt verschmelzen. Bereitwillig verstehen, strukturlos werden können und gleichzeitig fähig zu Distanz sein, Vergeblichkeit nicht erwägen, Bedürfnis nach Zärtlichkeit und Bindung erwecken – es niemals stillen –, und alles muß auf immerdar sein, keine Alternative, kein Ausbrechen, kein Nebenweg.«

Mit Georg Meistermann hat sie diese Liebe gelernt und erlebt. Dabei waren die äußeren Bedingungen nicht immer einfach. Beide haben ein angefülltes Leben, sind viel unterwegs, an anderen Orten beruflich gebunden. Er ist zeitweilig in

Karlsruhe, sie in Heidelberg tätig. In den Ferien ziehen sie sich auf ein Domizil in einem alten Schloß bei Lugano zurück. Sie lesend, er malend. Das gemeinsame Haus in Köln ist Zentrum und Treffpunkt für die Kinder, Freunde und die Familie. Edeltrud Meistermann macht eine Lehranalyse bei Balint in London, die Georg Meistermann mit Interesse verfolgt und die ihre Verbundenheit steigert. »Wir nahmen« – schreibt Edeltrud Meistermann-Seeger – »ein Bild unserer Paarschaft in Besitz, in das unser beider Vergangenheit zu einem einzigen Schicksal verschmolzen war.« Zwei Hälften, die sich gefunden haben und zum Ganzen werden. Das Glück über diese Jahre mit Georg Meistermann, die tiefe Dankbarkeit für das Erlebte, ist in ihren Worten fast mit Händen zu greifen. »Wenn ich morgens wach wurde, kam er und sagte, wie siehst du schön aus. Fast jeden Morgen hat er das in irgendeiner Form gesagt. Das macht einen heiter zum Erwachen und für den Tag. Dann haben wir gründlich gefrühstückt, das haben wir uns nicht nehmen lassen. Ich ging dann nach oben in die Praxis, er in sein Atelier, zwischendurch haben wir immer wieder kurz zueinander gefunden. Wir waren beide äußerst heiter, wie das bei den Traurigen ja meist so ist, ich glaube, er war trauriger als ich. Ich hatte öfter nötig, ihn da herauszuholen, und wir waren beide sehr aktiv, haben immer etwas gemacht.« Er schätzt ihren Kunstverstand, kann stundenlang mit ihr über Ausdrucksformen und Inhalte diskutieren. Georg Meistermann war ein großer Rhetoriker, der sich öffentlich stark machte für die Freiheit der Künstler als Voraussetzung für die Freiheit der Kunst, der die Rolle der Kunst für die Gesellschaft immer wieder thematisierte.

An Gesprächsstoff mangelt es den beiden nie. Das Thema Psychoanalyse klammern sie in ihren Gesprächen aus. Sie haben das so abgemacht, ihn hat es erleichtert, meint sie. »Wir haben uns immer alles erzählt, das war wohl das Wesentliche, wir waren politisch absolut einer Meinung, insofern gab es nicht viel Anlaß zum Zanken. Er zankte sich ja zu gerne, jetzt ist es langweilig für mich, weil keiner da ist, der mit mir den Versuch macht zu streiten. Er hat mit allen möglichen Leuten herumgebrüllt, aber mit mir nie, ich habe zwar manchmal Widerworte gegeben, aber streiten kann ich nicht.«

Die Freude am Streit konnte sich der Maler Georg Meistermann im öffentlichen Leben erfüllen. Er war kein angepaßter, stiller Mensch, sondern einer, der sich einmischte, der provozierte und auf wunderbare Weise überzeugte. Heinrich Böll schrieb 1981 über seinen Zeitgenossen: »Meistermann hat zu viele miteinander in Konflikt geratende Eigenschaften, als daß er Ruhe halten könnte: Maler, Zeitgenosse, Intellektueller, Gesellschaftspolitiker, Rheinländer und dazu noch eine Eigenschaft, die, verbunden mit den bereits genannten, mehr Unruhe verschafft, als Außenstehende ahnen: Katholik – was bedeutet: politisch und ästhetisch irgendwo – anders läßt es sich nicht ausdrücken – zwischen Carl Amery und Franz Josef Strauß, zwischen Kennedy und Camillo Torres, aktualisiert: zwischen Alexander Haig und Ernesto Cardenal – zwischen Kardinal Höffner und Küng – wo, wo, wo gehört einer da hin, einer, dem weder das Religiöse noch das Theologische und auch das Metaphysische nicht gleichgültig ist?«

Edeltrud Meistermann-Seeger bewundert unter anderem genau diese Mischung an ihrem Mann, diesen Facettenreichtum an Ideen, der jeden Tag in ihrer Ehe neu bereichert. Sie leben in einem inneren Einverständnis, suchen, finden und ergänzen sich. Er hat eine Abneigung gegen das Meer, so schwindet auch ihr die Lust, dorthin zu reisen. Unterwerfung, typisch weibliche Anpassung? Sie lacht und nutzt die Gelegenheit, um sich über die Frauen und ihr »Gedöns« mit der Emanzipation auszulassen. Die Idee der Frauenbewegung findet sie weniger befreiend als empörend. »Sehen Sie doch selbst. Nichts Neues, nichts wirklich Weibliches ist entstanden, statt dessen wurde der Fortschritt behindert, der immer nur zu weiteren Entbehrungen bei den Frauen führt. Sie müssen doch alle viel mehr arbeiten als früher, jetzt sind sie Sklaven. Jetzt gehen sie fast zugrunde an der Doppel- und Dreifachbelastung, und die Weiblichkeit bleibt auf der Strecke. Meine Mutter hat immer darauf bestanden, daß wir nie etwas im Haushalt tun, sie hat darauf Wert gelegt, daß wir unsere ganze Kraft auf das konzentrieren, was wir können.« Die Haltung der Mutter war für Edeltrud Meistermann immer ein Maßstab und Vorbild. Auch als das Geld ganz knapp war, hatte sie eine Kinderschwester, um ihre andere Arbeit gut machen zu können. Sie vertraute auf die Kompetenz ihrer Haushälterin und hielt sich selbst den Rücken und den Kopf für das frei, was ihre ganze Konzentration erforderte. Sie nennt diese Zeit des eisernen Sparens ihre »Möhrenzeit«. Diese waren billig und gesund, also waren sie die Hauptnahrung in allen Variationen. Nach dem Ende des Krieges lebt sie mit insgesamt 13 Personen in einem kleinen, notdürftig zusammengeflickten Haus. Wochenlang, so erinnert sie sich, sei sie jeden Morgen mit der quälenden Frage aufgewacht, wie wohl alle satt zu kriegen seien. Doch unglücklich habe sie sich nicht gefühlt. Sie hat das Zutrauen, daß sie Notzeiten überstehen kann, sie weiß um ihre Kraft, die sie befähigt, sich und andere immer wieder aus dem Sumpf zu ziehen. Sie ist stark und selbstbewußt, auch ohne das »Gedöns um Emanzipation«. Geld war ihr nie besonders wichtig, meint sie mit abwehrender Handbewegung. In dieser Frage lag Konfliktstoff. Doch die kluge Analytikerin streitet nicht, sondern versteht. »Er war ja so arm gewesen. Sein Vater hatte ihn rausgeschmissen im Alter von 17 Jahren, er hatte nichts, und wenn er nicht bei Freunden eingeladen war, dann hat er vier Jahre lang nichts Warmes gegessen. Infolgedessen hat er eine gewisse Bitterkeit gegenüber Geld gehabt. Ich habe kein Interesse an Geld, obwohl wir auch lange arm waren. Ich war sicher, daß das vorübergehen würde. Infolgedessen habe ich ihn in diesem Punkt nicht verstanden, zum Beispiel, wenn er Aufträge angenommen hat wegen des Geldes. Ich finde, man sollte so viel Geld haben, daß man eine Reise machen kann, aber nicht so viel, daß man vergißt, daß es etwas Besonderes ist. Das hat mich anfänglich sehr gestört bei ihm, aber ich habe es auch verstanden, er hat es nicht gelernt. Dann habe ich nichts mehr dazu gesagt, weil mir klar wurde, wie affektiert ich da bin.«

Nach dem Tod von Georg Meistermann im Juni 1990 versucht sie, mit ihrem Geld Bilder von ihm zurückzukaufen. Sieben hat sie inzwischen wiederbekommen. Für nichts in der Welt würde sie sie hergeben. Sie hütet seine Werke wie ihren Augapfel. Die wahre, große Kunst des Georg Meistermann liegt für sie weniger in den Glasfenstern denn in den Bildern. Sie bedauert nur, daß er da viel zu wenig gemacht hat. »450 Bilder, das ist für einen großen Maler doch gar nicht viel.« Umfänglicher sind seine Skizzen und Entwürfe für Glasfenster, die die Erben 30 Jahre lang nicht verkaufen dürfen. Für die Kunstkennerin ist diese Sperre die einzig richtige Entscheidung, »denn das kann heute niemand beurteilen, was die wert sind, und wenn man nicht vorsichtig damit umgeht, gehen die kaputt«. Georg Meistermann hat zwei Stiftungen ins Leben gerufen, unter anderem mit der Auflage, daß nichts von seinen Werken in die von ihm verhaßte Vaterstadt Solingen kommt. Sie hat aber dennoch Solingen etwas gegeben, weil sie Haß über den Tod hinaus nicht richtig findet, das andere geht nach Wittlingen, wo er nach dem Krieg sein erstes Glasfenster gemacht hat. Beim Gespräch über die Fenster, die Bilder, die Kunst und die öffentliche Bedeutung von Georg Meistermann scheint es, als sei er plötzlich wieder ganz nah zu ihr zurückgekommen, als spüre sie ihn gegenwärtig. Sie kann glühen vor Begeisterung, wenn sie über ihn spricht. »Wissen Sie, ich bin selbst nicht ohne, aber ich habe den Meistermann glühend bewundert, der war was Extras. Er ist wirklich was ganz Besonderes gewesen, nicht nur weil er so toll gemalt hat, er war auch ein enorm mutiger und gütiger Mensch, so was von gütig, das können Sie sich nicht vorstellen. Eigentlich will ich gar nicht so viel von ihm reden. Nach seinem Tod gehört mir das doch ganz allein.« Doch die nächsten Sätze lassen sich gar nicht mehr zurückhalten. »Er hat mich auch eingekastelt, ich habe das erst gemerkt, als ich Witwe war. Er hat mich bewacht wie ein Schießhund. Eifersucht hätte er allerdings nie gezeigt. Doch daß ich auch beengt war, habe ich erst realisiert, als er tot war. Ich konnte rausgehen, wann ich wollte, ich konnte im Kino sehen, was ich wollte, ich konnte kochen und essen, was ich wollte. Ich habe das ja alles nicht verboten bekommen, es war einfach so, daß ich es nicht gemacht habe. Das waren die Folgen der Liebe. Je mehr man liebt, um so mehr denkt man in den Wünschen des anderen. Und dann ist man plötzlich wieder allein, ist Witwe. Man weckt die Begierden von Leuten, die meinen, daß man Geld hat. Dann gibt es die Begierden der Männer. Ich bin ja nun uralt, aber ich kann Ihnen versichern, das ist nicht weg. Ich habe das in der Hand, denn ich bin unfrei, ich gehöre dem Meistermann. Ich war fast 50 Jahre mit ihm zusammen. Ich bestreite nicht, daß es auch körperliche Spuren des Verlustes gibt, daß man Verlangen hat, und als Analytikerin bin ich auch frei genug, das zu sagen und zu denken. Ich empfinde ihn existent und gleichzeitig verloren. Ich fand ihn so einmalig, er war wirklich ein besonderer Mann.« Noch immer fehlt die Erklärung für den Satz, Georg Meistermann habe nicht Wort gehalten. »Er hat mir versprochen, daß ich zuerst sterben werde, nicht übrigbleibe. Er war fünf Jahre jünger als ich, insofern war die Wahrscheinlichkeit, daß ich eher sterbe, durchaus gegeben, aber jetzt ist er tot, und ich lebe.«

Wenn schon kein Ende zur gleichen Zeit wie bei Philemon und Baucis, dann wenigstens die klare Abmachung, wer zuerst gehen kann oder darf. Auch Heinrich Albertz und seine Frau sprachen mit Vorliebe über das, was er das Thema Nummer eins im Alter nannte. Wer geht zuerst? Doch die Entscheidungen liegen beim natürlichen Tod nicht in der eigenen Hand. Edeltrud Meistermann scheint dieser Einwand nicht zu überzeugen. Er hat sich entzogen, sagt sie fast trotzig. Es klingt, als finde sie das unfair, zumal sie, wenn es um das Vergleichen geht, immer die Schwächere und Kränkere war. Für die Expertin für pränatale Forschung liegt das schon in ihrer schweren Geburt begründet. Ihr Vater notierte damals in seinem Tagebuch, sie sei eigensinnig und rechthaberisch, dazu eine besonders große Schmeichelkatze, aber auch schwach und anfällig. Im Lauf ihres Lebens hat sie einige schwere Krankheiten durchgemacht, sich der Schwelle des Todes nahe gefühlt. Sie hat ihre Kinder durch den Tod verloren. Sie will sich ihren geliebten Mann nicht auch noch nehmen lassen. Georg Meistermann hat ein schweres Gefäßleiden, ein kinderkopfgroßes Aneurysma an der Aorta. Nach langen Mühen finden sie in Hannover einen Arzt, der bereit ist, das Ungetüm zu operieren. Georg Meistermann hat Angst vor diesem Eingriff und fürchtet sich vor der Tatsache, daß sein Herz während des Eingriffs von ihm entfernt wird, neben ihm liegt. »Ich glaube, ich habe ihn beruhigt. Das ist mir in vielen unserer Gespräche gelungen, denn wenn man genug über Dinge spricht, geht der Schrecken weg. Zwei Tage, bevor wir nach Hannover fahren wollten, hat er mich gefragt, ob ich an den Erfolg der Operation glaube. Ich habe ihm geantwortet, wenn die Operation gelingt, werden wir danach ein neues, wunderbares Leben haben. Eine Stunde später ist er gestorben, von einer Sekunde auf die andere, insofern hat er sich entzogen.« Die langjährige Analytikerin mit dem immensen Erfahrungsschatz hat dafür eine rationale Erklärung, doch das Gefühl rebelliert dagegen. Der bohrende Schmerz bleibt. »Ich habe das verstanden, ich habe ja gewußt, warum er das nicht wollte. Es war für ihn ganz schrecklich, daß er Angst hat. Er war ein antiängstlicher Mensch. Seit Meistermann tot ist, habe ich nur den einen Wunsch, daß ich sterbe. Ich denke fast ununterbrochen daran, ich will unter keinen Umständen Selbstmord begehen. Man muß also, wenn man zu Depressionen neigt, entsprechend Maßnahmen ergreifen. Es ist wirklich die Frage, warum es weitergeht, wie es im Gleis weiterläuft. Es geht, weil ich hier sitze und arbeite. Ich war immer ein krankes Kind, und nun lebe ich immer noch. Manchmal denke ich, daß ich Gott gut gefalle und daß er es deshalb will, daß ich noch lebe. Das tröstet mich.«

Einige Monate nach dem Tod von Georg Meistermann hat seine Witwe den Geistlichen einer Kölner Gemeinde gefragt, ob sie hin und wieder predigen könne. Für sie und einige andere Mitstreiterinnen wurde daraufhin eine Mittagsmesse eingeführt, die viel besucht wird und bei der sie regelmäßig auf die Kanzel steigt. Diese Aufgabe tröstet sie und gibt ihr das

Empfinden, ihrem Mann sehr nahe zu sein. Sie wählt für ihre kurzen Predigten gerne Texte des Apostels Paulus aus, nicht weil sie ihn besonders mag, im Gegenteil: »Paulus ist für mich ein Widerling ohnegleichen, das ist das Mannsbild par excellence.« Ihren autobiographischen Text schließt sie mit einem Zitat aus Jesaja 38: »Mein Anwesen ist ausgepflockt, mir abgedeckt wie Hirtenzelt. Tagaus, nachtein machst Du mir den Garaus. Wie ein Löwe zerbrichst Du all mein Gebein. Durchschreiten soll ich all meine Jahre trotz meiner Seele Bitternis. Dennoch: ein anderes Leben?«

Zum Weiterlesen

Psychoanalyse in Selbstdarstellungen
Herausgegeben von Ludger M. Hermanns.
darin: Edeltrud Meistermann-Seeger, Tage des Lichts.
edition diskord, Tübingen 1992

Edeltrud Meistermann-Seeger
Poesiealbum.
München 1986

»Seine Gedanken sollen leben«

EDITH FLUSSER, WITWE DES KOMMUNIKATIONSWISSENSCHAFTLERS UND PHILOSOPHEN VILÉM FLUSSER

Die durchs Exil uns trugen
Die Frauen, uns verbunden,
Die törichten und die klugen
Haben den Weg gefunden.

Der ging über Berge und Meere
Im endlosen Trott mit Hast
Und der Mann war oft eine schwere
Und undankbare Last

Ihn schulternd, Leib und Seele
Fanden keine Ruh.
Der fremde Staub in der Kehle
Und die eigenen Tränen dazu.

Das Geld war aufzuspüren
Wo es sich listig verbarg
Und Wirtschaft war zu führen
Enger als ein Sarg.

Und Kinder zu gebären
Von Wehen heimgesucht
Als ob wir zuhause wären
Auf der ziellosen Flucht

Nester zu bauen und zu räumen
Wie es dem Zufall gefällt
Und von Zukunft zu träumen
In einer zerfallenden Welt.

Ein Gedicht von Berthold Viertel, den Frauen gewidmet, die das Exil als einzige Alternative zur Entrechtung und Ermordung unter dem Nationalsozialismus für sich und die Männer überlebbar machten. Mit Durchhaltevermögen und Erfindungsreichtum, mit Opferbereitschaft und Anpassungsfähigkeit sind die Frauen im Exil über sich und ihre eigenen Kräfte hinausgewachsen. Sie haben den Kulturschock und den Heimatverlust, so gut es ging, erträglich werden lassen. Sie haben aus dem Nichts ein neues Leben aufgebaut. Selten haben sie viele Worte darum gemacht. Viel zu spät und längst noch nicht ausreichend genug ist diese »weibliche Seite des Exils« berücksichtigt und gewürdigt worden. Viele der Emigranten sind aus den Exilländern irgendwann in die Heimat, in den vertrauten Kultur- und Sprachraum nach Europa zurückgekehrt. »Die Heimatlosen fanden ihre Heimat im Anderen, erkannten im Transzendieren der Vaterländer ihre konkrete Existenz«, heißt es an einer Stelle bei Vilém Flusser.

»Es gibt kein Zuhause, keine Heimat mehr, weder hier noch in Brasilien, nirgendwo«, sagt Edith Flusser mit leiser Zurückhaltung, und man verspürt den Wunsch, dieser zierlichen, tapferen Frau eine schützend warme Decke umzuhängen, um ihr auf solche Weise ein Quentchen Geborgenheit für den Augenblick zu offerieren. Edith Flusser hat im doppelten Sinn ihr Zuhause verloren. Die geographische Heimat Prag hat sie 1940 verlassen müssen. Ihr Mann, Vilém Flusser, ohne den sie sich ein Leben nie vorstellen wollte und konnte, starb 1991 auf tragische Weise bei einem Verkehrsunfall in der Nähe von Prag. Am Tag zuvor hatte er im Goethe-Institut seiner Geburtsstadt seinen letzten Vortrag zum Thema »Paradigmenwechsel« gehalten. Edith Flusser scheut sich vor den Erinnerungen an den

Unfall und seinen Tod. Sie will das vergessen, sich dagegen auflehnen. Sie hat das Gefühl, als sei ihr Leben seither nicht mehr real. Wie durch einen Nebelschleier nimmt sie es wahr. Morgens hastet sie von der Wohnung zu den Räumen des Flusser-Archivs in München. Dort liest, übersetzt, sortiert und arbeitet sie und wiegt sich in dem Gefühl, ihrem Mann wieder und noch ganz nahe zu sein. Fast scheint es, als grabe sie sich ein in diesen Räumen mit Büchern und Zeitschriften, um von dem Leben draußen nichts mehr sehen zu müssen. »Jetzt sitze ich den ganzen Tag am Schreibtisch. Die Kinder haben mir die Idee des Archivs gegeben, und mein Sohn, der ein Softwarespezialist ist, der hat mir das angelegt. Und es kommen junge Leute, Studenten, Studentinnen, die haben mir geholfen. Ich wußte nicht, wie man ein Archiv anlegt, außerdem war ich nicht in der Verfassung nach dem Tod. Aber irgend etwas mußte ich ja auch tun, um weiterzuleben. Jetzt ist das Archiv geordnet und aufgebaut. Alles ist systematisch erfaßt, und demnächst wird es nach Karlsruhe gehen, und dort wird es deponiert, damit man forschen kann. Studenten haben dann Zutritt dazu. Ich kenne alle Texte meines Mannes, aber ich weiß nicht immer, wo was publiziert worden ist, wo welcher Text steht. Doch ich kenne die Themen. Es gibt zwei Verlage, die Texte meines Mannes publizieren. Der eine plant eine 14bändige Schriftenreihe, und es gibt einen anderen Verlag, der plant 10 Bände. Und wenn das fertig ist, dann werden alle wichtigen Themen, nicht alle Texte, aber alle Themen von ihm veröffentlicht sein. Für ihn wäre das ein Glück, wenn er es erleben könnte.« Das Archiv und die Arbeit mit seinen Texten sind das Elixier, das die 77jährige Edith Flusser am Leben hält. Inzwischen hat sie sich mit Computer und Dateisystemen vertraut gemacht. Sie spricht fast zärtlich von den einzelnen Dokumenten und Texten, als wäre er selbst noch damit gemeint. Sie ist eine gewissenhafte und bienenfleißige Nachlaßpflegerin. Das ist das, was sie noch für ihn tun kann. Wenigstens das. An sich denkt sie dabei nicht. Edith Flusser ist keine Frau, die auf die Gelegenheit wartet, sich spät in seinem Ruhm zu sonnen. Sie hat mit ihrem Mann das Leben geteilt und nie einen Zweifel an der Richtigkeit dieser Entscheidung empfunden. Jetzt füllt sie ihr Leben wenigstens noch mit seinen Gedanken und Fragestellungen aus. Nicht mehr im konkreten Gespräch, nicht mehr mit seiner hellwachen, agilen Art, seinem Gestikulieren, dem hartnäckigen Nachfragen, nicht mehr mit seiner alles überbordenden Präsenz, wie früher Tag für Tag und Jahr für Jahr. Für sich allein, aber ganz auf ihn bezogen und orientiert, spinnt sie sich ein in seine Gedankenwelt. Abends schleppt sie sich zurück in die eigenen vier Wände, niedergedrückt von der Erkenntnis, daß er nicht da sein wird. »Wir konnten nicht einer ohne den anderen sein. Seinen Tod habe ich bis heute nicht überwunden. Die Zeit ist irgendwie stehengeblieben, ich habe keinen Begriff von der Zeit, ich weiß nicht, wie das war, wann das war, wie lange das her ist. Ich weiß es nicht.« Edith Flusser baut dieses Nichtwissen wie einen Schutzschild um sich auf. Sie greift nach der Gelegenheit, über ihn zu sprechen wie eine Ertrinkende nach dem Rettungsring. Sie will keine Beachtung oder gar Bedeutung für sich erlangen. Sie will nichts weiter als die Erinnerung an ihn lebendig halten. Wenigstens das, denn wenn man Menschen vergißt, sterben sie zum zweiten Mal.

Seit seinem Tod ist sie erstmals in ihrem Leben wirklich ohne ihn. Im betagten Alter muß sie noch lernen, vom »Wir« zum »Ich« zu kommen, ohne Stütze, ohne Partner alleine zu leben. Manchmal kommt es ihr vor, als taste sie sich wie eine Blinde vorsichtig in unsicheres Terrain nach vorne. Die beiden kannten sich von Anfang an, wie sie fast zögernd sagt, im Grunde genommen immer. Sie hat zwar seine Behauptung, er habe sie in Prag bereits im Kinderwagen spazierengefahren, amüsiert in den Bereich der Legende verwiesen. Vilém Flusser, 1920 geboren, war nur drei Monate älter als sie. Doch sie fühlten sich von Anfang an tief miteinander verbunden und einander wie zwei sich perfekt ergänzende Hälften zugehörig. »Wir sind beide in Prag geboren, und wir haben einander kennengelernt, da waren wir entweder 15 oder 17. Wir haben das Gefühl, daß wir einander immer gekannt haben, wir sind auch gemeinsam emigriert.« Zunächst haben sie in Prag die Schule besucht. Er war damals schon der Typ des blitzgescheiten, jüdischen Intellektuellen und hält ihr beim ersten richtigen Rendezvous einen Vortrag über Karl Marx. Sein Mitteilungsdrang, seine Lust am Reden und Diskutieren, seine Neugier auf unterschiedlichste Themen und Wissensgebiete werden sie ein Leben lang begleiten. 1939 beginnt Vilém Flusser ein Studium der Philosophie an der Prager Karls-Universität. Ein Jahr später flieht er mit Edith und ihren Eltern zunächst ins Exil nach England. Von dort aus emigrieren sie Ende 1940 nach Brasilien. »In Prag begannen die ersten Deportationen, und in Rio erwartet einen die Nachricht von der Hinrichtung des Vaters«, notiert er. Das Leben in Brasilien stellt beide vor neue, schwierige Herausforderungen. »Als wir emigriert sind, war ich noch in der Schule, da konnte ich keinen Beruf erlernen. Mein Mann hatte begonnen zu studieren, ich konnte in der Emigration nicht studieren, denn man hat unsere Schulzeugnisse in Brasilien nicht anerkannt. Mein Mann hat dann die ganzen Nächte allein studiert. Auf der Universität war er nicht, aber für eines seiner Bücher, ›Sprache und die Wirklichkeit‹, hat er eine Professur bekommen. Dann ist er Dozent geworden. Er konnte sich dadurch von seinem ›geschäftlichen Beruf‹ befreien, den er gehaßt hatte.« Vilém Flusser hatte zur Sicherung des Lebensunterhaltes für seine Familie verschiedene Arbeiten in Fabriken und in Büros aufgenommen. Parallel dazu setzte er seine philosophischen Studien fort. Edith Flusser fing die Verzweiflungen über die fremdbestimmte Arbeit am Fließband auf, ermunterte ihn zu Studien und Publikationen, schuf ein Heim für ihn und die Kinder. Eine enorme Arbeitsleistung, die sie selbstverständlich übernahm, ohne zu jammern, ohne viel Aufhebens darum zu machen. Es war einfach so. »Wir waren 32 Jahre in Brasilien, wir haben dort unsere Kinder bekommen, wir haben dort viel gelernt, Portugiesisch ist fast unsere Muttersprache.« Ruhig, mit einem Blick nach innen erzählt Edith Flusser von diesen ersten Jahren in Brasilien, fast so, als sei sie sich nicht ganz sicher, ob dieses alles einmal ihre Realität war. Durch das Exil war ihr der Weg in eine eigene Berufstätigkeit versperrt. Sie hat es hingenommen, ohne sich deshalb kleinzumachen oder minderwertig zu fühlen. Für Trauer um das Vergangene war damals ohnehin kein Raum vorhanden. Sie mußte sehen, wie sie sich und vor allem ihn über Wasser hielt. »Wir haben in Brasilien eine sehr schwere Zeit gehabt, vor allem in den ersten zehn Jahren. Mein Mann war ein einfacher und guter Ehemann. Wie ich war, weiß ich nicht, aber er war sehr einfach, er hat keine großen Schwierigkeiten gemacht. Für die Kinder, wie sie klein waren, hatte er kein Interesse. Wir waren ja auch noch sehr jung. Als wir geheiratet haben, waren wir beide Kinder, und wir waren sehr zärtlich verwöhnt von zu Hause und wußten gar nichts. Deshalb war das in den ersten Jahren nicht so einfach. Mein Mann hat schwer arbeiten müssen, er hat darunter gelitten, weil er ja nicht für die Fabrikarbeiten und die Büroarbeiten gemacht war. Er hat es gehaßt, und er hat es nicht gut gemacht. Seine Aufgabe war es, zu denken und zu schreiben. Vielleicht habe ich es gar nicht richtig verstanden, wie er litt. Ich habe mich viel leichter angepaßt. In der Emigration fiel mir alles viel leichter als ihm. Das wiederum war für ihn auch schwer, aber erst später habe ich das richtig verstanden. Es war die Hölle für uns alle.« Edith Flusser gelingt es, wie vielen Frauen in der Situation des Exils, aus dieser Hölle noch das Beste herauszuholen. Sie gestaltet aus dem Wenigen ein gemütliches Heim für ihn und die Kinder, schafft ihm den Raum und die Möglichkeiten zum Schreiben und Philosophieren. Sie versucht zum Beispiel, eine Bibliothek anzulegen, denn bei der Flucht in Prag mußten sie ihr Hab und Gut zurücklassen. Das Unterfangen scheitert allerdings. »Ich wußte nicht, wie man eine Bibliothek anlegt, und habe den Verkäufer gefragt, wie man so etwas macht, mit welchem Buch man beginnt. Er hat mich ausgelacht. Mein Mann hat keine Romane gelesen, deshalb habe ich auch keine gelesen, obwohl ich das gerne gemacht hätte. Er ist auch nie in eine Buchhandlung gegangen, sondern hat draußen gewartet, wenn ich zum Beispiel für die Kinder ein paar Bücher kaufen wollte. Vieles von dem, was veröffentlicht wurde, hat ihn deprimiert.« Dennoch liest er, Bücher, die Freunde aus Europa schicken, Veröffentlichungen, mit denen sich die europäischen Intellektuellen auseinandersetzen. Erst mit erheblicher zeitlicher Verzögerung kann er sich schreibend in die Debatte einmischen. Er fühlt sich abgekoppelt, zu kurz gekommen. Dennoch schreibt Vilém Flusser, so selbstverständlich und pausenlos, wie andere atmen. Alle Themen, die diskutiert werden, greift er mit Neugier und Begeisterung auf, formuliert Fragen, provoziert Diskussionen und Widersprüche. Der Kreis der Intellektuellen, die sich in Brasilien zum Gedankenaustausch zusammenfinden, ist im Vergleich zu Europa klein. Immer wieder spüren die beiden Emigranten aus Prag die riesige Distanz zwischen Europa und Lateinamerika. »Der Blick auf den Krieg, auf die Nachkriegszeit, das ist anders aus der Distanz. Es gab brasilianische Intellektuelle, die waren gar nicht so sehr aufgeregt darüber, was da alles passiert ist im Krieg, mit den Nazis, mit den Juden. Sie haben die deutsche Technik bewundert, die Perfektion, mit der da gemordet wurde, aber wir konnten uns kaum mit ihnen verständigen, was das für die Menschen, für ein ganzes Volk bedeutet hat. Wir haben versucht zu erklären, aber für sie hatte das alles einen ganz anderen Aspekt.« In diesen kurzen Sätzen offenbart Edith Flusser das gesamte Ausmaß an Entwurzelung und Verlorenheit. Um so wichtiger war es für sie, mit ihrem Mann und den Kindern zu einer stabilen Einheit zusammenzuwachsen, den Verlust soweit wie möglich zu kompensieren. Vilém Flusser schreibt dazu: »Wer die Heimat verläßt (aus Zwang oder aus freier Wahl, und beides ist schwer zu unterscheiden), leidet. Denn tausend Fäden verbinden ihn mit der Heimat, und wenn diese durchschnitten sind, ist es, als hätte ein chirurgischer Eingriff stattgefunden. Als ich aus Prag vertrieben wurde (oder als ich die mutige Entscheidung traf zu fliehen), durchlebte ich den Zusammenbruch des Universums.« Edith Flusser hilft ihm, die Schmerzen und den Zusammenbruch leichter zu ertragen. Sie will darüber keine großen

Worte machen, es war selbstverständlich, sie war für ihn da wie er für sie. Liebe kann viele Lasten tragen. Sie ist die stille, zurückhaltend Bescheidene, der ruhende Pol, er immer in Bewegung mit Gedanken und Händen, schnell, raumgreifend, temperamentvoll und vor Leben sprühend. »So war er, er konnte gar nicht anders«, sagt Edith Flusser und lächelt ein stilles, zufriedenes Lächeln. »Er hat seit seiner Jugend nur geschrieben. Später, als es uns besser ging und er Vorträge halten konnte, da hat er nur am Vormittag gearbeitet. Er war ein Mensch, der gerne gelebt hat, wir haben Spaziergänge gemacht, Ausstellungen besucht, das Leben genossen.« Gespräche, Essen, Ausflüge, die Beschäftigung mit Kunst und die Freude an der Natur, das hat das Leben von Edith und Vilém Flusser ausgemacht. Für sie war es rund und erfüllt und trotz aller Schmerzen und Verluste glücklich und intensiv. »Wir hatten einander,« sagt sie mit ruhiger Selbstverständlichkeit, die deutlich macht, daß sie gemeinsam den Stürmen zu trotzen bereit waren. Sie nimmt regen Anteil an seinen Gedanken, auch wenn sie nicht als seine Sekretärin oder Assistentin fungiert. Er hätte das gerne gehabt, doch dafür nehmen das Haus, die Kinder, die Freunde und Besucher zu viel von ihrer Zeit in Anspruch. Doch sie ist ständig mit ihm im Gespräch, es ist, als seien sie überall und ständig durch unsichtbare Fäden miteinander verbunden. Er schätzt und bewundert sie als seine klügste Kritikerin. »Ich habe nicht mit meinem Mann gearbeitet, ich habe immer nur zugehört. Er hat mir alles vorgelesen, was er geschrieben hat. Sofort nachdem er von der Maschine aufgestanden ist, hat er mich gerufen und mir alles vorgelesen. Das war schon in Prag so, da waren wir noch in der Schule, da hat er mir alles gezeigt. Er hat immer geschrieben, er hat eine richtige Berufung zum Schreiben gehabt. Später habe ich ihn dann auch kritisiert, und mein Mann behauptete in den letzten Jahren, ich sei die maßgeblichste und die strengste Kritikerin, die er hatte, was wahrscheinlich nicht stimmt. Aber ich hatte schon einen Überblick bekommen und konnte auch hie und da einmal etwas sagen. Ich habe oft gefürchtet, Einwände zu machen, weil er die sofort aufgenommen hat, ohne Zweifel; er war absolut davon überzeugt, daß das richtig ist, was ich sage. Ich war da nicht so sicher.«

Edith Flusser hat eine stille Art, sich zurückzunehmen. Sie ist bescheiden, ohne sich unnötig kleinzumachen. Sie hegt Zweifel an ihrem Urteilsvermögen, aber nicht aus Koketterie, nicht um Komplimente oder Widersprüche zu provozieren. Sie ist ohne übertriebene Bewunderung für ihn und ohne falsche Bescheidenheit sich selbst gegenüber überzeugt von seinem Wissen und seinen Kenntnissen. Ohne zu hadern, kann sie seine und ihre Fähigkeiten austarieren und ihm den ersten Platz einräumen. Edith Flusser ruht in sich selbst, sie weiß um ihren Wert und nimmt sich deshalb nicht zu wichtig. Eitelkeit, Machtkämpfe oder Auseinandersetzungen um Selbstbestimmung oder Unterdrückung haben keinen Platz in ihrem Leben. Ihre Gedanken, ihre Aktivitäten und Wünsche kreisten um Vilém Flusser. Seine Gedanken umfaßten auf philosophischer Ebene alle wichtigen Fragen der Zeit. »Ich glaube, er war ein richtig jüdischer Denker, obwohl wir ja absolut assimiliert waren, auch seine Familie. Wir haben keine Feiertage gehalten, aber mein Mann konnte alle Gebete auswendig. Er konnte auch schön singen, weil seine Großeltern, die in Prag im selben Haus wie seine Eltern lebten, die Feiertage gehalten haben. Er mit seinem guten Gedächtnis hat alle diese Gebete hebräisch auswendig gekonnt. Er hat immer die Beziehung zum anderen gesucht, und im anderen war Gott. Dadurch war er sicherlich auch gläubig, obwohl er durch alles, was im Nationalsozialismus passiert ist, das Vertrauen zu den Menschen verloren hat. Mein Mann war ein ausgezeichneter Lehrer. Weil er auch ein so guter Denker war, hat es ihm keine Probleme gemacht, seine Überlegungen auch anderen zu erklären, und deshalb hat er gute Beziehungen zu den Studenten gehabt. Er ist viel herumgereist zu Vorträgen, und beim Sprechen ist er immer auf- und abgegangen. Er hat die Manuskripte schriftlich ausgearbeitet, weil das verlangt wurde und weil er wollte, daß die Leute sich schon etwas vorbereiteten oder nachher etwas zum Lesen haben. Es konnte sein, daß er völlig frei gesprochen hat. Es gab dann zwei Versionen: das, was er geschrieben, und das, was er gesagt hatte, das war oft ganz etwas anderes. Er hat sich auf seine Vorredner bezogen, und er war aggressiv. Jedoch nicht im Sinne von bösartig, vielmehr hat er zum Dialog und zum Widerspruch herausgefordert. Er war sehr überzeugend, er gierte nach dem Gespräch, hatte viele Fragen und suchte im Gespräch die Beziehung mit dem anderen.« Die unterschiedlichen Vortragsversionen, die im Nachlaß von Vilém Flusser existieren, machen seiner Nachlaßverwalterin heute manchmal Kopfzerbrechen. Doch sie ist fasziniert von der Beweglichkeit seiner Gedanken und seiner raschen Reaktionsfähigkeit. 1963 wird er zum Professor für Kommunikationsphilosophie in São Paulo ernannt. Außerdem hält er Gastvorlesungen an zahlreichen Universitäten, er wird Mitarbeiter der Frankfurter Allgemeinen Zeitung und veröffentlicht verschiedene Bücher zu Fragen der Philosophie. Aus politischen und gesundheitlichen Gründen erwägt die Familie einen Wechsel nach Europa. Dort sind Kontakte geknüpft, Freunde, Arbeitsmöglichkeiten und neue Erfahrungen warten. »Während der Militärdiktatur war mein Mann nicht in Gefahr, aber er hat Unannehmlichkeiten gehabt. Es gab Leute, die sich seine politische Meinung und Kritik verbieten wollten. Es wäre ihm nichts passiert, aber wir wollten weg. Er hatte die Lust am Unterrichten verloren, aber ohne zu unterrichten, hatte das Leben in São Paulo gar keinen Sinn. Es ging ihm nicht gut, er hatte Asthma, er wollte in Europa leben, ich auch. Wir waren ja auch Europäer, und an viele Dinge in Brasilien hatten wir uns nie gewöhnt, etwa an diese große Rederei, an Unzuverlässigkeit und Unpünktlichkeit. Das alles hat einen gewissen Charme, und wir haben auch vieles davon gelernt, sind vielleicht auch etwas unpünktlicher geworden, aber wir sind dennoch keine Brasilianer. Wir wollten nach Europa wegen der Natur. Wir wollten dort reisen, denn wir haben nicht viel gekannt von Europa. Wir wurden ja verjagt, ehe wir die Gelegenheit hatten, es kennenzulernen.«

Sie leben zunächst in Meran und lassen sich 1973 in der Provence nieder. Sie reisen nach Deutschland, in die Schweiz und beschäftigen sich intensiv mit den neuen Eindrücken. »Wir sind gereist, alles mit dem Auto, Tausende von Kilometern, das war wunderbar. Dann kamen viele Einladungen von den deutschsprachigen Ländern zu Vorträgen. Ich bin immer mit, denn wir wollten nie getrennt sein. Hier in Deutschland hatten wir Freunde, die Vergangenheit hat uns nicht gestört im alltäglichen Leben. Man kann diese Zeit nie vergessen, aber es hat sich nicht jeden Tag ausgewirkt, man hat das verdrängt, zumindest weitgehend, es ist nicht immer präsent.«

Prag meiden sie aus guten Gründen. Erst als die Einladungen zu Vorträgen drängender werden, nimmt er an. Prag wird zum Anfang- und Endpunkt des Lebens von Vilém Flusser. Für Edith Flusser beginnt mit seinem Tod im Jahr 1991 das, was er als »die verzweifelte Suche nach den neuen Wegen des Seins« beschrieben hat. »Das in der Schwebe sein ist das Gleichgewicht.«

Sie zweifelt, ob sie jemals wieder das wirkliche Gleichgewicht finden wird. Doch sie hält sich mit der Arbeit an seinen Texten aufrecht. Das schafft Verbindung zu ihm, zu seinen Gedanken. »Ich lese die Texte meines Mannes und übersetze sie. Ich will seine Sprache nicht verlieren, seine Ausdrücke, das kann ja leicht verlorengehen, seit ich nicht mehr wirklich mit ihm sprechen kann. Ich lese seine Texte immer wieder und bin oft überrascht, wie wunderbar die Sachen sind. Ich hatte schon vergessen, wie gut sein Stil war«, sagt sie mit einem leisen Vorwurf gegen sich selbst in der Stimme, gerade so, als erschrecke sie vor der Tatsache, wie rasch sich über manche Dinge ein Schleier des Vergessens legt. »Ich übersetze alle Texte, die er auf portugiesisch geschrieben hat und die nicht in Deutsch behandelt worden sind. Das gilt insbesondere für die Philosophie der Sprache, mit der er sich jahrelang befaßt hat, aber eben nicht mehr in Europa. Doch das muß in deutscher Sprache vorhanden sein. Das muß man hier doch lesen! Das übersetze ich, es ist sehr viel, so habe ich noch viel vor mir. Europa war ja auch sehr anregend für ihn und seine Publikationen. Es kamen von überall her neue Themen, die ihn in Brasilien gar nicht oder erst mit jahrelanger Verzögerung erreicht hätten. Er war ein so enthusiastischer Denker, daß er sich von allem anstecken und begeistern ließ. Es gibt sehr viel interessante Korrespondenz, die werde ich noch übersetzen. Es liegt mir daran, daß die Gedanken meines Mannes verbreitet werden, denn das hat er sich gewünscht, und er wollte, daß sich die Leute daran freuen. Früher waren ihm die Themen wichtiger, später war ihm wichtiger geworden, daß er den Leuten etwas Gutes geben kann, und weil es ihm wichtig war, ist es mir auch wichtig. Ich möchte, daß diese Gedanken erhalten bleiben.« Manchmal wirkt Edith Flusser wie eine hilflos Verlorene, die verzweifelt nach ein Paar Krücken und Geländern Ausschau hält. Zukunftspläne, Hoffnungen, Wünsche – sie zieht hilflos die Schultern nach oben. Derzeit lebt sie mit ihrer Tochter und dem Enkelkind in München. »Da kann ich mich nützlich machen, sie meinten, das wäre das Beste für mich.« Sie wirkt bei diesen knappen, traurigen Erläuterungen wie eine Marionette, deren Bewegungsfäden sich verheddert haben. Hin und wieder fährt sie nach Prag, schweren Herzens wegen der düsteren Erinnerungen, aber auch aus Pflichtgefühl gegenüber seinem Nachlaß und seinen Arbeiten. Deren Veröffentlichung hat Vorrang auch vor ihrem Leid und ihrer Trauer. »Ich fahre nach Prag, weil da Arbeiten meines Mannes publiziert werden, das ist wichtig. Ich gehe dann auch zum Grab. Doch ich brauche den Ort nicht, um mich an ihn zu erinnern. Weil ich schon häufiger in Prag war, läßt es mich ziemlich kalt. Ich bewundere, wie rege das intellektuelle Leben dort ist, ich kenne einige junge Leute, deren Arbeit mir gefällt, man kennt jedes Haus, aber niemand ist mehr da aus der Vergangenheit. Niemand.«

Zum Weiterlesen

Vilém Flusser
Bodenlos. Eine philosophische Autobiografie.
Bollmann Verlag, Düsseldorf 1992

Nachgeschichten. Essays, Vorträge, Glossen, zusammengestellt von Volker Rapsch.
Bollmann Verlag, Düsseldorf 1990

Überflusser
Festschrift zum 70. von Vilém Flusser, herausgegeben von Volker Rapsch.
Bollmann Verlag, Düsseldorf 1990

Christine Backhaus-Lautenschlager
Und standen ihre Frau.
Centaurus Verlag, Pfaffenweiler 1989

Claudia Schoppmann (Hg.)
Im Fluchtgepäck die Sprache. Deutschsprachige Schriftstellerinnen im Exil.
Orlanda Frauenverlag, Berlin 1991

»Männer sind etwas Normales, Frauen etwas Besonderes«

EINE WITWE KÄMPFT FÜR FRAUENRECHTE

»Nie würde es mir in den Sinn kommen, etwas anderes auf dem Gebiet der Frauenbewegung zu fordern als das freie Selbstbestimmungsrecht der Frauen und die Beseitigung all derjenigen Hindernisse, die diesem Recht entgegenstehen.« Hedwig Dohm

»Wo ist das Problem« oder »das kriegen wir schon hin«. Wenn diese Sätze fallen, kann Erika nicht weit sein. Handfeste Dinge passen zu ihr, Angst und Zögern sind ihr fremd. In der 58jährigen Erika scheint eine unerschöpfliche Ideenquelle zu sprudeln, die sie mit einer doppelten Portion Optimismus mischt. Ihr Lebenselixier ist Tatendrang. Erika, mit sportlichem Kurzhaarschnitt und forschem Gang, ist ein Energiebündel, das gleichwohl ruhige Gelassenheit ausstrahlt. Sie selbst beschreibt sich als sehr faul und reimt deshalb: »Wer die Arbeit kennt und sich nicht drückt, der ist verrückt.« Das Image aber paßt nicht zu ihr. Selbst- und Fremdwahrnehmung klaffen auseinander. Sie beherrscht mühelos den fast gleichzeitigen Tanz auf verschiedenen Hochzeiten, ebenso wie den spielerisch schnellen Wechsel von einem Themenfeld zum nächsten. Eben noch feministische Naturwissenschaft, dann wieder Homöopathie für Hunde oder Katzen, Lokalpolitik in allen Facetten oder die Bedeutung des Geldes und der Wirtschaft für Frauen. Ob documenta oder Agenda 21, sie weiß, wovon sie redet, ist immer in Bewegung, und das keinesfalls unter

Gesichtspunkten der Fitneß. Die stereotypen Klagen, sie sei ja nie zu erreichen, Telefonanrufe gingen bei ihr meist ins Leere, erstickt sie mit kurzen Lageberichten über die neuesten Projekte und frisch ausgebrütete Pläne. Und dabei blitzen ihre Augen hinter der Brille, als wolle sie Leuchtsignale ins Irgendwo senden. Visionen und Wunschträume rücken bei ihr zum Greifen nahe. Ihr Kalender droht unter der Terminfülle zu bersten. Ihr Tag könnte dreißig Stunden haben und würde dennoch nicht für alle Vorhaben ausreichen. Dennoch schafft sie es wie mit Zauberhand, ganz spontan ein halbes Stündchen für einen kurzen Kaffeeklatsch oder eine Stippvisite bei einer kranken Freundin herauszuschlagen. Mit Neuigkeiten läßt sich bei Erika kein Blumentopf gewinnen. Sie weiß die entscheidenden Dinge ohnehin bereits ein bißchen früher als die anderen. Sie kann sie ergänzen, einordnen. Sie scheint alle Details auf einer riesigen Festplatte gespeichert zu haben und ruft sie ab nach Bedarf. Die verblüffte Sprachlosigkeit ihrer Gesprächspartnerinnen garniert sie mit einem kräftigen Lachen, das sie mit dem berühmten »das kriegen wir schon hin« krönt.

Hingekriegt hat sie schon einiges, wäre ja auch gelacht, wenn nicht. Zum Beispiel hatte sich Erika in den Kopf gesetzt, ihren 50. Geburtstag in einem Frauenclub zu feiern. Ein Club nach englischem Vorbild, mit Stil, mit Geschmack und mit ganz vielen Frauen, die mit ihr auf das erste halbe Jahrhundert anstoßen würden. Die Details des rauschenden Festes konnte sie sich in ihrer Phantasie genau ausmalen. Ein bißchen Hausmusik, vielleicht auch Tanz, schönes Essen, gute Gespräche und spannende Frauen als Gäste. Der Wunschtraum hatte nur einen Pferdefuß: In Erikas Wohnort Bremen war weit und breit kein Frauenclub in Sicht. Den mußte sie erst einmal gründen. Wenn es weiter nichts ist. Erika machte einen Plan, begeisterte mögliche Interessentinnen, suchte und fand die passenden Räumlichkeiten und rührte kräftig die Werbetrommel. Eine Sisyphusaufgabe, doch deshalb genau das Richtige für ihre Zähigkeit mit der Ausdauer einer Langstreckenläuferin. Natürlich wurde es ein rauschendes Geburtstagsfest, noch ein bißchen phantastischer, als sie es sich erträumt hatte. Der von ihr initiierte Bremer Frauenclub hat inzwischen schon fast zehn Jahre auf dem Buckel. Ein Treffpunkt für junge und ältere Frauen, ein Ort des Gesprächs. Eine Gemeinschaft, die nicht eigens in die Satzung schreiben muß, daß Frauen sich gegenseitig stützen und solidarisch handeln können. Erika kriegt so etwas eben hin, fast im Handumdrehen. Der Club ist ihr von allen Projekten, die sie mitgetragen hat, am meisten ans Herz gewachsen. »Hier habe ich unzählige schöne Stunden verbracht, viele Gespräche geführt, beeindruckende Frauen kennengelernt.« Damit könnte eine durchaus zufrieden sein, aber Erika ruht sich nicht auf einmal gewonnenen Lorbeeren aus. Kaum ist ein Projekt unter Dach und Fach, widmet sie sich intensiv dem nächsten. Sie ist eine Frau Dampf in allen Gassen, scheint keine Müdigkeit, keine Erschöpfung und schon gar keine Langeweile zu kennen. Wie schafft sie das nur? »Die Kraftquelle für meine Ideen und Möglichkeiten«, erzählt sie mit leicht brüchiger Stimme, »das waren zehn unheimlich glückliche Ehejahre. Der Himmel auf Erden, jeder Tag paradiesisch schön, einfach traumhaft. Ein Stückchen von meinem Tatendrang kommt sicherlich auch durch die Familie«, fügt sie hinzu, als fürchte sie zu viel Glanz auf dem Bild vom ungetrübten Eheglück. Die Familie, das waren in erster Linie ihre Mutter und die Großmutter, hin und wieder gesellten sich auch einige Tanten zu dieser Frauenrunde dazu. Und wo waren die Männer? »Ich habe meinen Vater nie persönlich kennengelernt, denn er fiel als Soldat im Zweiten Weltkrieg. Seine Eltern wollten daraufhin meiner Mutter als junger Witwe mit dem Baby und dem 15 Monate älteren Bruder ein tröstendes Zuhause bieten, Familienersatz für den früh verlorenen Mann. Das wollte sie aber nicht, ihr war das zu eng, zu belastend.« Sie trieb es weg von den schmerzlichen Erinnerungen, weg aus seiner Stadt, weg von seiner Familie. Mit viel Arbeit wollte sie ihren Lebenstraum von der glück-lichen Frau und Mutter vieler Kinder ersticken. Eigenverantwortlich wollte sie für das Kind der Liebe sorgen, um auf ihre Weise mit der Trauer und dem Verlust fertig zu werden. »Meine Mutter ging deshalb nach Würzburg, also weit weg von der Familie, sie hat dort ihre Facharztausbildung als Kinderärztin gemacht und war für uns Kinder sowohl Vater als auch Mutter und Freundin.« Das Vaterbild, das sie ihrer Tochter erzählend vermittelt, war das eines liebenswerten, wunderbaren Mannes, der allerdings nicht für Denkmäler geeignet war und keinerlei Ähnlichkeit mit Säulenheiligen aufwies. »Männer sind etwas ganz Normales, Frauen aber etwas Besonderes, weil sie das Leben weitergeben und weil sie flexibler und vielseitiger sind, war die Überzeugung, mit der ich groß werden konnte. Dieses Gefühl, etwas Besonderes zu sein, habe ich mit der Muttermilch eingesogen, später hörte ich es auch immer wieder von der Großmutter, selbst die Urgroßmutter lebte danach.« Erika hat früh gelernt, auf sich zu vertrauen. Ihr heutiges Selbstbewußtsein ruht auf einem soliden Fundament. Das wertmindernde Wörtchen »nur« im Zusammenhang mit Mädchen oder Frauen gehört nicht in die Welt ihrer Mutter und Großmutter, hat bis heute in ihrem Wortschatz nichts zu suchen. Ängste, Zweifel und Befürchtungen, ob sie etwas kann, ob eine Frau so etwas tut, ob es ihr zusteht, kommen ihr gar nicht erst in den Sinn. Wozu Energien verschleißen, wenn es um Selbstverständlichkeiten geht. Sie weiß, was sie kann, sie weiß, was sie will, und sie macht es. Sollen andere doch die Nase rümpfen, sie ficht das nicht an. Bewunderung für Männer allein aufgrund ihres angeblich starken Geschlechts hat sie nie empfunden. Nach einem Mann fürs Leben hat sie kein Verlangen verspürt. Sie ist mit sich selbst zufrieden, steht mit beiden Beinen fest auf der Erde und strahlt Sicherheit aus wie ein Fels in der Brandung. Das wunderbare Gefühl, etwas Besonderes zu sein, hat ihr den Alltag versüßt. »Natürlich gab es nicht nur Freud und Sonnenschein. Die Schule habe ich gehaßt, doch meine Mutter war entschlossen, mir die Faulenzerei nicht durchgehen zu lassen. Ich sollte Abitur machen, und wenn ich dafür bis zu meinem 30. Lebensjahr brauchen würde. Da gab es kein Pardon.« Auch ein Studium gehört zur selbstverständlichen Lebensplanung für die begabte Tochter dazu, allerdings kann Erika lange nicht mit Gewißheit sagen, was sie gerne lernen würde. Leben jedenfalls steht an der Universität nicht explizit auf dem Lehrplan. Schließlich landet sie bei der Politikwissenschaft, studiert in Hamburg, Paris und Wien, macht mit großem Spaß und zähem Durchhaltevermögen einen guten Abschluß und bekommt ihre erste Anstellung. Sie wird Referentin für Außenwirtschaft und Öffentlichkeitsarbeit bei der Handelskammer in Bremen. Den Laden hat sie »kräftig aufgemischt«. Noch heute kommt sie ins Schwärmen, wenn sie an die wilden Zeiten Ende der 60er Jahre denkt. Erika, ohnehin unerschrocken und forsch, ist für alle Stürme des Lebens gut gerüstet und wild entschlossen, künftig alleine durchs Leben zu gehen. Heiraten? Die Frage kommt ihr so absurd vor, daß der sonst so wortgewandten und schlagfertigen Frau damals keine passende Replik einfällt. Die conditio sine qua non einer wirklich guten Ehe wäre für sie, die erste Geige im Leben eines Mannes zu spielen. Sind ihm Beruf und Karriere, Macht und Geltungsbedürfnis wichtiger als die Frau, braucht und will sie ihn nicht. Die Männer, die sie bislang im Dunstkreis des Frauenhaushaltes wahrgenommen hat, erfüllen ihre Bedingungen nicht. Studien- oder Arbeitskollegen geraten als mögliche Lebenspartner nicht in ihr Blickfeld. Sie kommt hervorragend alleine zurecht. Sie sucht keinen Mann für kleine Reparaturarbeiten im Haushalt, das kann sie nämlich selbst. Sie braucht keinen Begleiter fürs Theater oder Kino, dafür hat sie Freundinnen, oder sie geht allein. Sie verspürt auch nicht den Wunsch, für einen anderen Menschen Wäsche zu waschen oder Hemden zu bügeln. Das raubt viel zuviel kostbare Zeit, die anderweitig besser investiert ist. Erika ist sich ihres Wertes bewußt, sie nimmt sich wichtig und ist mit ihrer Welt mehr als zufrieden und in Einklang. Das könnte immer so weitergehen, doch irgendwann mischt sich Gott Amor ein. Der Märchenprinz mit Namen Rudi betritt die Bildfläche. Als sie ihrem Mann begegnet, glaubt sie tatsächlich, sie träume und habe sich versehentlich in ein Märchen verirrt. Es kommt ihr vor, als erlebe sie etwas außerhalb der Realität. Nie hat sie tatsächlich angenommen, dem perfekten Mann, Freund, Geliebten, Bruder und Kumpel, für den sie die absolute Nummer eins im Leben ist, wirklich zu begegnen. Doch es gibt ihn, nicht aus Pappmasché, sondern aus Fleisch und Blut und mit einem liebenden Herzen, das nur für Erika schlägt. »Alles außer mir war ihm unwichtig. Er war einfach non plus ultra«, schwärmt sie und setzt sich auf dem Stuhl zurecht, als könnte dieser wunderbare Mann jeden Moment wieder zur Tür hereinkommen. Für sie ist er der Ritter ohne Fehl und Tadel. Sie will ihn nicht idealisieren. Als nüchtern, analytisch denkende Frau neigt sie nicht zu romantischen Verklärungen. »Aber da beißt die Maus keinen Faden ab, er entsprach einfach hundertprozentig meinen Wunschträumen. Er stand am Ende seines Berufslebens und hatte es nicht mehr nötig, irgendwelche Ambitionen in puncto Macht oder Karriere zu verfolgen. Er war 28 Jahre älter als ich und hätte auch mein Vater sein können. Sicherlich habe ich auch unbewußt den Vater in ihm gesucht und gefunden, den ich vorher nie hatte«, erzählt Erika, und ihre Stimme wird dabei samtig weich und warm. Das zumindest äußerlich ungleiche Paar beginnt 1972 ein gemeinsames Leben mit dem klaren Wissen, daß die gemeinsame Zeit nur kurz bemessen sein wird. Als sie heiraten, ist er gerade 60 Jahre alt geworden. Erika, in ihrem Bemühen, den Dingen auf den Grund zu gehen, hat längst die durchschnittliche Lebenserwartung in seiner Familie ermittelt. »Niemand aus seiner Familie hat bislang das 70. Lebensjahr erreicht, statistisch gesehen, hat er also auch keine großen Chancen gehabt, älter zu werden.« Sie weiß das und sagt ohne Zögern und aus vollem Herzen ja. Drei glückliche Jahre haben sie sich ganz bescheiden gewünscht. Jeden Augenblick wollen sie intensiv auskosten und genießen. Jeder Tag soll für sie beide ein Freudenfest werden. Erika kündigt ihre Stelle, allerdings nicht, weil sie nach antiquierten Vorstellungen im Mann ihren Ernährer und Versorger sieht, sondern um Zeit zu gewinnen, Reisezeit, Lebenszeit. Die beiden kaufen sich ein Reisemobil, packen die Koffer und erkunden sich und die Welt. Noch immer steht der etwas behäbige Bus im Vorgarten ihres Hauses, ein bißchen altersschwach, der Lack beginnt zu bröckeln, Rost macht sich breit. Blätter überziehen die Windschutzscheibe wie mit einer dicken Gardine. Er war lange nicht mehr in Gebrauch. Erika gibt dem Gefährt einen versonnenen Klaps, sie wird es behalten, sich hin und wieder hinters Steuer setzen, die Erinnerung an die gemeinsamen Reisen heraufbeschwören. »Wo waren wir nicht überall«, schwärmt sie, und in ihrem Tonfall schwingt etwas von mediterraner Leichtigkeit. Trümmer, wie er Erikas Vorliebe für archäologische Ausgrabungen spöttisch nennt, Tennis- und Golfplätze sind jeweils das Ziel des lebenshungrigen, sportbegeisterten Paares. Amerika, Frankreich, Griechenland, Spanien, Italien – sie sind überall und nirgends und jeden Morgen aufs neue berstend vor Glück. Sie richten sich ein auf der Sonnenseite des Lebens, hoffen darauf, den Schatten möglichst lang entgehen zu können. Sie fühlen sich von guten Geistern verwöhnt und lassen es sich gefallen. Sie haben an sich selbst genug. »Symbiotisch« seien sie gewesen, wie siamesische Zwillinge, erzählt Erika, und sie meint es keinesfalls mit negativer Bedeutung. Beide wissen um die Begrenztheit ihres Glücks, aber sie verdrängen die Gedanken an Tod und Sterben. Er besitzt die in ihren Augen wunderbare Gabe, auch noch so schwierige Situationen ins Positive zu wenden. Er kann trösten, er kann dunkle Gedanken, Ahnungen verscheuchen, er lenkt ihren Blick auf das Schöne, das Angenehme, streut Hoffnung und Optimismus aus einem unendlich großen Füllhorn. Irgendwann aber hilft das Schönreden nicht mehr. Er wird hinfällig, krank, seine Kräfte schwinden. Sie will die Gewißheit des Endes nicht wahrhaben, hofft auf Besserung, schmiedet mit ihm immer neue Pläne für Reisen, für ihr kleines, unglaublich intensives Glück. Rudi stirbt am 20. März 1982.

Ein nüchternes Datum, mehr will Erika dazu nicht preisgeben. Rudi ist tot, alles andere geht nur sie allein etwas an.

Nach seinem Tod fällt sie in ein tiefes, schwarzes Loch, sieht keinen Himmel und keinen Ausweg mehr und ist rückblickend froh, daß Freunde bereitstanden, um sie aufzufangen, Gefährten, die sie mühsam wieder ans Licht und ins Leben zerren. Stundenlang kann sie mit ihnen und ihrer Mutter in ihrem kleinen Bremer Refugium sitzen und über ihn reden. Kein Gespräch, bei dem er nicht im Geiste weiterleben würde, keine noch so kleine Unternehmung, bei der er nicht in ihren Gedanken dabei ist. Bis heute schaut er ihr über die Schulter, runzelt ein bißchen die Stirn über ihre Unordnung, und sie hört ihn dann sagen: »Mein Schatz, früher haben wir die Schubladen aber zugemacht.« Er war, er ist der Mann ihres Lebens und ihrer Träume, nicht mehr sichtbar da, aber für sie spürbar, fühlbar in jedem Augenblick. Anfangs, nach seinem Tod, hat sie nicht gewußt, was sie mit sich und ohne ihn anfangen soll.

Oder hat sie nur auf den passenden Augenblick gewartet?

Zum Rettungsanker wird eine kleine Zeitungsannonce über den Studiengang Weiterbildung an der Bremer Universität. Sie hat die mahnenden Worte ihrer Mutter aus der Schulzeit noch im Ohr, daß man nicht dümmer wird, wenn man etwas lernt, und meldet sich an. »Das war« – Erika unterstreicht die Bedeutung des Satzes mit einem verlegenen Hüsteln –, »das war für mich der Schritt in eine völlig andere Realität, der Beginn eines anderen Lebens.« Der weitgereisten Weltenbummlerin eröffnen sich neue, bislang völlig unbekannte Seiten des Daseins. Sie hört von Begebenheiten, die ihr vorher nie in den Sinn gekommen wären. Sie wird mit Problemen konfrontiert, an die sie noch nie einen Gedanken verschwendet hat. Erika entdeckt eine terra incognita und kommt aus dem Staunen und Kopfschütteln nicht mehr heraus. Manchmal hat sie den Eindruck, als sei sie in eine völlig andere Realität eingetreten. Anfangs bestaunt sie diese wie einen bunten Film. Während der ersten Frauenwoche an der Universität hört sie in einer Runde von 30 Frauen aberwitzige Geschichten über Diskriminierung, Anmache, über Alibifrauen und schreckliche Männer, über miese Bezahlung und den enervierenden Kampf mit der Doppel- und Dreifachbelastung. Klagen über die Männer als autoritäre Chefs, als prügelnde Ehemänner, als gewaltige, machtorientierte Kollegen. Erika glaubt, ihren Ohren nicht zu trauen. Irgendwann ist sie an der Reihe, das Klagelied aus Depression und Frust mit einer weiteren Strophe zu ergänzen. Die Frauen schauen neugierig aufmerksam auf diese Exotin, die staunend und verwirrt in der hintersten Bank hockt. Noch heute weiß sie jedes Wort, das sie damals in die Runde getönt hat, kann sich an den verwunderten Tonfall in ihrer Stimme, an jedes Detail erinnern. »Ich habe das Gefühl, auf einem falschen Planeten gelandet zu sein oder von einem falschen Planeten zu kommen. Meine Erfahrungen sind absolut verschieden von dem, was hier gesagt wurde, und ich bin noch nie im Leben wegen meines Geschlechts diskriminiert worden. Ich habe bislang nur mit Männern am Arbeitsplatz zu tun gehabt, keiner hätte es gewagt, mich schlecht zu behandeln, im Gegenteil. Ich habe sowohl bei der Arbeit mit Männern als auch im privaten Bereich bislang nur positive Erfahrungen gemacht.« Eine Außenseiterin in der geschlossenen Runde der Feministinnen, deren Weltbild unverrückbar und eindeutig ist. Die unerschrockene Erika mit ihrem Selbstbewußtsein wirkt auf sie wie ein Fossil aus uralten Zeiten, ein Relikt der Antike, an der die Gedanken der Frauenbewegung bislang spurlos vorübergegangen sind. Das bringt Aufregung und Leben in die Gesellschaft. Die Bekehrerinnen heften sich auf Erikas Fersen, lassen sie nicht mehr aus dem Netz. Wieder und wieder muß sie ihre Geschichte erzählen, die alle gierig in sich aufsaugen, als wäre es ein besonders gelungener Plot eines Abenteuerromans. So etwas belebt die Küchengespräche in den Wohngemeinschaften, liefert Stoff für Diskussionen im Frauencafé. »Irgendwann haben sie mich dann bekehrt«, merkt Erika lakonisch an, »die Sache mit der Alibifrau während meiner Berufstätigkeit, die hat gesessen und in mir genagt. Das haben sie mir dann klargemacht, daß ich das alles nur falsch gesehen habe, daß ich eben nicht die geschätzte Kollegin war, die bei den Männern alles durchsetzen kann, sondern daß sie mich damit nur beruhigt und geködert haben. Es hat lange gedauert, aber irgendwann ist der Knoten geplatzt, und mir sind die Augen aufgegangen.«

Erika erinnert mit ihrer wundersamen Wandlung an Emmeline Pankhurst, die 1858 in Manchester geborene Frauenrechtlerin. Als Gattin eines Anwalts, der 1898 verstirbt, ist sie nicht unglücklich. Doch sie will mehr Einfluß, mehr Rechte für die Frauen und schließt sich zunächst der liberalen, dann der Arbeiterpartei an, um für ihre Ziele eine breite Basis zu gewinnen. Gemeinsam mit ihren Töchtern gründet sie eine politisch-soziale Frauenunion, die für das Frauenwahlrecht kämpft. Um Aufmerksamkeit für sich und ihre Forderungen zu gewinnen, greift sie zu durchaus spektakulären Mitteln, zum Beispiel zündelt sie am Haus eines politischen Gegners herum. Solche Gewaltakte kämen Erika nie in den Sinn, doch die Radikalisierung ihrer Gedanken schreitet mit Riesenschritten voran. Die Missionsarbeit der Feministinnen zahlt sich aus. Erikas Neugier ist erwacht. Jetzt will sie der Sache auf den Grund gehen. Sie macht sich erst einmal kundig, liest Bücher über die Frauenbewegung, hört sich die Klagen und Analysen der Schwestern an, sieht mit anderen Augen auf die Situation der Frauen in der Gesellschaft. Sie versteht vieles, erkennt die Formen struktureller Gewalt, grübelt über den Sätzen von Selbstbefreiung und Patriarchat. Noch ist sie nicht bereit, die theoretischen Kenntnisse auch zu ihrem eigenen Anliegen zu machen. Diese Entscheidung treffen andere für sie. Erika, seit Jahren passives Mitglied im Deutschen Akademikerinnenbund, wird höflich, aber bestimmt genötigt, für den Vorstand zu kandidieren. Schließlich habe sie ja Zeit, seit ihr Mann tot sei. Außerdem müsse sie für den Vorstand des Bremer Frauenausschusses kandidieren, damit die Akademikerinnen dort auch vertreten seien, argumentiert die damalige Vorsitzende. Erikas Protest wird mit dem Hinweis vom Tisch gewischt, Kandidatur und Wahl seien doch noch immer zwei Paar Stiefel. Handfeste Argumente dieser Art fallen bei Erika auf fruchtbaren Boden. Bei der Vorstellung der Kandidatinnen legt sie ihre Karten offen auf den Tisch. Sie bewerbe sich keinesfalls aus eigenem Wunsch und Willen, wolle vielmehr der scheidenden Vorsitzenden einen Gefallen tun, es gehe offensichtlich nur um ihren Namen auf der Liste, doch sie wolle auf keinen Fall gewählt werden. Erika weiß um die Wirkung dieser Geschichte, legt kleine Kunstpausen ein und freut sich heute noch diebisch über die verblüfften Gesichter der Frauen. »Hinterher war ich völlig von den Socken, daß mir alle zur Wahl gratulierten, weil sie in meiner Ehrlichkeit eine besonders raffinierte Taktik sahen. Die wollten sich alle merken, fanden es eine prima Strategie, weil ich damit sofort Erfolg hatte und die meisten Stimmen erhielt.« Eins zu Null für die Bekehrerinnen. Erika hat 1985 auf Anhieb den Sprung in den Vorstand des Bremer Frauenausschusses, Zusammenschluß aller Fraueninitiativen und -verbände, geschafft. Seit 1991 ist sie 1. Vorsitzende. Jetzt kann sie nicht mehr damit kokettieren, daß sie im Grunde ihres Herzens faul sei. Das Ehrenamt fordert ihre ganze Kraft, aber die hat sie im Übermaß. So lernt sie noch manche Details aus der regionalen Frauengeschichte, versteht die Zusammenhänge, stolpert über Fußangeln und Fallen der Männer und gewöhnt sich an den Gedanken, daß sie dagegen kämpfen soll. »Nach dem wunderbaren Leben an der Seite meines geliebten Mannes ist es wohl meine Verpflichtung, mich nach seinem Tod für die Veränderungen und Verbesserungen im Leben der Frauen einzusetzen. In der ersten Hälfte meines Lebens hatte ich nur mit Männern zu tun, habe mich an ihnen orientiert, jetzt dreht sich alles um die Frauen.« Sie sieht durchaus den roten Faden, der das eine mit dem anderen verbindet, weiß, daß ihre Geduld und Zähigkeit bei dem mühseligen Geschäft noch immer von ihrem Mann gespeist wird. Sie fühlt sich von ihm aus unendlicher Ferne ermuntert, immer wieder angespornt, obwohl ihr an seiner Seite die Problematik nie in den Sinn gekommen wäre. »Was ich nicht weiß, macht mich nicht heiß, ich habe mit ihm nie Mangel oder Defizite empfunden. Wenn er noch leben würde ...« Sie läßt den Blick in die Ferne schweifen, kämpft gegen einen Kloß im Hals an, tastet nach dem Hund unter ihrem Stuhl und krault intensiv sein Fell. Wenn er nicht gestorben wäre ... Wenn, wenn, wenn. Dann wäre ihr Leben anders verlaufen. Kaum vorstellbar, daß sie in der Geborgenheit seiner Liebe auf Golfplätzen und an Sandstränden ihre Gedanken mit der Diskriminierung von Frauen belastet hätte. Die Feministinnen hätten eine Streiterin weniger in ihren Reihen. Erika würde weiterhin beim Sport und auf ihren Trümmern den Augenblick genießen. Doch das ist vorbei, ein für allemal. Er ist tot, unersetzlich. Ihr frauenpolitisches Engagement ist mit seinem Tod verknüpft. Sie lebt es so innig aus wie früher die unbeschwerten Tage mit ihm. Sie genießt diese Aufgaben und braucht deshalb keine Atempausen. Immer neue Ideen, Projekte, Ziele und Vorhaben. Sie kandidiert auf einer unabhängigen Frauenliste für die Bürgerschaftswahlen, hebt einen Verein zur Gründung der Frauenuniversität Virginia Woolf aus der Taufe, sie managt den Bremer Frauenclub, knüpft internationale Verbindungen über den Akademikerinnenbund und scheint nie zur Ruhe zu kommen. Erika hat sich hundertprozentig der Frauensache verschrieben, denn was sie macht, das macht sie gründlich, konsequent, von Anfang bis Ende. Sie ist eine Perfektionistin, holt alles aus den Gegebenheiten heraus. Männer haben in ihrem Leben seit dem Tod ihres Partners keine Rolle mehr gespielt. »Von meiner Großmutter habe ich schon gelernt, daß Männer das Leben komplizieren, wobei Ausnahmen die Regel bestätigen. Ich habe durch meinen Mann eine goldene Ausnahme erleben dürfen, ich habe das große Los gezogen. Zweite Wahl oder Durchschnitt mit kleinen Fehlern interessieren mich nicht.« Erika, mit den politischen Spielregeln bestens vertraut, sagt es so kategorisch, daß keine Widerrede, kein »ja, aber« angebracht ist. Ihre Witwenrente ist knapp, sie lebt bescheiden, sie hat nie Geld, »dafür mehr Schulden als mein Hund Flöhe«, und überlegt, wie sie es anstellen könnte, diese wahnsinnige Fixierung auf das Materielle abzuschaffen. Auch dazu wird ihr etwas einfallen, denn Erika ist nie um Ideen und Phantasien verlegen. Feministische Wirtschaftsfragen, das wäre etwas für sie, Initiativen, um an Geld für Frauenprojekte zu kommen, die Knete besser und gerechter zu verteilen. Soziale Gerechtigkeit ist ihr das wichtigste Anliegen. Nach ihrem Weltbild sollten diejenigen, die auf geregelte Arbeit und hohes Einkommen nicht verzichten können, Strafsteuern bezahlen. Umverteilen heißt ihre Devise, oder ganz im Sinne von Heinrich Heine: »Zuckererbsen für jedermann«. Längst hat sie Zeitungsartikel, Adressen, Konzeptpapiere zu Stapeln gesammelt, doch zur Auswertung fehlt ihr die Zeit. Erst muß der Grundstein für einen Beginenhof gelegt werden, den sie in Bremen und außerhalb der Stadt gründen und wiederbeleben will. Die Beginen haben in Europa zwischen dem 10. und 13. Jahrhundert die Frauenkultur maßgeblich geprägt. Woher der Name Begine kommt, ist wissenschaftlich nicht eindeutig geklärt. Erika hat mit der ihr eigenen Akribie alle verfügbaren Informationen zusammengetragen. Beginenhöfe waren eine Lebensgemeinschaft von Frauen, die, anders als die Nonnen, nicht an ein Gelübde gebunden und somit nicht der kirchlichen Obrigkeit unterworfen waren. Doch sie bemühten sich um ein von christlicher Nächstenliebe geprägtes Leben. Junge und ältere Frauen, unverheiratet oder verwitwet, lebten in den Höfen zusammen, sie waren wirtschaftlich unabhängig, verdienten sich ihren Lebensunterhalt zum Beispiel mit Webarbeiten, und sie gaben sich ihre eigene Haus- und Lebensordnung. Die früheren Beginenhöfe ergänzten für die alleinstehenden Frauen den Familienverband über die blutsverwandten Mitglieder hinaus, es war eine Lebensform der Wahlverwandtschaft, bei der es sowohl um den Schutz als auch um die Geborgenheit in einer Gemeinschaft ging. Das alles will Erika als Alternative zum Altersheim und als Ergänzung zu den Familien wieder neu mit Leben erfüllen. Ein Haus für Alte und Junge, ein Ort zum Wohnen und Arbeiten in basisdemokratischer Selbstverwaltung soll es werden. Einige ihrer Freundinnen und politischen Weggefährtinnen haben die Hände über dem Kopf zusammengeschlagen. Wie so oft, wenn Erika etwas ausgeheckt hat. Sie mag gar nicht mehr zählen, wie oft sie die Antwort »unmöglich« bekommen hat in all den Jahren ihres Kampfes. Sie schreckt das nicht, es spornt sie an. »Vielleicht sind die Frauen noch nicht soweit, daß sie das verstehen, deshalb weiß ich nicht, ob ich im politischen Bereich Unterstützung finden werde.« Sie wird es trotzdem durchsetzen. »Ich habe ja Zeit und einen langen Atem.« Sie wird das schaffen, Ehrensache. Erika sieht ihn schon vor sich, ihren gemütlichen Sessel am Fenster, von da geht der Blick hinüber zu einem gepflegten Golfplatz und in den hohen Himmel. Sie wird die Schubladen zumachen und aus weiter Ferne, aber klar verständlich, das Lob ihres Mannes hören: »Genau, Schatz, so machen wir das. Schubladen werden geschlossen.« In der Gemeinsamkeit mit Frauen werden die Tage vergehen, sie wird Freundinnen um sich haben, die ihr die Hand halten, wenn sie krank ist, so wie sie das bei ihrem Mann gemacht hat. Sie wird Feste feiern, lachen, Spaß haben, so wie sie das aus ihrem anderen Leben kennt. Es wird gut sein, aber nicht so wie früher. Solange sie noch körperlich und geistig fit ist, wird sie mit der ihr eigenen Zielstrebigkeit Frauenprojekte anregen, planen, unterstützen und vorantreiben – damit das Leben der Frauen leichter, besser, schöner wird. »Es gibt so vieles, was sich am Leben der Frauen noch optimieren könnte, damit sie auch ein gutes, glückliches Leben führen können«, sagt Erika, und unwillkürlich entsteht das Bild einer Frau, die selbstlos und mildtätig Gaben an die Armen verteilt, die mit vollen Händen gibt, weil sie alles hat, was andere entbehren. Hin und wieder spricht sie vom Engagement für die Frauen, als gehöre sie selbst gar nicht dazu, als stehe sie außerhalb dieser Welt, in die sie nur durch Zufall Einblick bekommen hat. Hier hat sie eine Aufgabe gefunden, hier kann sie etwas von dem zurückgeben, was sie empfangen hat. Es scheint, als kämpfe sie nicht in erster Linie für sich, sondern für andere. Immerhin hat sie das kleine Paradies auf Erden schon mit eigenen Augen gesehen und mit jeder Faser ihres Bewußtseins ausgekostet. Jetzt steht es den anderen zu, ein Stück vom Glückskuchen zu gewinnen. Erika hat zunächst ungewollt, aber dann sehr entschieden ein neues Kapitel in ihrem Leben aufgeschlagen. Es ist intensiv und spannend, es ist kräfteraubend und aufregend, nicht immer erfolgreich, aber notwendig. Doch dieses Leben speist sich aus anderen Quellen als das, was sie hatte. Der erste Akt, an der Seite ihres Mannes im ungetrübten Eheglück, ist zu Ende. Nie wiederholbar, nie mehr erreichbar. Der zweite Akt hätte ohne den ersten nicht beginnen können. Der erste Akt sichert ihr eine bescheidene Witwenrente, die ausreicht, um selbstbestimmt und ehrenamtlich aktiv sein zu können. Ein Privileg, das sie gern mit allen teilen würde. »Mir macht mein Leben ungeheuer viel Spaß, das sollten andere doch auch erleben können. Deshalb bin ich für eine existenzsichernde Grundversorgung, damit sich die schöpferischen Kräfte der Menschen entfalten können und nicht durch den Zwang zum Geldverdienen nutzlos gebunden werden.« Für Aussagen dieser Qualität hat Erika ein Repertoire an pathetischen Gesten und einen entsprechend überzeugenden Tonfall parat. Sie ist nicht beleidigt, wenn man sie eine Utopistin nennt.

Zum Weiterlesen

The life of Emmeline Pankhurst.
The suffragette struggle for women's citizenship.
London 1935

Wir rufen euch Frauen.
50 Jahre Bremer Frauenausschuß.
Selbstverlag, Bremen 1996

»Es sind noch viele Fragen offen«

EINE SPÄTE KRIEGERWITWE

»Liebt doch Gott die leeren Hände
Und der Mangel wird Gewinn
Immerdar enthüllt das Ende
Sich als strahlender Gewinn.«

Diesem Vers des Dichters Werner Bergengruen hat Theodor Spitta in seinen Tagebuchaufzeichnungen neben den Schilderungen »furchtbarer Leiden und Opfer durch den Zweiten Weltkrieg« einen besonderen Platz eingeräumt. »Selbstbesinnung und Überprüfung« wollte er bei den Menschen anregen. Theodor Spitta, 1873 in Bremen geboren, wird in der Hansestadt bis heute als »Mensch edelster Gesinnung« in Ehren gehalten. Der promovierte Jurist gehörte von 1911 bis zu seiner Entlassung 1933 dem Bremer Senat an, acht Jahre lang – von 1920 bis 1928 – war er Bürgermeister. Nach 1945 wurde der inzwischen 72jährige Mann bürgerlich-liberaler Gesinnung, der sich nach dem Zweiten Weltkrieg der F.D.P angeschlossen hatte, von der Militärregierung wieder in den Senat berufen. Als Zweiter Bürgermeister ging er vor allem als einer der Väter der neuen Landesverfassung in die Geschichte ein. Betagt, im Alter von 82 Jahren, zog er sich aus der Politik zurück, nicht müde, in einer Mischung aus Nachdenklichkeit und leisem Humor für Besonnenheit und Gerechtigkeit zu werben. Bis heute hat der Name Spitta in Bremen einen guten Klang. Paula Bücking, eine der drei Töchter von Paula und Theodor

Spitta hat lange gebraucht, bis sie sich von den bürgerlich-liberalen Traditionen des Elternhauses lösen konnte. Familienbande halten fest. Paula hatte nicht nur zwei Schwestern, sondern auch sechs Brüder. Und so gewinnt sie früh einen großen Freundeskreis. Sie lernt die Söhne der Familie Bücking kennen. Bremen galt schon damals als Dorf, immerhin mit Straßenbahn, man kannte sich und pflegte gute nachbarschaftliche Kontakte. Auch diese Familie ist in Bremen nicht unbekannt, doch der Ton klingt anders, als wenn von Familie Spitta die Rede ist. Den Bückings haftet – zumindest für Konservativ-Liberale – ein eindeutiger Makel an. Sie gelten als links, schlimmer noch für traditionelle Köpfe: Sie sind Kommunisten. Die drei Spitta-Töchter haben ähnliche Vorlieben. Alle drei heiraten jeweils einen Sohn aus der Bücking-Familie. »Ich als jüngste Schwester habe auch den jüngsten Sohn geheiratet, und verbunden mit meinem eigenen Leben ist ganz stark das Leben meiner beiden Schwestern und das der beiden Schwäger. Die Söhne waren alle im kommunistischen Widerstand. Mein Mann war der Jüngste in der Familie, die älteren Brüder waren schon häufiger verhaftet und auch in Lagern gewesen. Vater Bücking, auch Arzt gewesen im Ersten Weltkrieg und tief berührt von der sozialen Frage, hoffte immer, man könne die soziale Frage und das Engagement auch verbinden mit dem Nationalen. In bezug auf den Jüngsten, den Lutz, mahnte er immer, man solle ihn in Ruhe lassen und raushalten aus der politischen Arbeit. Doch der Widerstand der Geschwister und die Tatsache, daß die ganze Familie in Bremen als kommunistisch abgestempelt wurde, hat für Lutz eine besondere Rolle gespielt. Er ist in der Schule diskriminiert worden, und er wollte natürlich gerne bei den heimlichen Treffen der Kommunisten dabei sein. Sie haben den Jungen, damit er nicht erpreßbar würde, immer mit dem Gesicht zur Wand gestellt, damit er nicht sehen konnte, wer zu den Treffen kam, die auch im privaten Kreis stattfanden. Einmal waren sie dabei, Linolschnitte zu vervielfältigen. Da klingelte es, die Gestapo stand vor der Tür. Doch bis die Leute reinkamen, ist der Tisch leergeräumt, sie können nichts Verdächtiges feststellen. Sie durchsuchen die Schränke, finden aber kein Beweismaterial und ziehen wieder ab. Damals hatte Lutz ganz schnell reagiert und alle Sachen in seine weiten Knickerbocker-Hosen gestopft. Das ist einerseits eine Geschichte, die durchaus mit Heiterkeit und dem Gefühl der Überlegenheit in der Familie erzählt wurde, aber sie zeigt auch die sagenhafte Gefahr, in der die sich immer befunden haben. 1935 war Lutz schon von der Schule. Er lernte Schlosser und wollte morgens wegfahren. Da kam einer von diesen bekannten Trenchcoat-Männern, tippte ihm auf die Schulter und sagte, er solle mitkommen. Lutz antwortete ihm, er müsse erst noch sein Fahrrad sicher abschließen, damit es keiner klaue. Doch der Mann sagte, in den nächsten Jahren brauche er kein Fahrrad mehr. Mutter Bücking bekam mit, daß ihr Jüngster verhaftet worden war, und schaffte es noch, eine andere führende Frau aus der Widerstandsgruppe zu warnen. Sie konnte sich noch am selben Tag nach Holland in Sicherheit bringen. Lutz bekam drei Jahre Lagerhaft. Er war 17 Jahre alt und saß zunächst ein Jahr in Untersuchungshaft. Später hat er seine Examensarbeit als Sozialpädagoge über diese Zellenzeit, über die Begrenzung und Einengung der Persönlichkeit geschrieben, die Bedeutung eines Kammes oder einer Zahnbürste oder einer Nagelschere. Er schrieb davon, wie wichtig es ist, daß man etwas Individuelles hat und daß man etwas tut, was an sich wahnsinnig ist. Er hat dann eine Jugendstrafe von drei Jahren bekommen, saß in Hannoversand ein und kam dann früher heraus, um in den Krieg zu gehen. Er wußte nie, begleitet mich meine Akte oder nicht. Er ist dann schwer verwundet worden, sein Bein mußte amputiert werden am Oberschenkel.«

Paula Bücking erzählt mit ruhiger, nachdenklicher Stimme. Sie sitzt wie entrückt in ihrem Sessel, lauscht hin und wieder dem Knacken der Kaminscheite nach und läßt den Blick nach draußen schweifen. Sie lebt seit mehr als zwanzig Jahren in einem grünen Refugium am Stadtrand von Bremen. Der Regen wird von starken Windböen an die Fenster gedrückt, die Bäume machen tiefe Verneigungen, doch sie scheint es gar nicht wahrzunehmen. Sie ist eingetaucht in die Zeit damals, versucht sich vorzustellen, was für Gedanken, Ängste, Hoffnungen und Verzweiflungen den jungen Lutz bewegten. Sie hat Physik, Geographie und Chemie studiert, später über eine geographische Untersuchung im Raum Oldenburg promoviert und nach dem Krieg ihr Referendariat als Lehrerin gemacht. Im Vergleich zu Lutz hat sie den Krieg einigermaßen unbeschadet überstanden. Doch der jungen, engagierten Frau war schon damals klar, daß man nach diesen Schrecken und Greueln nicht einfach weitermachen kann, als wäre nichts geschehen. Bis heute läßt sie die Frage nach unmenschlichen Taten, die gleichwohl von Menschen verübt wurden, nicht los. Erinnerungsarbeit, intensive Beschäftigung mit den Fragen und Geschehnissen der Vergangenheit treiben sie um. Sie besucht Tagungen, Vorträge und hat eine beeindruckende Gabe, hinter die nüchternen Fakten zu schauen, Fragen zu stellen, Zweifel anzumelden. Sie hat sich viele Jahre lang intensiv mit psychologischen und analytischen Fragestellungen befaßt. Das prägt bis heute ihre Denkweise.

»Als Lutz und ich einander richtig kennenlernten, war der Stumpf einigermaßen abgeheilt. Der Krieg war vorbei, und wir machten gemeinsam eine Reise nach Flotow zu einem Gesprächsseminar für Täter und Opfer. Das war viel, viel zu früh. Wir waren alle so naiv, wir hatten viel zuwenig Ahnung und den naiven Glauben, daß das alles schnell zu schaffen wäre. Es war das Jungsein mit einem völlig neuen Aufbruch 1945 und mit einem Hoffen auf andere, bessere Zeiten. Lutz litt an den Folgen seiner Strafe. Er hatte in Dunkelhaft gesessen, und er fühlte sich immer wieder falsch und schlecht behandelt. Nach diesem Miteinander auf dem Seminar, mit vielfältigen Berichten etwa von einer Überlebenden aus Ravensbrück, entwickelte sich auf die Dauer unsere Liebe. Wir sind dann zusammen in die Schweiz gefahren und haben 1950 geheiratet. Viel später, lange Jahre nach seinem Tod, habe ich Horst Eberhard Richter gelesen, ein Buch über sein Leben, in dem er beschreibt, wie er seine Frau kennengelernt und wie sie geheiratet haben. Für ihn ging es darum, etwas Beständiges, etwas wie ein Zuhause zu schaffen. Ich glaube, daß so ein Zusammenfinden bei Lutz und mir ganz stark eine Rolle gespielt hat. Wir wollten beide etwas Beständiges, ein Zuhause nach dieser Zeit des Unbehaustseins im Krieg.«

Zum Zeitpunkt der Heirat leitet ihr Mann ein Lehrlingsheim und macht eine Ausbildung zum Heimerzieher. Fast über Nacht wird sie »Mutter« von zwölf Söhnen, Lehrlingen, die mit dem Ehepaar zusammenleben.

»Ich habe einen schwerkranken Mann geheiratet. Während der Verlobungszeit war er sehr schwer krank, der Stumpf entwickelte immer wieder Entzündungen. Es gab ja auch keine Medikamente, aber plötzlich bekamen wir über den schwarzen Markt für viel Geld Penizillin. Dann ging es ihm besser. Ich bin dann, als es ihm besser ging, noch für ein Jahr zum Studium in die USA. Ich habe da ein für mich sehr wichtiges Jahr erlebt, und als ich dann wiederkam, haben wir geheiratet. Da ist es wohl so gewesen, daß ich es nicht gemerkt habe oder nicht wahrhaben wollte, daß er so krank war. Andere haben sich gefragt, warum heiratet sie ihn, er ist doch lebensgefährlich krank, aber da bin ich wohl blind gewesen. Ich wollte es auch nicht wissen. Ich bekam damals einen Brief von meiner Mutter, in dem sie mir schrieb, wie groß eine Liebe zu sein hätte, um einen so kranken Mann zu heiraten. Ich habe mich über diesen Brief maßlos geärgert und fand, daß sie das gar nichts angeht. Doch vor kurzem habe ich diesen Brief wiedergefunden und habe bei mir gedacht, was meine Mutter doch vorausgesehen hat.«

Lutz und Paula sind beide auf ihre Weise blind. Er will sie nicht unnötig ängstigen und hält sie über seinen tatsächlichen Gesundheitszustand im unklaren. Sie will an die Zukunft und Hoffnung glauben und verdrängt die Sorgen um seine Krankheit, so gut es geht. Außerdem leben sie beide für die gemeinsame Arbeit mit den Lehrlingen. Doch das bringt ihm bald einigen Ärger. »Er hatte eine hundertprozentige Rentenversorgung, aber dann hat die Rentenstelle gesagt, der leitet doch ein Heim, und wollte ihm die Versicherung kürzen. Wir haben uns an den Reichsbund gewandt, wir haben sogar einen Prozeß geführt und den auch gewonnen. Es ging uns damals darum, daß er zwar seine Rente bekommt, aber in gewissem Sinne auch arbeiten kann. Das Heim, die Lehrlingsausbildung, die Arbeit mit jungen Menschen – das war für ihn ein ganz zentraler Punkt in seinem Leben. Er brauchte viel Ruhe, mußte mittags liegen. Für drei Jahre Haft und auch für seine Berufsunfähigkeit – eigentlich wollte er Arzt werden wie sein Vater –, dafür jedenfalls bekam er als Entschädigung 5.000 Mark. Das war damals eine stattliche Summe. Für dieses Geld konnten wir einen ganz kleinen Leukoplastbomber kaufen. Ich durfte damit nie fahren, weil er sagte: ›Paula, das sind meine Füße.‹«

Paula und Lutz bauen auf die Zukunft, ohne die Schrecken der Vergangenheit zu verdrängen. Doch ihre gemeinsame Zeit ist kurz bemessen. Sohn Robert ist dreieinhalb Jahre alt, Tochter Christine sechs Monate, da stirbt Lutz nach sechsjähriger Ehe an den Folgen seiner Kriegsverletzung. »Ein Wochenende vor seinem Tod waren wir zusammen auf einem Kongreß für Ärzte und Seelsorger in Stuttgart gewesen. Wir hatten ganz viel gelernt und setzten uns am nächsten Abend zusammen, um Notizen von dem Kongreß zu machen und unsere Eindrücke von den verschiedenen Arbeitsgruppen auszutauschen. Ich nähte eine kleine Mütze, weil das Töchterchen abstehende Ohren hatte und ich zu eitel war, um das so zu akzeptieren. In der Nacht kam von Lutz ein ganz tiefer Atemzug. Ich schnellte hoch. Ich bin noch zu unserem gemeinsamen Freund rübergegangen, der bei uns im Heim arbeitete, aber die Hilfe kam zu spät. Ich bin dann ganz verzweifelt durch die Wallanlagen gelaufen, ich konnte niemanden ertragen neben mir, und als ich es Vater sagte, schlug er vor Schreck mit dem Kopf nach hinten. Dann ging alles schnell mit der Beerdigung. Ich wollte und mußte funktionieren, alles selber organisieren. Gleichzeitig war so eine Art Taubheit in mir, aber bei der Beerdigung wurde doch auch viel gelacht, weil schöne Erinnerungen an ihn hochkamen. Die Rede am Grab war sehr fromm, und wenn ich selber beerdigt werde, will ich so eine Beerdigung nicht. Dieses Fromme, das hat mich damals sicherlich auch geschützt. Ich habe inzwischen viele Menschen auf dem Sterbebett gesehen, aber so einen Ausdruck des Friedens im Gesicht habe ich nur zweimal bei Menschen gesehen.«

Nach der Beerdigung fällt Paula Bücking in eine tiefe Depression, aus der sie sich aus Sorge um die Kinder mühsam herausarbeitet. Ein halbes Jahr nach dem Tod ihres Mannes wird sie in die Ausbildung für Lehrer gerufen. Bis heute sieht sie in dieser Aufgabe den Brückenschlag zurück ins Leben und die wichtigste Phase ihrer Trauerarbeit. »Allerdings glaube ich, daß meine Kinder nicht nur den Vater verloren haben, sondern dann auch eine Mutter hatten, die sich das Elementare verbot, die nicht so viel Geborgenheit und Zärtlichkeit bieten konnte. Und dazu diese vielen Entscheidungen. Es waren oft nur alltägliche Fragen, aber gleichwohl wichtige. Etwa die Entscheidung, ob ich die zarten Kinder impfen lassen sollte oder nicht. Da hatte ich Lutz nicht mehr, den ich fragen konnte. Oder auch meine beruflichen Entscheidungen: Sollte ich an die Pädagogische Hochschule gehen und im wissenschaftlichen Bereich in der Geographie weitermachen, oder sollte ich mich diesem mitmenschlichen Bezug der Referen-darausbildung zuwenden? Diese Entscheidung war eindeutig eine Entscheidung für Lutz. Er ist ganz ohne Frage über Jahre hinweg der innere Führer für mich gewesen. Ich fand den Gedanken ganz verlokkend, einmal Professorin zu werden und in die Wissenschaft zu gehen. Ein guter Freund hat mir sehr zugeredet, doch nach dem Gespräch mit ihm war mir klar, daß ich mich anders entscheide, weil es die Trauerarbeit von mir verlangte. In dieser Zeit habe ich viel von Lutz erzählt, und manche Leute dachten, das ist wohl noch eine ganz frische Erfahrung, aber er war schon drei Jahre tot. Ich habe mich auch später wieder verliebt, aber rückblickend denke ich, ich bin hineingefallen immer wieder in ihn. Sehnsüchte, die ich auf ihn hatte, wurden da erfüllt.«

1956 steht Paula allein mit den beiden kleinen Kindern vor den vielfältigen Aufgaben des Alltags. Sie hat Freunde, Gesprächspartner, Gesinnungsgenossen, hilfreiche Nachbarn für die alltäglichen Anforderungen des Lebens. Doch es gibt Bereiche, in denen sie es lange nicht schafft, sich wieder in das Leben einer kompletten Familie einzufinden. »Ich bin sehr früh von anderen Leuten aufgefordert worden, mit ihnen in die Ferien zu fahren, zumal sich die Kinder gut verstanden. Doch das waren jeweils Ehepaare, und da habe ich immer nein gesagt. Das war mir unmöglich, das konnte ich nicht. Und es hat eine lange Zeit gegeben, wo ich mit Sehnsucht und mit Bitternis gesehen habe, wie Kinder anders groß werden, dadurch daß der Vater da ist und ich das für meine Kinder nicht hatte.« Sie weiß gut genug, daß sie ihren Kindern den Vater nicht ersetzen kann. Sie kann ihn nur durch Erzählungen in der Erinnerung auch für die Kinder wachhalten. Immer noch, oder wieder, haftet dem Namen Bücking ein merkwürdiger Klang an, manche bezeichnen sie abwertend als Edelkommunistin. Sie erlebt das, was sie heute den Kalten Krieg im privaten Leben nennt. »Nach dem Tod von Lutz wollte ich wirklich die linke Position, wollte mich auch absetzen von meinem Vater und dem bürgerlich-liberalen Elternhaus, auch wenn die wirkliche Auseinandersetzung mit dem Vater sehr viel später geschah. Doch dieses Beharren auf der Bücking-Tradition war eine nochmalige klare und eindeutige Identifikation mit meinem Mann. Es war nicht unbedingt das Fortsetzen seiner Freundschaften, aber ich hatte ihn mit seinen Gedanken in mir. Ich ging dann später meinen ganz eigenen Weg, es war eine Zwangsemanzipation, die ganz neue Bereiche öffnete, die auch Verletzungen mit sich brachte, aber ungemein gut und wichtig war. Das, was wir an wesentlichen Dingen denken, das denken wir immer noch zu zweit, auch wenn er nicht immer in meinen Gedanken auftaucht, nicht täglich, auch nicht wöchentlich, aber wenn ich eben wirklich sehr ernsthaft nachdenke, dann denken wir zu zweit. Und das andere kann man so schwer sagen, weil man ja nicht weiß, wie er sich verändert hätte und wie ich mich mit ihm verändert hätte. Wir haben in unserer gemeinsamen Zeit nie Streit miteinander gehabt, aber der hätte sicherlich kommen müssen für unser eigenes Wachstum. Ich glaube, daß er nicht kam, weil wir so wenig Zeit für uns hatten. Wir haben diese sechs Jahre nicht durch ein wirkliches Nachfragen über Liebe, über Widerstand, über Erwartung gefährdet. Wir haben nicht gesprochen über Leidenschaft, die nicht gelebt werden konnte, weil die Krankheit viel zu gegenwärtig war.«

Bis heute trägt die 76jährige kluge Frau diese nicht gestellten Fragen mit sich herum. Soweit es ihr nachlassendes Augenlicht zuläßt, liest sie Veröffentlichungen über die Zeit des Nationalsozialismus. Ihr Leben bestand fortwährend aus Lernen und Weiterbildung. Geradezu gierig saugt sie neue Überlegungen und Erkenntnisse in sich auf. Und was immer sie an Problemen erörtert, stets hat sie sich selbst mit ihren Fehlern, Zweifeln und ihrem Verhalten im Blick. »Ich frage mich, wie bewußt er diesen Weg in den Tod gegangen ist. Und vielleicht hat er meine Heiterkeit und meine Blindheit dafür gebraucht. Oder ist es gerade die Blindheit, die mich jetzt, wo ich so viel näher dran bin am Tod, immer wieder fragen läßt, wie weit habe ich ihn eigentlich allein gelassen? Ich habe den ganzen Weltkrieg mit all seinen Erschütterungen und seinem Grauen durchgemacht. Die drei Brüder sind gestorben, im Krieg gefallen, und die Schwäger sind gestorben, der Vater starb, und doch war er der erste Mann, den ich als Toten in meinem Leben hatte. Und so frage ich mich bis heute: Wo ist man hingeflohen, ohne daß man es wußte? Wo bin ich denn gewesen, daß ich das nicht gesehen habe? Heute frage ich mich, warum ich nicht gefragt habe, wie das ist, wenn man in der Zelle sitzt und wartet, daß die Zeit vergeht. Ich weiß, daß er im Krieg nicht geschossen hat, und ich weiß, daß er einen verwundeten Freund an der Front liegen lassen mußte, weil er ihn einfach nicht weiter schleppen konnte. Wie war das für ihn – alles Fragen, die mich jetzt noch umtreiben und die wohl bleiben werden.« Diese Fragen begleiten die alte Frau, doch sie drücken sie nicht nieder.

Fragen, kritische Reflexionen und die genaue Analyse von Sachverhalten sind sein Vermächtnis, das sie lebendig halten will bis zu ihrem eigenen Tod. Sie hat in ihrem Leben andere Partnerschaften gelebt, war ausgelassen, verliebt, doch kein noch so tiefes Gefühl konnte das innere Vermächtnis ihres Mannes auslöschen. Mit Besonnenheit, einem fundierten Wissen, mit Verständnis für menschliche Schwächen und Ängste und mit klaren ethisch-moralischen Maßstäben hat sie sich bis heute seinen Gedanken und Zielen verschrieben. Paula Bücking versteht es mit nachdenklicher Stimme und fragend vorsichtig formulierten Ansichten, in ihrem privaten Leben jeweils die allgemeine Situation mitzudenken. Sie zeigt nicht mit Fingern auf andere, sondern schließt sich in ihre Fragen mit den eigenen Schwächen ein. Sie ist das, was man eine moralische Instanz nennen könnte, Vorbild und Wegbereiterin, ohne pädagogisch belehrenden Zeigefinger. Gerade ihre eigenen Zweifel machen sie über alle Maßen glaubwürdig und bewundernswert. Ihre zerbrechlich wirkende, eher kleine Gestalt löst dennoch den spontanen Impuls auf, anerkennend zu ihr hoch zu blicken. Sie ruht in sich und gönnt sich für bestimmte Fragen dennoch keine Ruhe. Ihr Terminkalender ist übervoll, ihre Interessen sind breit gefächert. Konzerte, Lesungen, Vorträge und Seminare füllen ihre Tage aus. Dazwischen bleibt Zeit, um mit dem Patenkind die neuesten Karussells beim »Bremer Freimarkt« auszuprobieren. Es gibt Traditionen, an denen hält sie fest.

»Nach einem reichen und erfüllten Leben.« Paula Bücking überfällt noch heute der Zorn, wenn sie an die Formulierung denkt, die sie für die Todesanzeige ihres Mannes gewählt hat. Die Stimme der zierlichen Frau wird lauter. Für einen Moment läßt sie ihrer Wut auf die Verbrechen des Krieges mit all seinen Folgen freien Lauf. »Dieses sinnlose Sterben und all das, was den Kindern angetan wurde, die viel zu früh ihre Väter verloren, hingemäht im Krieg, oder wie mein Mann, zehn Jahre nach dem Ende des Krieges doch noch heimgesucht von seinen Folgen. Ich würde nie wieder für einen 39jährigen vom

Reichtum und erfüllten Leben schreiben. Damals war ich sehr hilflos, und was ich mit den beiden Worten sagen wollte, war seine Leistung anzuerkennen. Er hat auf seinem Weg, soweit wir das von außen sehen können, viele Schritte gemacht, die man sehr mühsam im Alter vollzieht. Deshalb erschien mir sein Leben in all seiner Konsequenz erfüllt und reich zu sein. Er hat das Richtige in seinem Leben gemacht.« Sie sagt es mit Zärtlichkeit und Bewunderung in der Stimme. Dann aber bricht es laut und hart aus ihr heraus: »Daß dieser schreckliche Krieg ihn zehn Jahre später noch holt, das werde ich nie akzeptieren. Was man diesen jungen Menschen angetan hat und den vielen, die da so einfach hingemäht worden sind. Das ist bis heute furchtbar.«

Zum Weiterlesen

Frauen in der Nachkriegszeit 1945–1963.
Herausgegeben von Klaus-Jörg Ruhl.
Deutscher Taschenbuch Verlag, München 1988

Auf Ihr Wohl, Madame!

DIE CHAMPAGNERWITWE VEUVE CLICQUOT

»Viva Bacchus, Bacchus lebe,
Bacchus ist ein feiner Mann.«

»Ende eines Witwenstreits.« Keine zehn Zeilen umfaßt die kurze Meldung auf der letzten Seite einer Tageszeitung. Diesmal geht es nicht um Nachlaß, Urheberrechte und Erbschaftsgezänk. Kein Wort vom Konkurrenzkampf mehrerer Musen, die sich gegenseitig den Lorbeer streitig machen und uneins sind, wer nun die echte Hinterbliebene sei. Als Kontrahenten standen sich in diesem Streit eine renommierte Getränkefirma und eine nicht näher bekannte junge Frau gegenüber. Den Stein des Anstoßes hatte eine neue Kreation der Firma geliefert, fruchtig perlender Alkohol, halb Bowle, halb Sekt, prickelnde Krönung jeder feucht fröhlichen Gesellschaft. Ein Schlückchen oder auch zwei für den intensiven, aber vergänglichen Augenblick, Katerstimmung oder Reuegefühle am anderen Morgen ausgeschlossen, verhieß die Werbung in Großbuchstaben. Das neue Getränk, zunächst testweise im Vertrieb, hatte die Firma auf den Namen »Lustige Witwe« getauft. Auf dem Etikett, mit bewußt kalkulierter Nähe zur Operettenseligkeit, das Bild einer lebenslustigen, jungen Frau im Kreis ihrer Verehrer. »Auf Ihr Wohl, Madame!«

Eine junge Frau, seit wenigen Monaten verwitwet, hatte das Getränk im Regal eines Supermarktes entdeckt und mit viel Geklirr eine Flasche am Boden zerschellen lassen. Da hinterließ die »Lustige Witwe« klebrige Rinnsale. Die junge Frau ließ die Herstellerfirma schriftlich wissen, daß sie sich durch den Namen des Schaumweins beleidigt und diskriminiert fühle. Es müssen einige Briefe hin und her gegangen sein. Erklärungen, hilflose Entschuldigungen, Beschwichtigungen von der einen Seite, trotziges Beharren, Wut, Klagen von der anderen Seite. Eine Marktidee gegen die Lebenswirklichkeit einer verwitweten Frau. Partystimmung gegen Grabesruhe.

Irgendwann, ganz unauffällig, verschwand die sektgleich perlende, leicht süßliche »Lustige Witwe« wieder aus den Regalen. »Die Firma räumte gegenüber der Beschwerdeführerin ein, daß der Begriff der Witwe in Zusammenhang mit Alkohol irreführend sein könne.«

»Auf Ihr Wohl, Madame!«

»Wie lieb und luftig perlt die Blase
der Witwe Klicko in dem Glase.«

Bei Wilhem Busch und seiner frommen Helene passen sie zusammen, die Witwe und der Champagner, luftig perlend. Der Dokumentar mancher Streiche von Max und Moritz, die auch der Witwe Bolte das Leben schwermachen, scheint von den Champagner-Witwen besonders angetan gewesen zu sein. Die berühmteste ist die Witwe Klicko, doch ihre Geschichte beginnt in Frankreich, was der frommen Helene entgangen sein mag. Genaugenommen ist es also die Witwe Clicquot.

Als Nicole-Barbe du Ponsardin im Jahr 1777 das Licht der Welt erblickt, sind die revolutionären Rufe nach Freiheit, Gleichheit und Brüderlichkeit nicht mehr fern. Die Bourgeoisie, Dritter Stand im Staat, beansprucht soziale Gleichberechtigung und politische Mitsprache. Der Geist der Aufklärung weht durch das Land. Reims, ihre Geburtsstadt, erlebt in den revolutionären Wirren blutige Stunden. Ihr Vater, Royalist und Anhänger der konstitutionellen Monarchie, wird 1810 Bürgermeister von Reims und erhält aus der Hand Napoleons den Titel eines Barons verliehen.

Seine Tochter wächst behütet auf, wird wohl erzogen, comme il faut, und soll eine gute Partie machen. Die tritt mit François Clicquot im Jahr 1794 in ihr Leben. Da ist sie siebzehn Jahre alt und wegen ihres Teints »aus Milch und Blut und strahlend intelligenten Augen« als Schönheit gepriesen. Die Hochzeit mit dem drei Jahre älteren Bewunderer läßt nicht lange auf sich warten. Da die Kirchen nach der Zeit der Schreckensherrschaft und der Abschaffung des Christentums zugunsten des »Kultes der Vernunft« noch nicht wieder für den Gottesdienst freigegeben sind, findet die Trauung in einem Keller statt. Ein ungewöhnlicher, aber zumindest für den Schwiegervater passender Ort. Er war Bankier und Tuchhändler aus Profession, allerdings Weinhändler aus Leidenschaft. Auch François, der junge Gatte der schönen Nicole-Berbe, ist am Wein mehr interessiert als an der langweiligen Arbeit in einem Bankkontor. In einer offenen Kutsche reist er mit seiner Frau durch die Champagne. Chigny-les-Roses, Verzenay, Louvois, Le Menzil, Oger und andere Orte des Weins steuern sie an. Wißbegierig saugen sie Kenntnisse über Anbaumethoden und Rebenpflege in sich auf. Im Herbst nehmen sie bei der Großmutter Clicquot Quartier und überwachen Weinlese und Kelter. François reist außerdem nach Deutschland, Österreich und in die Schweiz, um einen internationalen Weinvertrieb zu organisieren. Auf einer dieser Reisen macht er die Bekanntschaft eines rothaarigen, dickbäuchigen Mannes mit Namen Bohne, den er als Mitarbeiter für seine aufstrebende Firma verpflichtet. Die Geschäfte gehen trotz der immer wieder aufflackernden Kriege in Europa gut. Der »kleine Korporal« Napoleon erobert in einem Blitzkrieg die Lombardei. Die Kaufleute reiben sich die Hände. Die Herzöge von Sachsen-Coburg und Württemberg, der Fürst von Hohenlohe und der Markgraf von Ansbach zählen bald zu den zuverlässigen Kunden der Firma Clicquot. Auch in Übersee interessieren sich Käufer für den Schaumwein aus Frankreich. Das Geschäft blüht. Die junge Frau Clicquot bringt ein gesundes Mädchen, Clémentine, zur Welt. Das Leben könnte wunderbar sorglos sein. Da stirbt ihr Mann im zweiten Jahr ihrer Ehe an einem bösartigen Fieber.

Neidische Konkurrenten prophezeien den raschen Untergang der Firma, ihr Schwiegervater will resigniert den Weinhandel aufgeben. Doch die junge Witwe erhebt Einspruch und nimmt das Zepter in die Hand. Vier Monate nach dem Tod ihres Mannes gründet sie eine Gesellschaft, findet im getreuen Herrn Bohne einen Teilhaber und führt den Weinhandel unter dem Firmennamen Veuve Clicquot-Ponsardin weiter.

Ganz ähnlich agiert übrigens die ebenfalls champagnerselige Witwe Pommery. Nach dem Tod ihres Mannes, Greno, zahlt sie kurzerhand seinen Kompagnon aus und macht sich zur Alleinherrscherin über Keller und Wein.

Kein leichtes Unterfangen zu dieser Zeit, in der Frauen im Geschäftsleben mehr als ungewöhnlich waren. Außerdem muß sich die junge Witwe mit chaotischen Währungsverhältnissen abfinden. Die alten Taler verschwinden, wertlose Assignaten werden gesetzliches Zahlungsmittel, ehe Francs und Centimes im Geldverkehr Einzug halten. Napoleon zieht mit seiner Armee durch die halbe Welt. Madame Clicquot schafft es trotz aufreibender Kriegszustände, ihre Waren über Land, über Kanäle und über die Meere auszuliefern. Sie muß über erstaunliche Energie, Entschlußkraft und Organisationstalent verfügen. Dazu scheint sie Freude am Essen und Trinken zu haben. Nicht nur ihre Autorität nimmt zu, sondern auch ihre Körperfülle. Mit rundem Gesicht, umrahmt von fein gedrehten Korkenzieher-Locken, die stattliche Figur unter einem schwarzen Gewand verborgen, ein Buch in der Hand, hat sie Léon Cogniet gemalt. Eine würdige Matrone, Macht und Selbstbewußtsein ausstrahlend. Geschickt dirigiert sie ihre Angestellten, behält auch deren persönlichen Belange im Blick und erwartet Höchstleistungen von ihnen. Ihr strenges Regiment zahlt sich aus. Sankt Petersburg und Moskau, Wien, Riga und Danzig, aber auch Malta und New York sind Ziele ihrer Weinlieferungen. Herr Bohne wird zu ihrem König der Handelsreisenden und erschließt die Märkte Rußlands und

Österreichs. In einer Depesche teilt er ihr mit: »Die Zarin ist schwanger, wenn sie einem Prinzen das Leben schenkt, wird in diesem Riesenland Champagner in Strömen fließen. Bitte sprechen Sie nicht darüber, sonst würden alle unsere Konkurrenten hierherkommen.« Madame Clicquot weiß zu schweigen und schickt Champagner und Verkäufer quer durch das unruhige Europa. Sie selbst verläßt Reims nur selten, allenfalls in Oger, einem ländlichen Anwesen, das heute noch existiert, sucht sie etwas Entspannung. Doch meist kümmert sie sich um die Entwicklung des Weins, testet unterschiedliche Lagermethoden und sucht nach Rezepten, um Wein und Champagner zu klären. »Eine furchtbare Sache, die mit mir aufsteht und mit mir zu Bett geht – die Krötenaugen. Große Augen liebe ich überall, nur nicht auf dem Champagner. Möge der Himmel uns vor ihren verheerenden Auswirkungen beschützen.« In der Tat, der Champagner hat das Aussehen von Spülwasser, die Krötenaugen sind nicht zu vermeiden, das Verfahren des Enthefens ist noch nicht erdacht. Durch die Gärung entsteht ein trüber Bodensatz, der entfernt werden muß. Mit langem Rütteln ist ihm beizukommen, doch das ist zeitraubend, nicht immer erfolgreich und führt zu Verspätungen bei den Lieferungen. Madame Clicquot sucht bei nächtlichen Streifzügen durch die Keller mit der flackernden Kerze in der Hand nach einer Lösung. Sie läßt Tische durchbohren, in die Flaschen mit dem Hals nach unten gesteckt werden, sur ponte, wie es noch heute in der Champagne heißt. Nach Monaten mit Rütteln und Drehen lagert sich das Sediment am Korken ab. Dann werden die Flaschen kurz geöffnet, der Druck preßt den Satz hinaus – der Champagner ist klar und perlend. Die bis heute übliche Remuage-Methode zur Klärung des Weines ist entdeckt. Auf Ihr Wohl, Madame! Um Platz zu sparen, wurden die durchlöcherten Tische bald durch Bretter in der Pultschräge ersetzt, die sich bis heute da erhalten haben, wo Schaumweine in der alten Weise kultiviert werden.

Im März 1816 rückt die russische Armee in Reims ein, die Franzosen erobern die Stadt zurück, überall toben die Kämpfe.

Napoleon kommt in die Stadt und nimmt im Hotel Ponsardin, dem Besitz des Bruders von Madame Clicquot, Quartier. Er läßt sich den Champagner schmecken, ehe er am 6. April 1816 als Kaiser abdanken muß. Madame schreibt an eine Verwandte: »Die Stunde ist gekommen, in der wir endlich, nach so viel Leid und Drangsal, die die Stadt ertragen mußte, wieder aufatmen können und auf die Wiederherstellung eines allgemeinen und dauerhaften Friedens sowie unserer leider viel zu lange eingeschränkten und zunichte gemachten Geschäftsbeziehungen hoffen dürfen. Dank dem Himmel! Ich bin verschont geblieben. Mein Besitz und meine Kellerei sind unversehrt geblieben, und ich bin bereit, die Geschäfte wieder aufzunehmen und fortzusetzen, soweit die glückliche Wende im Verlauf der Dinge uns diese gestattet.«

Die Dinge fügen sich weiterhin glücklich für die tüchtige Witwe. Sie stattet ihre Tochter mit reicher Mitgift aus, zahlt mißmutig, aber zuverlässig die Spielschulden des leichtsinnigen Schwiegersohnes und baut sich ein Schloß in Boursault. Darauf läßt sich mit Rosé-Champagner anstoßen, den sie zur Verblüffung Frankreichs auf den Markt bringt. Nach diesem prickelnden Erfolg zieht sie sich im Alter von 43 Jahren – après fortune faite – aus dem aktiven Geschäftsleben zurück. Weitere 44 Jahre sind ihr noch geschenkt. Eduard Wehrle, Sohn eines hessischen Postmeisters aus Hattenheim, wird ihr verläßlicher Buchhalter und Verkaufsdirektor. Später wird er als Edouard Werlé sogar Bürgermeister von Reims. Madame Clicquot kann zufrieden sein. Sie hält Hof, feiert Feste in dieser genußfrohen Zeit rauschender Geselligkeiten. Sie läßt sich feiern als Hohepriesterin des Bacchus und protegiert natürlich ihren Champagner. Charles Monselet kann es beschwören: »Man war nicht mehr als zwanzig an der Tafel, ausgewählte Kenner unter den Feinschmeckern und Grundbesitzern im Dorf. Das heißt alles, was eingeschenkt wurde, war mit nichts vergleichbar. An diesem herrlichen Abend schwelgten meine Sinne in Zaubergetränken wie nie wieder danach. Madame Clicquot duldete mit einem verständlichen Despotismus keinen anderen Champagner als den ihrigen auf dem Tisch. Ich allein, und das genügt, sagt Medea. Der Staat bin ich, sagt Ludwig XIV. Madame Clicquot sagte ihrerseits: Der Wein bin ich. Es gab keinen Rotwein auf der Tafel; dursten oder Champagner trinken – und da man trinken durfte ...

Ich konnte mich für einige Augenblicke für eines dieser gekrönten Häupter halten, deren Exklusivlieferantin Madame Clicquot war, für einen der Großen dieser Welt. Prinz Cesarowitsch, Erzherzog, römischer Kardinal, Nabob, der Lord-Mayor, die geschworen haben, keinen anderen Champagner als den der Witwe zu trinken, wie man diese ehrwürdige, erlauchteste Dame ungezwungenerweise in der ganzen Welt nannte.«

Madame stirbt 1866. In ihrer Heimat gibt man ihr den Namen »Königin von Reims«.

»Auf Ihr Wohl, Madame!«

Zum Weiterlesen

Frei und Frau
Sieben eigenwillige Lebensbilder.
darin: Princesse J. de Caraman Chimay: Veuve Clicquot Ponsardin.
Bollmann Verlag, Mannheim 1996

Ernst Hornickel
Die Spitzenweine Europas.
Verlag Seewald, Stuttgart 1963

»Mir fehlen seine Krümel«

EINE WITWE STELLT SICH DEM NEUEN WESTEN

»Anfangs wollt ich's kaum ertragen,
und ich dacht, ich trüg es nie.
Und ich hab es doch getragen,
aber fragt mich nur nicht wie.«

Heinrich Heine

Klaus. Immer wieder fällt der Name in Gesprächen und Erzählungen, so, als wäre er noch gegenwärtig, nur für einen Augenblick nicht erreichbar. Elke kommt der Name so selbstverständlich über die Lippen wie das Wort »wir«. Klaus liegt ihr auf der Zunge, von Klaus spricht sie im Präsens, als käme er gleich zur Tür herein, selbstverständlich ihre Nähe suchend, wie sie die seine. Wenn ihr bewußt wird, wie sie von Klaus spricht, zögert sie einen Moment, als suche sie nach Worten, schluckt trocken an den aufsteigenden Tränen und springt dann rasch zu einem anderen Gedanken. Doch geradezu dankbar greift sie Fragen auf, um mehr über Klaus zu erzählen, auch wenn sich dann die Tränen nicht immer zurückhalten lassen. Freunde und Kollegen nannten die beiden gerne die siamesischen Zwillinge, wo Elke war, da war auch Klaus, nicht um sie zu kontrollieren oder sie zu bevormunden, sondern weil sie zusammengehörten. Er war einfach da, kreiste um sie wie eine Sonne und gab seine Nähe wärmend an sie ab. Klaus, das war die einhellige Meinung der Freunde, hätte ein Leben ohne Elke nicht meistern können. Sie muß es schaffen, ohne ihn zurechtzukommen. Manchmal hat sie das Gefühl, sie humpele nur noch auf einem Bein durch das Leben. »Schließlich waren wir wie ein Paar Schuhe, es mußten immer beide sein.«

Dabei steht Elke mit beiden Beinen fest auf dem Boden. Sie ist patent, klug, schlagfertig, selbstbewußt, sie kann anpacken und ihre Interessen konsequent und zielstrebig durchsetzen. Die kluge Frau denkt an sich selbst zuletzt. Andere Menschen mit ihren Sorgen haben Vorrang. Elke arbeitet als Aus- und Fortbildungsbeauftragte bei einer Rundfunkanstalt, außerdem ist sie Gleichstellungsbeauftragte. Elke hat mehr als einen Fulltimejob, für den sie in den Aufbaujahren bei einem jungen Sender anfangs weder eine Sekretärin noch einen Computer zur Verfügung hatte. Das Wort Feierabend scheint ihrem Erfahrungsschatz verlorengegangen zu sein. Sie nimmt es gelassen, mit einem Schulterzucken. Die Aufgaben müssen schließlich erledigt werden, die Frauengleichstellung ist ein mühsames Geschäft, und außerdem wartet ja Klaus nicht auf sie. Was spielt es da für eine Rolle, wann sie abends nach Hause kommt? Lieber im Büro den Kram erledigen, als immer wieder mit der Lücke konfrontiert zu werden. Das passiert auch so oft genug. Sie lebt die Ambivalenz vieler Witwen, die Erleichterung spüren, weil sie keine Rücksicht nehmen müssen, über die eigene Zeit nach Gutdünken verfügen können. Aber es wartet eben auch keiner mehr zu Hause, es ist keiner da, dem man etwas erzählen kann, der etwa fragt, wie der Tag war. Manchmal brechen dann die Witwentage über sie herein.

Witwentage geistern als Begriff durch viele Gespräche. Sie sind sehr individuell und doch gleich. Es sind die Tage, an denen plötzlich das schwarze Loch aufgeht, wenn niemand kommt, niemand anruft, wenn man auch keine Lust hat, zu jemandem zu gehen, weil man das Gefühl hat, da störst du jetzt nur. An Witwentagen sind draußen nur Paare unterwegs. Der Himmel ist grau, überall lauert das »es war einmal«. Das Leben erscheint perspektivlos und schrecklich, alles sträubt sich gegen die Erkenntnis, daß es weitergehen muß. Witwentage.

Bis zur Wende war Elke beim Rundfunk der DDR als Sekretärin und Assistentin im Programm tätig, als »echtes« Kind des Arbeiter- und Bauernstaates, überzeugt vom Sinn des Sozialismus. Irgendwann trat Klaus in ihr Leben und hat es vielfältig verändert. Er war Journalist in der Nachrichtenredaktion, und nach der Schicht wurde auf den Gängen und in den Redaktionsstuben viel diskutiert und gefeiert. Elke hat an diesen Gesprächsrunden gerne teilgenommen, und sie hat Gefallen an Klaus gefunden, obwohl oder auch weil er immer sehr kritisch war, dazu klug und nie zufrieden mit schnellen Floskeln. Doch Klaus ist verheiratet, so bleibt es beim freundschaftlich-kollegialen Kontakt zwischen den beiden. Daß er so anders war als die »Aufreißertypen«, das hat sie damals sehr beeindruckt. Irgendwann wird er in eine andere Abteilung versetzt, die gemeinsamen Diskussionsrunden bleiben aus, die beiden verlieren sich aus den Augen. Als sie sich zufällig wieder über den Weg laufen, erzählt er, daß seine Frau ihn verlassen habe. Elke kommentierte das mit dem Satz: »So eine blöde Kuh.«

Die beiden verabredeten sich zum Theater, haben sich öfter getroffen und irgendwann ihren Krempel zusammengeschmissen. Es brauchte keine großen Worte, es hat sich so ergeben, und es war für beide schön und genau das Richtige. Sie leben zusammen, das erste gemeinsame Kind wird geboren. »Als das zweite Kind unterwegs war, habe ich, mit bürgerlichen Restbeständen behaftet, einmal nachgefragt, wie es denn wohl weitergehen solle. Ich kann mich noch an jede Einzelheit erinnern. Ich habe gebügelt, er lag auf dem Sofa und las mir vor, es war sehr schön und harmonisch, und da wollte ich wissen, wie er sich das weiter vorstellt, ob wir nicht mal heiraten sollen. Ja, warum nicht, war seine Antwort, damit war das dann klar.« Keine romantischen Liebesschwüre, keine großen Worte, sie hat weiter gebügelt, er weiter vorgelesen. Für »bürgerliche Restbestände« bedarf es keiner großen Gesten. Sie legen einen Hochzeitstermin fest und fahren mit einem befreundeten Ehepaar zum Skiurlaub ins Erzgebirge. Sie wollen sich erholen und zwischendurch, ganz ohne großen Aufwand, »da mal eben ein bißchen heiraten«. Elke schiebt ein spöttisches »ganz in weiß, versteht sich« hinterher und denkt an den vielen Schnee zu dieser Zeit. Die weiße Pracht bringt ihre Pläne allerdings erst einmal durcheinander. Klaus bricht sich den Fuß und muß ins Krankenhaus eingeliefert werden. Der geplante Termin auf dem Standesamt verstreicht ungenutzt. Alles kein Drama, nichts, was ihr Zusammengehörigkeitsgefühl erschüttern könnte. Einige Tage später bekommt Klaus einen Gehgips und kann vom Krankenhaus direkt zum Standesamt humpeln. »An der Haupttreppe warteten Leute im Spalier, um das Wundertierchenpaar aus Berlin zu begrüßen, er mit dem gebrochenen Fuß, und fortan erzählt er, daß er zum Standesamt getragen werden mußte.« Elke kann über diese Episode noch immer herzlich lachen. Was bedeutet schon ein amtliches Papier als Bescheinigung, daß sie Mann und Frau sind, sie gehören ohnehin zusammen, halten zusammen wie Pech und Schwefel. Einige Monate später wird der zweite Sohn, Mathias, geboren. Wegen eines versäumten Blutaustausches gleich nach der Geburt ist er geistig behindert. Die Ehe ist keinesfalls nur eitel Freude und Sonnenschein, aber das hat sich Elke auch nicht erträumt. Sie ist Realistin. Romantische Flausen hat sie nicht im Kopf, aber sie ist bei allen Schwierigkeiten glücklich in ihrer Familie. Die gemeinsame Fürsorge für den behinderten Sohn, das Zusammensein im Quartett an den Wochenenden, stundenlange Diskussionen über die Politik, die Weltlage und das Leben, das alles gibt jedem Tag eine pralle Intensität, bringt Licht und Aufregung in die Tristesse des DDR-Alltags. An den Abenden im Familienkreis liest Klaus ihr seine geliebten Schriftsteller vor, macht sie vertraut mit Heinrich Heine, Kurt Tucholsky, weckt in ihr die Neugier nach den russischen Schriftstellern. Er ist vielseitig interessiert, befaßt sich mit Architektur, mit Kunst, versucht Bücher aufzutreiben, Material zu sammeln. Sie wiederum liebt die Musik, ruft in ihm die Freude an den klassischen Konzerten wach. Sie leben sehr auf sich bezogen, holen sich die Welt, soweit sie in der DDR offen steht, in ihre Wohnung. Klaus, kritisch, unangepaßt und gegenüber den offiziellen politischen Wahrheiten sehr mißtrauisch, öffnet für Elke immer neue Fenster, fordert sie heraus, schürt ihre Urteilsfähigkeit, bringt manche ihrer auswendig gelernten Lehrsätze ins Wanken. Manchmal kommen auch Freunde, doch das Zentrum ihres Lebens ist die Familie. »Klaus war überhaupt kein Kollektivmensch, das Zusammensein mit Nachbarn, das Anpassen an andere war ihm schwer, er wollte seine Familie und sonst nichts. Wir sind deshalb immer viel zusammengewesen. Er brauchte auch das Gefühl, daß er alles sagen kann, wir haben unendlich viel diskutiert und geredet. Deshalb mochte er es nicht sehr gerne, wenn ich abends allein wohin ging. Er hat es mir natürlich nicht verboten, aber ich merkte, daß er mich um sich haben wollte. Er war kein Stammtischtyp, kein Fußballfan, kein Skatspieler, deshalb hatte er auch wenig Männer, mit denen er etwas unternehmen konnte.« Die Familie als Fluchtpunkt, als Zentrum und als Ort der freien Rede und Gedanken. Elke ist für Klaus nicht nur Ehefrau und Geliebte, sondern auch die vertrauensvolle Gesprächspartnerin, kritisches Korrektiv und geduldige Zuhörerin. Politisch waren sich Elke und Klaus keinesfalls immer einig. Wenn er eine zu kesse Lippe riskiert, weist sie ihn scharf zurecht. Sie fürchtet, die Kinder könnten durch seine kritischen, unverblümten Ansichten den richtigen Klassenstandpunkt verlernen. »Politisch war das ganz witzig, ich war das Klassenkämpferkind an sich, er dagegen eher der Kopfmensch, ich traf die Bauchentscheidung. Ich hatte den religiösen Glauben an den Sozialismus, er hat schon in sehr jungen Jahren sehr freche Reden geführt. Er war nicht so borniert und eng wie ich erzogen worden. Auch das hat geprägt, da haben wir viel diskutiert, dadurch bin ich von diesen schrecklichen Grundsätzen und Prinzipien weggekommen.« Manchmal haben sie gestritten, daß die Fetzen flogen, sie haben sich erregt, sich beschimpft, aber es waren keine persönlichen Angriffe, sondern es war das Zusammenraufen zweier unterschiedlich denkender Menschen. Er hat sie hartnäckig und erfolgreich am Schopf aus dem Einheitssumpf der DDR-Ideologie herausgezogen, sie hat dankbar seine Anregungen aufgenommen, ihren Standpunkt relativiert und korrigiert, kritisches Denken und Urteilen vom ihm gelernt. »Anfangs in der Ehe haben wir uns auch viel angebrüllt, und irgendwann haben wir uns dann gefragt, ob das so toll ist mit dem Brüllen. Er hatte eine Krebserkrankung, und danach waren ihm andere Dinge viel wichtiger, da trat das Brüllen in den Hintergrund.« Elke macht aus ihrem Klaus keinen Supermann, sie weiß um seine Schwächen, aber sie schätzt seine Stärken, und dafür ist sie durchaus bereit, auch einmal zurückzustecken. »Als Klaus jung war, war er ein ausgesprochener Choleriker, in sich versponnen, eher ein introvertierter Typ, dem es schwerfiel, auf Leute zuzugehen, er war zurückhaltend und eher verschlossen. Nur zu Hause ging er aus sich heraus, hat Geschichten erzählt, alles genau erklärt, und dadurch habe ich unheimlich viel gelernt. Mit den Kindern war er manchmal ungeduldig, er war durchaus auch arrogant anderen gegenüber. Wer nicht gleich begriffen hat, der konnte durchaus mit seiner Verachtung gestraft werden. Manchmal bin ich richtig erschrocken, wie kalt und unerbittlich er sein konnte. Aber das hat mir auch imponiert, weil ich da viel unsicherer war als er.«

Elke lernt durch ihren Mann, sie entdeckt für sich neue Fragen, sie will mehr als nur Sekretärin sein. Sie interessiert sich für den Journalismus, hin und wieder schreibt sie kurze Berichte für das Vormittagsprogramm, sie wird gelobt, fühlt sich bestätigt. Da sie keine Träumerin ist, nimmt sie sich vor, an der Leipziger Fachschule für Journalistik noch eine Ausbildung zu machen. Dafür hätte er den größten Teil der Haus- und Familienarbeit übernehmen müssen. Doch er ist strikt dagegen und verweigert ihr jede Unterstützung. Anfänglich ärgert sie sich über seinen sturen Kopf, verteufelt seine Faulheit, fordert verbissen seine Mithilfe ein. Erfolglos. Erst allmählich beginnt sie seine Beweggründe zu verstehen. »Er hat sich sehr gequält mit diesem verordneten Verlautbarungsjournalismus, stieß immer wieder an die eng gesteckten Grenzen. Bestellte Erfolgsmeldungen versuchte er möglichst zu umgehen. Er beschäftigte sich hauptsächlich mit der sogenannten kapitalistischen Weltwirtschaft. Da eckte er natürlich immer wieder an – er wurde zynisch. Das sollte ich mir nicht auch noch antun. Er hat so viel gewußt, so vieles durchschaut und einfach anders gesehen und quälte sich mit jedem Artikel und jedem Bericht. Er wollte nicht, daß ich das auch machen mußte, er dachte, das würde alles vergiften, uns auseinanderbringen und Mißtrauen säen.« Während sie noch mit ihm um eine Entscheidung ringt und nach neuen beruflichen Perspektiven für sich Ausschau hält, stirbt ihr Bruder. Dieser unerwartete Tod stürzt sie in eine Krise und konfrontiert sie unvermittelt mit den Fragen nach dem Sinn des Lebens und des eigenen Tuns. »Ich habe mich dann gefragt, ob das so wichtig ist, daß ich mich da durchsetze, ob es sinnvoll ist, diese Ausbildung zu machen und die Familie und deren Wohlsein aufs Spiel zu setzen. Mir wurde klar, daß alles so schnell vorbeigehen kann, und ich fand mich dann gut damit ab, daß es mit der Journalistenausbildung nichts wurde.« Sie reduziert ihre Arbeitszeit, kümmert sich intensiv um den behinderten Sohn, genießt das Familienleben und ist zufrieden. Ihr gemeinsames Refugium ist Waldfrieden – ein kleines Häuschen in der Nähe Berlins, seine Eltern hatten es in den 30er Jahren gebaut. Im DDR-Sprachgebrauch hieß das die Datsche, aber Klaus haßte diesen Begriff, sie haben ihn nie benutzt. Es war einfach »Waldfrieden«. Dort verbringen sie in Ruhe und Abgeschiedenheit die Wochenenden. Als sich ihr doch noch unerwartet eine Weiterbildungsmöglichkeit bietet, wird sie dort von Klaus umsorgt und verwöhnt. Sie absolviert über Fernstudien eine Fachhochschulausbildung, um später an der Betriebsakademie die Arbeit mit Auszubildenden und Lehrlingen zu machen. Damit ist auch Klaus einverstanden und übernimmt selbstverständlich den Haushalt und die Fürsorge für die Kinder, während sie büffelt. »Freitags hat er mich dann abgeholt, damit wir in den Wald fahren konnten. Er hat mir in dem Häuschen ein kleines Arbeitszimmer eingerichtet, da habe ich gelernt. Er hat sich um alles andere gekümmert, zum Beispiel genau nach Kochbuch gekocht. Er hat Spaß daran entwickelt, der Familie hat es geschmeckt. Er war auch sehr stolz auf mich, als ich das mit der Ausbildung dann geschafft hatte.« Ihm dagegen gelingt es in den Jahren der Agonie der DDR immer weniger, mit seiner Arbeit zurechtzukommen. Er quält sich herum, prophezeit den baldigen Untergang der DDR und möchte am liebsten den »ganzen Bettel hinschmeißen«. Sie kann das gut verstehen, bietet ihm auch an, daß sie das Geld als Sekretärin verdient und er sich als »kleiner dicker Dichter« betätigt. Im Waldhaus hätten sie das geschafft, ist sie sich sicher, doch im Hinblick auf Mathias, den behinderten Sohn, beißt er die Zähne zusammen und bleibt an seiner Arbeitsstelle. Den Fall der Mauer und die Wendezeit haben sie als Schreck und Befreiung gleichermaßen erlebt. Nächtelang wird diskutiert, erzählt, abgewogen und geplant. Sie wollen keinen »Anschluß«, sondern glauben an den dritten Weg. Sie freut sich für ihn, daß er jetzt endlich die Chance bekommt, als Journalist so zu arbeiten, wie er es immer gewollt hat. »Und in der Wendezeit habe ich immer gedacht, daß ich es unheimlich gut habe, weil Klaus an meiner Seite ist, alleine wäre ich nicht klargekommen. Diese ganzen ökonomischen Fragen, das mit dem neuen Geld, das hat alles er gewußt, durchschaut und mir erklärt – und dann macht es plopp –, und er ist weg.«

Dieser »Plopp«, den Elke mit dunkel belegter Stimme wie ein großes Fragezeichen ausspricht, passiert im Februar 1991, wenige Wochen nach seinem 54. Geburtstag. Zu der Zeit ist sie freigestellte Personalratsvorsitzende im Funkhaus Berlin, die Einrichtung nach Artikel 36 des Einigungsvertrages zum Abwickeln. Die Zeit des Umbruchs und Aufbruchs, es sollte Demonstrationen, Proteste geben, die Gerüchteküche brodelt. Sie weiß nicht mehr so ganz, wo ihr der Kopf steht, hängt am Telefon, versucht, zu recherchieren, Strategien abzusprechen. Klaus arbeitet als Journalist und hat jede Menge Ideen. Er will nach Leipzig, um einen Beitrag aufzunehmen, und hat sich schon den Dienstwagen, einen klapprigen Wartburg, besorgt. »An diesem Morgen war mir das besonders wichtig, ihn nochmals zu warnen, daß er vorsichtig fährt. Es war so ekeliges

Wetter, und es war ja auch so viel los. Wir haben uns verabschiedet, im Funkhaustor sind wir noch mal aneinander vorbeigefahren, wir haben uns noch zugewinkt. Dann begann für mich ein ganz angespannter Tag, viele Diskussionen, Telefonate und Beratungen. Abends zu Hause merkte ich plötzlich, daß Klaus noch nicht da war. Ich habe mich selbst beruhigt, daß er noch aufgehalten wurde, daß er irgendwo in einem Schneideraum sitzt und nicht zum Telefonieren kommt. Dann habe ich den Hund genommen und mit ihm die übliche Abendrunde gedreht, aber irgendwie fühlte ich mich elend und ganz merkwürdig.« Als sie zurückkommt, steht vor der Tür ein Polizeiauto mit Blaulicht. Ihr Mann habe einen schweren Unfall gehabt und liege im Krankenhaus in Dessau, bekommt sie vage wie durch einen dicken Nebelschleier mit. Im Krankenhaus sieht man sich nicht in der Lage, ihr telefonische Auskünfte zu erteilen. Sie hat noch die Kraft, so lange nachzufragen, bis sie erfährt, Klaus sei vor allem am Kopf verletzt. Wie in Trance ruft sie ihre Kinder an, informiert die Arbeitskollegen und sagt ganz mechanisch immer nur einen Satz: »Klaus hat einen schweren Unfall gehabt, und er wird sterben.« Als sie am nächsten Morgen mit einigen Sachen für Klaus im Krankenhaus ankommt, wirft die Ärztin einen flüchtigen Blick auf ihren Beutel und stellt lakonisch fest: »Das wird Ihr Mann nicht mehr brauchen.« Im zweiten Satz will sie wissen, ob Organe für Spenden entnommen werden könnten. Elke darf sein Zimmer nicht betreten, sondern kann nur durch die Glasscheibe einen Blick auf ihn werfen. Bis heute bedauert sie es, daß sie die Vorschriften eingehalten hat, statt in sein Zimmer zu gehen und seine Hand zu nehmen, ihn noch einmal zu berühren, zum letzten Mal. »Er sah völlig normal aus, hatte nur leichte Schrammen im Gesicht, aber die Herz-Lungen-Maschine, die war so abrupt. Ich sah, wie die Maschine mit ihm atmete, und ich hatte das Gefühl, das tut ihm bestimmt weh.« Noch einige Tage beatmet die Maschine ihren Mann, doch sie hegt keinerlei Hoffnung. Der Kopf, das war sein Leben, ohne ihn, das wußte sie, würde auch er sich aufgeben. Eine gebrochene

Wirbelsäule, den Mann im Rollstuhl, alles hätte sie in Kauf genommen, doch Klaus mit einem zerschmetterten Gehirn, das ist ihr unvorstellbar. Wenn sie gefragt wird, wie es ihm geht, spult sie wie ein Automat den Satz ab: »Er hatte einen tödlichen Unfall.« Sie regelt mit den Kindern die nötigen Formalitäten für die Beerdigung und kann es nicht fassen, daß er keine Chance mehr haben soll, das Leben nach der DDR zu erleben. Er hatte sich darauf gefreut, ein richtiger, aufrichtiger Journalist zu sein. Er hatte noch viel vor, wollte noch so viel wissen, noch so viel sehen. In seinen Unterlagen findet sie eine Anerkennung für vorbildliches und unfallfreies Fahren. Er ist ein guter Autofahrer, sagt sie, und hadert bis heute mit ihm, daß er mit dem klapprigen Wartburg dem Lastwagen nicht standhalten konnte. Freunde versuchen, sie zu trösten, und erinnern sie daran, daß er immer intensiv und ausgiebig gelebt habe, gerade so, als wisse er, daß es kein langes Leben sein würde. Sie kann solche Sätze kaum ertragen, wünscht sich, er wäre wieder da mit all seinen Marotten, die ihr auf die Nerven gingen. Jetzt würde sie liebend gerne seine Socken unter dem Sofa hervorkramen, über die sie jeden Abend vorher laut geflucht hat, kann sich nichts Beglückenderes vorstellen, als ihm seinen Kram hinterherzuräumen, sie würde nicht mehr herummosern, daß er immer und überall seinen Mist hinterlassen muß. »Klaus aß sehr gern und mit Hingabe und bekam einen dicken Bauch vor lauter Genuß. Deshalb hatte ich beschlossen, daß etwas weniger gegessen wird, doch er ist dann abends noch in die Küche und hat heimlich gegessen. Natürlich habe ich das gemerkt, denn er hat ja immer die Krümel und die Wurstpellen liegengelassen. Was gäbe ich heute darum, wenn ich morgens in der Küche seine Krümel wegräumen könnte.«

Sie ist in der Wohnung herumgerannt, wie mechanisch, hat Briefe und Papiere von ihm ausgegraben und alles wieder gelesen. Seine Kleider, seine Sachen hat sie weggegeben, sie wollte keine Witwe sein, die die Schränke so läßt, als käme er wieder. Sie weiß, daß er nicht wiederkommen wird. Nie wieder! Sehr bald gestaltet sie die Wohnung um, räumt die Zimmer so ein, wie es auch ihm gefallen würde. In einem Teil der geräumigen Wohnung lebt ihre Mutter. Elke legt Wert auf die Feststellung, daß sie nicht zusammenleben, sie wohnen nur zusammen. Abends mit ihr auf dem Sofa sitzen, so wie mit Klaus, das möchte sie nicht, das kann sie nicht. Wenige Zeit nach seinem Tod fährt sie auf Anraten der Kinder ganz allein ins Allgäu in den Urlaub. »Im Grunde genommen habe ich mir das gar nicht zugetraut, erst einmal die lange Fahrt, dann war ohnehin vieles neu im Westen. Lange Strecken ist immer Klaus gefahren, ohne ihn war ich völlig unsicher. Aber ich wußte auch, daß das Leben weitergehen muß, daß ich nichts ändern, ihn nicht zurückholen kann. Ich bin wie in Trance gefahren, gerade so, als würde ich ferngesteuert.« Am Urlaubsort wird ihr die Einsamkeit und Verlassenheit schmerzlicher denn je bewußt. Sie wollte die Welt mit Klaus kennenlernen, mit ihm reden, sich auf ihn stützen. Sie fühlt sich überfordert von all dem, was durch die Wende und die Wiedervereinigung emotional und rational zu verarbeiten und zu bewältigen ist. Doch gleichzeitig weiß sie, daß sie alles alleine schaffen muß, denn Klaus ist tot. »Ich habe lange Spaziergänge gemacht und mir bei jedem Schritt im immer gleichen Rhythmus vorgesagt, daß es mir gut geht und daß es schön ist, was ich sehe: die Landschaft, die grünen Wiesen, die schönen Häuser, der blaue Himmel, alles war schön. Ich konnte mir allerdings selbst nicht glauben und konnte es nicht genießen.« Dennoch bekämpft sie hartnäckig und zäh den Impuls, einfach wieder nach Hause zu fahren, sich zu verkriechen, denn sie weiß, sie muß es schaffen. »Wenn ich da kapituliert und klein beigegeben hätte, dann wäre ich da wohl nicht mehr herausgekommen.« Elke, die Realistin mit dem klaren, analytischen Verstand, nimmt ihre ganze Kraft zusammen, um sich für ihren weiteren Weg eine neue Spur außerhalb des vertrauten, gemeinsamen Pfades zu suchen. Inzwischen hat sie wieder Tritt gefaßt. Konzentriert sieht sie nach vorne, um nicht aus dem Gleichgewicht zu kommen. Sie füllt ihre Tage, ihre Abende und auch viele der Wochenenden mit intensiver Arbeit, mischt sich ein, ist aktiv in der Gewerkschaft tätig, setzt sich mit Fragen der Gleichstellung von Männern und Frauen auseinander. Alles das fordert ihren Kopf, lenkt ab von der Sehnsucht nach Klaus, nach seiner Nähe, seiner Geborgenheit. Handfest und praktisch, wie sie ist, hat sie sich einen Handwerkskasten und eine Bohrmaschine zugelegt. Das, was Klaus früher repariert und gewerkelt hat, fällt jetzt auch in ihren Zuständigkeitsbereich. Sie schafft das alles. Sie läßt sich nicht unterkriegen, sie will nicht klein beigeben, nicht kapitulieren. Manchmal wirkt sie, als säße sie unter einer Glasglocke, nicht ganz erreichbar, doch voller Anspannung, als fürchte sie den Zusammenbruch, wenn sie sich entspannt und locker läßt. Abends ist sie hundemüde von der Arbeit und von dem schweren inneren Kampf, den sie führen muß, um nicht unterzugehen und mutlos zu werden. Manchmal wird sie von Freundinnen und Kolleginnen gefragt, ob sie denn nicht wieder einen Partner haben wolle. Ein merkwürdiges Ansinnen, eine absurde Vorstellung, findet diese ernste Frau. Die Fragen reißen alte Wunden auf, rufen ihr in Erinnerung, was ihr fehlt. Nicht irgendein Mann, kein Bekannter oder Freund, einfach nur ihr Mann. Noch kann sie sich nicht vorstellen, daß es einen Mann geben könnte, der ihren Ansprüchen genügt. Klaus ist nicht zu ersetzen, er ist und bleibt für sie der wichtigste Mann in ihrem Leben. Sie beißt die Zähne zusammen und kämpft sich vorwärts, Tag für Tag, ohne ihn.

Zum Weiterlesen

Angelika Griebner/Scarlett Kleint
Starke Frauen kommen aus dem Osten.
Argon Verlag, Berlin 1995

»Ausruhen kann ich mich im Grab«

EINE WITWE KNÜPFT AN ALTE WÜNSCHE AN

»Ich fühle, daß alle Menschen sich an mir erschrecken, und doch muß ich weiter. Ich darf nicht zurück. Ich strebe vorwärts, gerade so wie Ihr, aber in meinem Geist und in meiner Haut und nach meinem Dafürhalten.« Paula Modersohn-Becker

»Was ist nur mit diesen Frauen los?« Barbaras Augen sprühen zornige Funken, auf ihren Wangen zeigt sich flammende Röte. In ihrer Empörung wirkt die stattliche Frau noch größer, und man sieht förmlich, wie sie im Geiste ihre Philippika an eine große Versammlung der Geschlechtsgenossinnen richtet. Sie hat sie alle genau vor Augen, wenn sie in Frauenzirkeln über Emanzipation und Selbstbestimmung predigen, auf das Stichwort »Mann« mit herablassender Geringschätzung reagieren und die Frauensolidarität zum obersten Prinzip erheben. Barbara hört die Botschaft wohl, aber in ihren Ohren klingt sie schal und disharmonisch. »Ich habe nach dem Tod meines Mannes ganz tiefe Enttäuschungen mit Frauen erlebt, und daher rührt sicherlich auch bis heute meine ambivalente Haltung gegenüber Frauengruppen. Ich dachte, Frauen wären solidarisch, gute Freundinnen, und plötzlich merkte ich, daß die so taten, als wäre ich eine männermordende Frau, vor der sie ihre Männer beschützen müssen. Ich hatte gute Freunde, man kannte sich seit Jahren, man mochte sich, und wenn man sich getroffen hat, da hat man sich auch umarmt oder mal auf die Wange geküßt, und als mich der Mann einer Freundin umarmte, da machte die mich an, ich solle ihren Mann in Ruhe lassen. Das hat mich fertiggemacht, daß das Verhältnis von Frau zu Frau so voller Mißtrauen und Konkurrenz ist ohne jeden Grund, und das habe ich leider in verschiedenen Varianten wieder erlebt. Während der Woche wollten sich die Frauen gerne mit mir treffen, am Wochenende hatten sie ihre Männer, da zählte ich nicht. Bei mir ist das genau umgekehrt. Während der Woche bin ich bis zum Hals in Terminen und habe viel um die Ohren, aber am Wochenende, da ist es stiller. Das genieße ich inzwischen, aber keine von den Frauen mit Männern käme auf die Idee, mich mal am Wochenende einzuladen. Oder ich bekam Einladungen am Nachmittag, weil die Abende für die Ehepaare vorbehalten waren, aber das muß ich ja auch nicht haben. Ich mußte es lernen, daß das so eingeteilt wird, das kannte ich aus meiner Ehe nicht. Dabei ist mir klar geworden, daß unsere Gesellschaft noch sehr eindeutig eine Paargesellschaft ist, nicht für Singles gemacht. Heute kann ich mit dieser Erkenntnis gut umgehen, aber das kam nicht von heute auf morgen, sondern wuchs aufgrund vieler Enttäuschungen und Verletzungen. Und es gibt Leute, die zu mir gesagt haben, sie verstünden gar nicht, daß eine so nette Frau wie ich noch allein herumläuft. Sie wollten mich dann gleich verkuppeln. Aber als ich mich drei Jahre nach dem Tod meines Mannes hin und wieder mit einem Freund traf, der mir auch bei einigen Dingen geholfen hat, mußte ich mir den Vorwurf gefallen lassen, das wäre doch viel zu früh. Ich finde diese Einmischung und diese Bewertung absolut unverschämt, und es ärgert mich, daß sich da nichts ändert. Und dann besuchen mich Frauen, um mir in den Ohren zu liegen, wie schrecklich und wie schwierig ihre eigene Ehe ist, die sich dann doch nicht trennen, weil sie sich sonst allein fühlen würden und sich das nicht zutrauen. Eine Bekannte sagte mir, daß sie mich sehr beneide um die Tatsache, daß mein Mann tot ist. Das sei zwar furchtbar, aber immerhin könne ich nun machen, was ich wolle. Sie dagegen komme sich vor wie im Gefängnis und habe eine schreckliche Ehe. Als ich ihr vorschlug, sie solle sich doch trennen, war sie hell entsetzt. Wie viele Frauen unterliegen da doch einer Lebenslüge. Das ist doch merkwürdig. Ich habe mich mit der unabänderlichen Situation abfinden müssen. Ich könnte schreien, mich auf den Kopf stellen, ich kann nichts ändern, mein Mann ist tot. Aber die Frauen, die sind selbständig, unabhängig, sie haben Grips im Kopf, aber in ihrem eigenen privaten Leben ersticken sie an faulen Kompromissen. Ich bin überzeugt, weil Frauen sich so verhalten, sich und andere noch immer ausschließlich über den Mann definieren und akzeptieren, haben es auch Witwen so schwer.«

Barbara lehnt sich mit einem tiefen Seufzer zurück. Das mußte einfach einmal gesagt werden. Mit ihrem ausgeprägten Gerechtigkeitssinn kann sie das Jammern über die maroden Paarverhältnisse schlecht ertragen. Es treibt ihr oft genug nicht nur die Zornesröte ins Gesicht, sondern auch die Tränen in die Augen. Sie hat wenig Verständnis für das widersprüchliche Verhalten all der Frauen, die ihre ganze Überzeugungskraft einsetzen, um andere auf dem vermeintlich einzig richtigen Lebensweg zu hieven, aber selbst in unerträglichen Verhältnissen kleben bleiben. Barbara versteht sich in politischen Diskussionen sehr wohl auf Kompromisse, sie weiß über Sachzwänge und Hindernisse Bescheid. Im privaten Bereich stört sie die selbstverständlich akzeptierte Mittelmäßigkeit, die vielen faulen Kompromisse stoßen ihr sauer auf. Und je lauter die Klagen werden, um so deutlicher empfindet sie den Tod ihres Mannes als ungerecht und überflüssig. »Wir waren so etwas wie ein exotisches Paar. In unserem Bekanntenkreis waren alle schon geschieden, getrennt lebend, in wechselnden Partnerbeziehungen, und wir beide lebten glücklich im 23. Ehejahr und empfanden noch immer dieses wunderbare Kribbeln bis in die Zehenspitzen, weil wir uns hatten und zusammen waren.«

Der Tod nimmt keine Rücksicht auf privates Glück. Bei Barbara und ihrem Mann war es die berühmte Liebe auf den ersten Blick, auch wenn sie sich nie ganz darüber einig werden konnten, wer wen denn nun zuerst gesehen hat. Es passierte auf jeden Fall an der Frankfurter Universität, wo sie Soziologie bei Horkheimer und Adorno studierte. Nicht gerade das Fach, das sich ihre Eltern für die behütete Tochter vorgestellt hatten, aber in ihren Augen immerhin besser als die brotlose Kunst, für die sie sich interessierte. Er studierte in Berlin Psychologie, sie besuchten sich so oft wie möglich. Den ersten Kuß tauschten sie auf der Pfaueninsel. Irgendwann ließ sie sich von ihm förmlich bei Nacht und Nebel aus dem Elternhaus entführen. »Das war wirklich toll, so wie der Reiter aus dem Märchen, der dann kommt und einen auf sein Pferd holt. Es war dann halt nur die klapprige Ente, aber hinreißend schön.« Sie studieren und leben gemeinsam in Berlin. Es sind die wilden Zeiten der aufmüpfigen 68er Generation im Umkreis von Rudi Dutschke und Rainer Langhans, der Kommune 1 und dem Ausbruch aus dem engen, kleinbürgerlichen Milieu der vorangegangen Jahre. Sie leben ein barbarisch schönes Leben. Es ist die Zeit der Wohngemeinschaften mit nächtelangen, politischen Diskussionen, mit dem Versuch, die vorhandenen Möglichkeiten auszuprobieren, selbst dann, wenn die mal in die Hose gehen und mißlingen. Als die Eltern den Scheck sperren, weil sie sich dem SDS anschließen, wurschteln sie mit wenig Geld, aber ungeheurem Elan alleine weiter. Sie hält nicht viel von der bürgerlichen Institution Ehe, doch als sich das erste der beiden Kinder ankündigt, war für ihn der Gang zum Standesamt selbstverständlich. »Wir hatten unseren ersten richtigen Streit um die Frage der Heirat. Ich war schwanger, und für ihn war das undenkbar, nicht zu heiraten, weil er ja auch die Verantwortung übernehmen wollte. Ich meinte, man braucht doch dafür kein Papier. Es war für uns auch so klar, daß dieser Satz für uns gilt: bis daß der Tod euch scheidet. Beim Polterabend habe ich noch gesagt, ich finde es ganz schrecklich, daß wir da nun zum Standesamt müssen und den Formalkram erledigen. In der Nacht hatten wir deshalb noch einen richtigen Krach. Und ich fand es auch beim Standesamt total doof. Hinterher hat er mir zugestimmt, fand diese Zeremonie und die salbungsvollen Worte auch falsch und blöd. Ich habe dann ja auch seinen Namen angenommen, aber ich hatte dennoch das Gefühl, ich bin da gar nicht gemeint, es geht vielleicht eher um meine Mutter. Ich finde es schön, daß es heute möglich ist, den eigenen Namen zu behalten.«

Der Formalkram hat ihrer Ehe nicht geschadet. Sie kümmern sich gemeinsam um die Kinder, sie haben viele Interessen, sie genießen intensiv das Leben, ohne sich einzuengen. »Wir haben uns nicht vom Alltag herunterziehen lassen. Ich hatte meinen Freundeskreis, er hatte seine Interessen. Wir konnten gut etwas allein unternehmen, aber auch gut zusammen sein. Damals fand ich es schon merkwürdig, wenn Paare auf Festen nur zusammengluckten. Das war bei uns nie der Fall, denn hinterher war es ungemein spannend, sich beim Frühstück zu erzählen, was der einzelne so gehört und erlebt hatte. Praktisch waren wir beide nicht, so rumhandwerkern und Lampen anbringen war nicht unsere Sache. Er konnte das aber immerhin besser. Und um Geld oder Vorsorge für später haben wir uns beide nicht richtig gekümmert. Er war sehr phantasievoll, sehr klar denkend, sehr strukturiert. Ich bin sehr impulsiv, sehr chaotisch, sehr spontan, sehr assoziativ, und seine Art hat mir geholfen. Ich habe ganz viele Ideen, aber die Struktur, die fehlt mir. Da frage ich ihn in Gedanken heute noch, wie würde er das machen, das gibt mir dann auch etwas mehr Struktur. Früher haben wir vom Älterwerden gesprochen. Ich mag dieses Bild von Heinrich Vogeler, wo die beiden alten Menschen auf der Bank sitzen. Mein Mann und ich waren sehr agil, an Auf-die-Bank-Setzen war bei uns nicht zu denken. Doch wir beide im Alter zusammen auf der Bank, das fand ich einen schönen Traum und eine schöne Vorstellung.«

1987 machen sie zum ersten Mal eine ausgiebige Reise ohne die inzwischen flügge gewordenen Kinder. Sie genießen diese Ferienzeit wie eine verspätete Hochzeitsreise, voller Nähe, Verbundenheit und Intensität. Wenige Tage nach der Rückkehr bekommt er beim Tennisspielen einen Herzinfarkt. »Eigentlich hätte ich damals auch tot sein müssen. Als ich zum Tennisplatz kam und realisierte, weshalb da der Hubschrauber stand, bin ich erst einmal in Ohnmacht gefallen. Nachher hatte ich eine lange Zeit das Gefühl, ich gehe auf Watte, oder ich bin gar nicht ganz da. Ich glaube, daß ich das alles so geschafft habe, kommt daher, daß ich ganz viel Kraft aus unserer Beziehung gewonnen habe, die ich heute noch spüre. Es kommt vielleicht gar nicht darauf an, wie lange jemand lebt, sondern wie intensiv man lebt. Ich hoffe inzwischen, daß ich noch lange leben werde. Wenn jetzt allerdings Schluß wäre, würde ich das auch akzeptieren. In meinem Leben war alles sehr intensiv, und ich habe alles gehabt, worauf es ankommt. Ich habe keine Angst vor dem Tod, weil ich durch den plötzlichen Tod meines Mannes schon so Schreckliches erlebt habe. Das vertreibt die eigene Furcht.«

Das klingt aus Barbaras Mund überzeugend und selbstverständlich. Sie wirkt stark, in sich ruhend und auf eine schöne Art sehr weise. Doch der Weg vom ersten Schock über den plötzlichen Tod des Mannes zu dieser inneren Zufriedenheit und Ruhe war lange und mühsam und mit mancherlei Rückschlägen und Einbrüchen gepflastert. Sie durchlebt alle Phasen der Trauer, muß sich mit materiellen Sorgen herumschlagen, für sich selbst eine neue Perspektive finden. Sie hat Angst davor, den Kindern das Gefühl zu vermitteln, sie käme nicht allein zurecht, und leidet dennoch unter dem »empty nest«. Sie hat Freunde, die ihr beistehen, und doch oft genug das Gefühl, die Anforderungen nicht bewältigen zu können. »Anfangs nach seinem Tod kam ich mir völlig entwurzelt vor, ich habe in dem Haus gewohnt, die Kinder waren weg, da war das Haus viel zu groß für mich allein. Ich habe dann Geld verdient, denn die Kinder sollten ja auf jeden Fall studieren, und dann habe ich selbst angefangen zu studieren. Ich hatte immer das Gefühl, du mußt Boden unter die Füße bekommen. Ich habe mich dann absolut in die Arbeit gestürzt, ich glaube, ich bin durchaus geeignet, eine workaholic zu sein. Manchmal frage ich mich, was würde denn da mein Mann dazu sagen. Er fehlt mir nicht wegen der Arbeit für mich oder die Familie, zum Beispiel den ganzen Papierkram, da habe ich mich längst eingearbeitet und weiß da jetzt Bescheid. Er fehlt mir absolut emotional. Und ich war 44 Jahre, als er starb, und dachte, es ist auf allen Ebenen vorbei, es gibt alles nie wieder. Ich fühlte mich zu jung, um ohne das zu leben, es fehlte mir die Zärtlichkeit, die Sexualität. Der Gedanke an das Unabänderliche hat mir immer wieder den Atem genommen. Mein Mann hatte die schönsten blauen Augen, die ich je in meinem Leben gesehen habe, in sich lauter Sterne, und wenn ich manchmal Menschen sehe, die vielleicht einen Haarschnitt wie er haben oder einen ähnlichen Gesichtszug, dann merke ich wieder ganz deutlich, daß es ihn nicht mehr gibt. Ich bin dann gar nicht unbedingt traurig, ich bin eher beglückt, daß ich so viel und einen so wunderbaren Mann hatte. Ich freue mich, daß ich mich noch so gut an ihn erinnern kann, denn erst wenn ich nicht mehr an ihn denken würde, wäre er endgültig tot.«

Barbara besinnt sich auf ihre Ideen, Träume und Wünsche aus früheren Jahren. Sie studiert Erwachsenenbildung und Kunst, knüpft an frühere Interessen und Begabungen an. Sie engagiert sich politisch, schafft sich mit der Arbeit über Fragen der Entwicklungspolitik und Globalisierung eine Art Familienersatz. Ihre Kompetenz, ihr Engagement wird geschätzt. Sie fühlt sich gebraucht und läßt sich auch ein Lob über gute Arbeit gern gefallen. Den gewissen Neid mancher Freundinnen über ihre Freiheit und Selbständigkeit kann sie durchaus verstehen. Auch sie genießt es, die Wochenenden nach den ureigenen Bedürfnissen zu vertrödeln, lange zu schlafen, die Seele baumeln zu lassen. Ihre Wohnung ist ein gemütliches Refugium für die Stunden des bewußten Alleinseins, aber zugleich ein offenes Haus für Gäste und Freunde. Sie pflegt Kontakte, unternimmt viel und geht offen und selbstbewußt auf andere Menschen zu. Sie hat vielseitige Interessen und ist eigenständig und souverän genug, um alleine unterwegs zu sein. Sie braucht keinen Begleiter bei Vorträgen oder Theaterbesuchen. Sie fühlt sich nicht minderwertig, weil sie bei Festen solo auftritt. Doch sie hat diese Form des Lebens nicht aus freien Stücken aufgenommen. Der Tod hat ihr keine andere Wahl gelassen. Sie ist nicht gefragt worden, und wenn, hätte sie sich alles, nur nicht das gewünscht. Doch sie steht inzwischen wieder mit beiden Beinen fest auf dem Boden der Realität. Trauer und Schmerz sind nicht überwunden, doch sie kann herzhaft lachen und Pläne schmieden für später. Mühsam und zäh hat sie sich aus dem Sumpf gezogen. Obwohl es ihr ohnehin schwerfällt, über sich und ihre Empfindungen zu sprechen, kann sie die positiven Seiten des heutigen Lebens klar benennen. Doch es ist und bleibt ein einerseits und andererseits, es ist der mühsame Spagat zwischen den geheimen Wünschen und der bitteren Realität. »Es fehlt mir natürlich nach wie vor, daß jemand auf mich wartet, wenn ich nach Hause komme, der mich in den Arm nimmt und mich tröstet und mir zuhört, wenn es ein beschissener Tag war. Es wäre auch schön, wenn jemand eingekauft hätte, wenn ich nach Hause komme, aber es gibt auch das gute Gefühl, daß das Leben so schon richtig und beglückend ist. Ich kann auch die Freiheit genießen, spät nachts nach Hause zu kommen, weil eben genau niemand auf mich wartet. In diesem neuen, ungewollten Lebensabschnitt steckt für mich durchaus positives Potential. Ich weiß ja auch nicht, wie wir uns weiterhin entwickelt hätten. Mein Mann ist für mich immer 50, er wird nicht mehr älter, im Gegensatz zu mir, aber ich glaube, wir hätten es uns zusammen auf der Bank gemütlich gemacht und das Leben genossen.«

Zum Weiterlesen

Gretchen Dutschke
Wir hatten ein barbarisches, schönes Leben. Rudi Dutschke.
Eine Biographie.
Verlag Kiepenheuer & Witsch, Köln 1996

»Da werde ich Sie wohl küssen müssen«

DIE SCHAUSPIELERIN ANNE MARKS

»Während der Körper bald einen Stock brauchen wird, fühlt sich der Geist immer schwereloser, möchte nicht nur tanzen, sondern tanzt.«
Marie Luise Kaschnitz

Aktiv sein, den Geist beweglich halten, sich immer wieder neu beweisen, Lust am Beifall, ein Aufbäumen gegen den Tod zu Lebzeiten – Anne Marks könnte viele Gründe aufzählen, weshalb sie noch immer auf der Bühne steht. Mit einer guten Portion Herzklopfen, aber fester Entschlossenheit bereitet sie einen Soloabend vor. »Ich habe jetzt ja auch wieder mehr Zeit, seit mein Mann tot ist, diese Lücke muß ja doch gefüllt werden.« Polyxana, biedermeierlich-schulterfrei im Porträt an der Wand hängend, hat erheblichen Anteil an der Energie und dem Schaffensdrang von Anne Marks-Rocke. Eine noch immer schöne alte Dame in wallendem Gewand, deren Schritte noch die Sicherheit der einst begeisterten Bergsteigerin verraten. Polyxana war ihre Großmutter mütterlicherseits, bedeutende Schauspielerin, Charakterdarstellerin mit einer ausgeprägten Ader für die Musik. Von Polyxana gibt es noch Briefe aus den Jahren 1850 bis 1860, kostbare, vergilbte Schätze, aus denen Anne Marks ihre Seelenverwandtschaft mit dieser Frau aus dem vergangenen Jahrhundert herausliest. »Wenn ich auf der Bühne stehe, ganz aus mir herausgehe, dann ist das so, als wolle Polyxana aus mir heraus. Ich habe etwas von ihrem Blut und Temperament in meinen Adern. Familienerbe eben.«

Familie, Tradition und Geschichte – in den Erzählungen und Geschichten der heute 95jährigen Anne Marks-Rocke bekommen diese Begriffe Gewicht und Glanz. Von ihrer Familie, seit 1800 nachweisbar immer am Theater beschäftigt, spricht sie voller Stolz und Bewunderung. Zum Beispiel vom Großvater, einst Taubstummenlehrer in Leipzig. Irgendwann wurde sein schönes Timbre entdeckt, seine Stimme wurde ausgebildet. Der Gesanglehrer hieß Albert Lortzing, kein Unbekannter also. In fast allen Uraufführungen seiner Opern sang der Großvater eine der Hauptpartien. Und er sang und spielte sie so bravourös, daß sein Name auch andernorts aufhorchen ließ und Interesse weckte. Da ließ die ehrenhafte Anfrage nicht lange auf sich warten, ob er wohl in der Uraufführung von Richard Wagners »Meistersinger« den David zu spielen bereit sei. Das sind Geschichten aus der Geschichte, hereingeholt in das helle Wohnzimmer, ausgebreitet am gemütlichen Kaffeetisch, von Anne Marks mit Stimme und Mimik zum Leben erweckt. Aber halt! Warum der Großvater bei der Uraufführung doch nicht mit von der Partie war, das will sie jetzt nicht erzählen. Es geht doch schließlich um ihren Mann, um die Frage, wie sich ihr Leben in den zehn Jahren nach seinem Tod verändert hat. »Im Grunde genommen bin ich gar keine Witwe, denn ich fühle mich so, als wäre ich noch immer verheiratet. 54 Jahre sind eine lange Zeit. Die wischt man nicht weg, die kann man erst recht nicht vergessen. Vom Aufstehen bis zum Schlafengehen ist er bei mir. Ich tausche mich mit ihm aus, er sieht mir zu, er ist immer da, er hat sich nie gelöst, oder ich habe ihn nie gehen lassen. Er ist noch hier, jeden Tag. Als er im Krankenhaus lag, sagte einer der Ärzte zu ihm, sie haben aber eine reizende Frau, und er antwortete, das ist nicht nur eine reizende Frau, das ist eine hervorragende Schauspielerin. Das hält mich, das macht mir Mut, das hat er mir mit auf den Weg gegeben.«

So einfach ist das also? »Das ist es natürlich nicht«, verrät ein abgrundtiefer Seufzer.

»Aber diesen Mut, im Alter von 95 Jahren einen Soloabend einzustudieren, den habe ich von ihm. Er gibt mir die Stärke, noch immer auf der Bühne zu stehen, im Film oder beim Fernsehen Rollen zu übernehmen.«

Ihr Mann Eduard war Schauspieler mit Leib und Seele, von der Liebe zum Theater ebenso besessen wie sie. Da haben sich zwei Herzen im Gleichklang gefunden, zwei verwandte Seelen vereint. Könnte man meinen, doch so will Anne Marks das nicht stehenlassen. Zwei Menschen aus unterschiedlichen Welten haben sich gefunden und zusammengerauft, das ist passender. Es gibt augenfällige Unterschiede zwischen seinen und ihren Traditionen. Die dürfen nicht unter den Tisch fallen. Sie erzählt mit klarer, samtweicher Stimme. Die Erinnerungen lassen ihr Gesicht geradezu jugendlich blühen, in den Augen tanzt der Schalk. Als geübte Lehrerin achtet sie darauf, daß sie sinnfällig betont, Gedanken logisch entwickelt, die Geschichte sich entschlüsselt. »Mein Mann kam aus dem Rheinland, war Westfale und hat sich ganz selbständig von seiner kleinbürgerlichen Familie gelöst, um zum Theater zu gehen. Er hat als Dreher bei Thyssen gearbeitet, wurde dann kraft seiner Intelligenz Kalkulator. Dann hat er geheiratet, eine Familie gegründet, aber es hat ihn nie losgelassen, daß er mit 12 Jahren aus Versehen die ›Wildente‹ gesehen hat. Die Bewunderung für seinen Ehrgeiz, mit dem er sich aus dem engen Kleinbürgermilieu löste, um seinen Traum Wirklichkeit werden zu lassen, ist nicht zu überhören. So viel Kraft, so viel Ausdauer. »Ich dagegen hatte ganz andere Vorstellungen, eine freiere Weltanschauung, war weitblickender, unkonventioneller, weil wir so lange schon am Theater waren. Seit 1800 genauer gesagt. Das prägt.« Tradition, Familienerbe, Theaterluft von klein auf. So etwas gibt festen Boden unter die Füße und Stolz in die Stimme. Ihre Mutter war als hochdramatischer Sopran Star an der Semperoper in Dresden, der Vater leitete eine Fabrik in Mannheim. Sie selbst, ein stilles, lesewütiges Kind, wollte unter keinen Umständen zum Theater. Allein die Tatsache, daß Freunde, Besucher, Verwandte im stets gleichen süßlichen Ton flöteten, die reizende Tochter gehe doch sicher auch einmal zum Theater, hat ihre Abneigung geschürt. Opposition gegen geheuchelte

Schmeicheleien, wohl erzogener Ersatz für das Zungezeigen. Ihr Vater erwartet, daß sie das Abitur macht, weitere Vorhaben liegen dann in ihrer freien Entscheidung. »Ich habe Archäologie studiert bei meinem geliebten Ludwig Curtius, bei dem ich so viel gelernt habe. Maßstäbe setzen« – sie sagt es, als zerginge ihr ein hauchzartes Stück Schokolade auf der Zunge. »Ich habe bei ihm gelernt, eine Kopie von einem Original zu unterscheiden, zu fühlen, was ist wahr, was ist Routine, was ist Industrie.« Bis heute schwärmt sie für diesen Professor, obwohl er Frauen ablehnte, und schon gar keine in seinem Seminar haben mochte. Daß er alle, die Altgriechisch nicht beherrschen, als halbe Menschen betrachtet, findet sie gar nicht so schlecht. »Das ist Strenge, das ist Leistungsanspruch, das braucht man doch, um es zu etwas zu bringen im Leben.« Vom Studienort Heidelberg aus reist sie nach München und besucht, ganz wohlerzogene Tochter, eine Freundin ihrer Mutter, um die aufgetragenen Grüße auszurichten. Sie hält einen kurzen Moment im Erzählen inne, wohl um sich die Stimme der Tante Trudi Wittels in Erinnerung zu rufen. Der Dialog, den sie dann wiedergibt, soll ja auch sitzen. »Ich ging also hin. Sie war eine kleine lebhafte Frau, und sie sagte das, was ich ja schon gewohnt war: So, und Sie gehen sicherlich auch zum Theater? Und ich sagte, nein, ich studiere. Ach, sagte sie, bei den Vorfahren, das wundert mich ja sehr. Können Sie mir etwas vorsprechen? Nein, ich kann nichts vorsprechen. Ach – wirklich gar nichts? Das wundert mich ja sehr, bei den Vorfahren. Na ja, ich habe dann eben ein Gedicht gesprochen. Und sie guckt mich an und säuselt, Sie sind nicht nur talentiert, Sie sind hochbegabt, das wundert mich gar nicht bei den Vorfahren. Ich unterrichte Sie! Ich dachte, um Gottes willen, jetzt unterrichtet sie mich. Eine Katastrophe. Das fehlte mir gerade noch. Aber die Dame meinte dann, sie habe gerade auch eine hochbegabte Schülerin, die wird leider nie Karriere machen, sie ist zu klein, zu dick und zu häßlich, aber sie ist hochbegabt und hat immerhin ein kleines Engagement an einer Bühne, für die werde sie mich einsetzen. Sie heißt übrigens Therese Giese.« Ade, schöne Wissenschaft, salut Archäologie. Manchmal hat Anne ihr nachgeweint, wenn sie sich ausgepowert, am Ende ihrer Kräfte fühlte. Dann schweifen ihre Gedanken wehmütig zurück zum geliebten, strengen Professor, zu den Scherben, zur Wissenschaft, zu den kostbaren Originalen aus uralten Zeiten. Doch die familiär breit ausgetretenen Fußstapfen locken ebenfalls, kein Wunder, bei den Vorfahren. Anne Marks ergänzt die Charakteristik über die kleine, häßliche Therese Giese mit dem Hinweis »sehr nett«, zumal sie ihr geholfen habe, ein Zimmer zu finden. Damit nimmt dann der Schauspielunterricht bei Tante Toni seinen Lauf, die in der Branche großes Ansehen genoß. »Sie hat verlangt, daß man sklavisch genau das nachmacht, wie sie es vorgemacht hat, mit jeder kleinsten Nuance. Die Therese Giese hat die Rollen genauso gesprochen wie ich, man erkannte uns immer, ach ja, Wittels Schülerin. Jeder wußte dann schon, jetzt kommt der Bogen, jetzt kommt das, nichts war individuell, aber wir haben viel gelernt, wir hätten uns das sonst wohl auch gar nicht getraut, aber wenn sie es vormachte, dann machten wir das nach.« Weil die Lehrerin bekannt und gut war, kamen die Intendanten und Dramaturgen regelmäßig bei ihr vorbei, um hoffnungsvolle Nachwuchstalente zu entdecken. Anne Marks bekommt ihre ersten Engagements und steht seitdem immer wieder auf den Brettern, die bis heute ihre Welt bedeuten. Die ersten Stückverpflichtungen führen sie durch die Provinz, Wandertheater, jeden Abend eine andere Bühne, andere Verhältnisse, aber sehr lehrreich. Hier trifft sie ihren späteren Mann, Eduard. Sie sieht ihn und weiß instinktiv, den kann sie nicht leiden. Die Abneigung beruht auf Gegenseitigkeit. »Er hielt mich für eine hochmütige Person, völlig verwöhnt, überzogen, mit Starallüren. Als er hört, daß ich nicht nur ein Zimmer mieten, sondern gleich eine Wohnung suchen will, macht er keinen Hehl daraus, daß er mich abscheulich findet. Und ich dachte immer, was ist das nur für ein unangenehmer Mensch, so biestig und so verkrampft. Dazu so ungemein kleinbürgerlich, einfach gräßlich.« Sie schüttelt sich noch heute beim Gedanken an diese ersten Eindrücke. Zwei Menschen aus zwei verschiedenen Welten, da gab es keine Berührungspunkte. Man ging sich aus dem Weg, so gut das in der Hinterwelt der Bühne möglich war. »Und dann kam ein Stück raus, das hieß ›Liebfrauenmilch‹, und er sollte meinen Bräutigam spielen, der aber erst im dritten Akt nach einem langen Flirt mit einer anderen auftritt.« Ein abgrundtiefer Seufzer von ihr. »Und dann, das vergesse ich nie – kam er beim Mittagessen, das alle vom Ensemble gemeinsam einnahmen, und sagte so eher nebenher zu mir: Wir haben morgen Generalprobe, da werde ich Sie wohl küssen müssen.« Sie gibt ein ganz kurzes, kaum hörbares, aber dennoch messerscharfes »Bitte!« zur Antwort. Ihr Gesicht trägt das zarte Rot einer Jungverliebten, in ihrem Lächeln ist das ganze Glück ihrer Ehe mit Eduard eingeschlossen. Sie sinniert mit langer Kunstpause der Situation damals nach und kommt mit einem Lachen aus vollem Hals zurück in die Rolle der Berichterstatterin. Bei der Premiere hat er sich getraut. Der Kuß wurde so lang und intensiv, daß das Publikum irgendwann johlend klatschte und die beiden aus ihrem Glückstaumel zurück ins Stück holte. »Das war im Grunde genommen dann der Schlüssel. Na ja, das war nicht ganz leicht, er war ja verheiratet, er hatte auch ein Kind, aber wir haben dann endgültig zusammengefunden und haben Kinder bekommen, die Schule wurde gegründet, und so wurde das immer fester, blieb eine Liebe bis zu seinem Tod. Ich habe sehr viel gelernt von meinem Mann, er war entschieden der Bedeutendere. Er hat ein fundiertes Wissen gehabt zu einer ungeheuren Begabung. Schon allein, daß er sich da herausgearbeitet hat, aus dieser ganzen sozialen Schicht und aus allem und ein hervorragender Mann wurde, das ist ja schon was. Er hat immer in seiner Phantasie gearbeitet, die Bilder kommen lassen, und das war toll. Ich habe das dann auch probiert. Ich habe immer viel gelesen, und ich kann Bilder erstellen, aber er hat das anders gemacht. So haben wir uns aber im Lauf der Jahre mehr und mehr ergänzt. Wir haben aufeinander geschaut, er ein bißchen auf mich runter, das ist auch richtig gewesen, und ich zu ihm hoch.«

Bis heute will Anne Marks-Rocke an dieser Blickrichtung

nichts ändern. Jeden Hinweis auf ihre grandiose schauspielerische Leistung kontert sie mit einem trotzigen »Er war der Größere« und meint das keinesfalls im Längenmaß. Er war der Bessere, auch der Ältere, immerhin fast einen Monat. Sie sieht in ihm bis heute den überzeugenderen Lehrer in der Schauspielschule, die beide gemeinsam nach dem Zweiten Weltkrieg in Hamburg aufgebaut haben. Evelyn Hamann lernte dort, auch Thomas Fritsch, Horst Frank, Marie-Luise Marjan und viele, viele andere, inzwischen berühmte Stars. Auch die Tatsache, daß er teilnahmsvoller Tröster war, wenn Schülerinnen Liebeskummer hatten, verbucht sie für ihn auf der Habenseite. Er hatte ein sehr großes Herz, lobt sie und versucht, den zeitweiligen Schmerz, der dieses große Herz ihr verursachte, nicht zu deutlich hervorscheinen zu lassen. An der Schauspielschule hatte er alle wichtigen Funktionen in der Hand. Er gab den dramatischen Unterricht, sie machte den Rest, er organisierte, war Dreh- und Angelpunkt, sie agierte im Hintergrund. Klar und eindeutig stellt Anne Marks ihre Leistungen hinter den seinen zurück: Eduard, der Größte. Ihre Stimme, die sie in ihrer Jugend zu leise fand, blüht bei dem Gedanken raumfüllend auf. Einwände, daß sie ihre Karriere geopfert, auf viel verzichtet habe, wischt sie mit einem irritierten Kopfschütteln beiseite. An ihre Karriere kann sie ja jetzt denken, nach seinem Tod. Kein Bühnenerfolg, keine noch so verlockende Hauptrolle hätte die Harmonie ihres Zusammenlebens aufgewogen. »Dazu kam die Erfahrung meiner eigenen Jugend. Meine Mutter war eine Dame, ein Star, an höchster Stelle engagiert, und so hatte ich immer eine Erzieherin, die mich versorgte und erzog. Ich habe die Erinnerung an meine Mutter, daß sie ins Zimmer kam und mich als ihr Schätzchen begrüßte, sie hatte mir etwas mitgebracht von der Probe oder von einem Gastspiel, aber es war nicht eine Mutter in dem Sinn. Abends hatte sie zu tun, und ich dachte mir, so sollen es meine Kinder nicht haben. Sie sollen eine Mutter haben. Deshalb habe ich 16 Jahre lang nicht auf der Bühne gestanden. Dann kam der Krieg, und man war ohnehin froh, wenn man bei den Bombenangriffen zu Hause war.

Doch davon abgesehen, mir war es wichtig, für die Kinder da zu sein, und ich habe nicht darunter gelitten, nur Hausfrau zu sein, weil ich ja auch unterrichtet habe. Ich blieb immer mit dem Theater verbunden. Der Mann war am Theater, ich habe alles mitgekriegt, überhaupt nichts versäumt. Er hat immer gesagt, du kochst großartig, das war ja auch eine Aufgabe und Herausforderung. Vielleicht wollte er mich als Mutter seiner Kinder als seine Frau sehen, jedoch nicht auf der Bühne. Er hat keine Schuld, daß ich nicht Karriere gemacht habe. Ich bin selber nicht aus mir herausgegangen. Ich war für die Häuslichkeit, er für das Leben draußen. Gewiß, hin und wieder hat mir etwas gefehlt. Theater ist ja auch eine große Verlockung und Aufgabe. In solchen Situationen habe ich meinen Mann gefragt, ob ich nicht auch wieder eine kleine Rolle bekommen kann, aber er hat nur so gebrummt, und ich dachte, er will wohl nicht, daß ich am Theater erscheine. Ich durfte ihn auch nie in seiner Garderobe besuchen. Das habe ich respektiert. Er hat mich auch nicht ermuntert, eher gebremst. Man hat mich immer ein bißchen gedämpft. Auch meine Mutter sagte immer wieder, ich solle das mit der Schauspielerei lassen und mich mit den Kindern trösten. Für sie zählte man nicht als Künstlerin, wenn man nicht ganz oben war.«

Die Dämpfer saßen, aber sie haben Anne Marks nicht kleingemacht. Sie hat sich nur ein bißchen geduckt, im stillen auf ihre Chance gewartet, um sich zur gegebenen Zeit wieder zu ihrer vollen Größe aufzurichten. Sie hat gleichmütig gewartet, bis die Dinge auf sie zukamen, und hat dann all ihren Mut zusammengenommen. Der schlummert in ihr, muß nur wachgerüttelt werden, Polyxana sei Dank. »Etwa ein Jahr vor Eduards Tod, da wurden die Theater so von sich aus auf mich aufmerksam, und dann bekam ich eine sehr schöne, große Rolle unter Peter Palitzsch im Schauspielhaus, und ich hatte viel Erfolg. Es waren sehr gute Leute, und mit erfahrenen Partnern zu spielen, das ist ganz wunderbar. Als ich am Ende des Stückes herunterkam von der Bühne, wartete mein Mann, und er guckte mich an wie einen neuen Menschen.« Seine Lobeshymnen von toll über wunderbar und großartig bis zu einmalig flüstert sie während des Erzählens und badet sich noch immer in seiner Anerkennung. »Von da an glaubte ich wieder an mich und schaffte es auch, meine ganze Persönlichkeit einzubringen. Vorher habe ich mich immer versteckt hinter einer Rolle, ich wollte nie alles zeigen von mir. Heute, im Alter von 95 Jahren, da klappt das.« Sie staunt selbst über sich, denn vor jeder Aufführung beutelt sie das Lampenfieber. »Ich stehe zitternd da, ich denke, o Gott, o Gott, was tue ich da, bete zum lieben Gott, daß er mich nach Hause gehen läßt, und dann – gebe ich mir einen Stoß, gehe raus, und auf der Bühne fließt es so ganz vom Innersten her.« Früher sei sie feige gewesen, gesteht sie, durchaus zufrieden damit, wenn man sie sympathisch fand oder anmerkte, daß sie nie etwas falsch mache. Heute schraubt sie ihre eigenen Erwartungen sehr viel höher, damit Eduard stolz auf sie sein kann und auch Polyxana zu ihrem Recht kommt. Es ist die Freiheit des Alters, die sie sich gönnt, etwas, in das sie sich stürzt, um die Verbundenheit mit ihrem verstorbenen Mann ganz hautnah zu empfinden. Er ist ihr Motor, ihr Begleiter, ihre Energiezufuhr. Seit sie nicht mehr in seinem Schatten stehen kann, drängt sie etwas, selbst ans Licht zu kommen. Sie hat eine andere Freiheit für sich erobert, aus dem Schmerz geboren, Glück bedeutend. Walter Benjamin schreibt in den »Bühnenbildern der Entfernung«: »Stirbt ein sehr nahestehender Mensch uns dahin, so ist in den Entwicklungen der nächsten Monate etwas, wovon wir zu bemerken glauben, daß – so gern wir es mit ihm geteilt hätten – nur durch sein Fernsein es sich entfalten konnte. Wir grüßen ihn zuletzt mit einer Sprache, die er schon nicht mehr versteht.«

Ihre Entfernung von Eduard vollzieht sich ausschließlich auf der künstlerischen Ebene. Ohne ihn hat sie nach seinem Tod den Mut für ihre eigene Ausdrucksfähigkeit gewonnen. Jetzt kann sie die Stimme erheben, nachdem seine erloschen ist. »Wenn mein Mann da war mit seinem tollen Organ, Eduard, der berühmte Märchenerzähler aus dem Funk, da haben alle zugehört, da habe ich mich nicht getraut. Ich war immer still.

Ich war gerne in seinem Schatten, es hat mich glücklich gemacht. Ich habe nicht gelitten und nicht das Gefühl gehabt, du verzichtest, dein Mann hat alles. Aber jetzt muß ich etwas für ihn und seinetwegen machen. Das Spielen füllt die Lücke, die er hinterlassen hat. Ich erfahre mich neu, fasse wieder Fuß in meinem Beruf, der auch der seine war, ich denke an seinen Zuspruch und traue mir fast alles zu. Manche sagen dann, du sprichst ja wie dein Mann. Das glaube ich nicht, aber es zeigt, daß er immer dabei ist.«

In der geräumigen Altbauwohnung, in der sie Jahrzehnte mit ihrem Mann gelebt hat, ist fast noch alles wie zu den Zeiten, als er lebte. Schwierige Zeiten, unbeschwerte Zeiten haben sie hier verbracht. Es gab durchaus Phasen, in denen während einer Rolle mit Kuß nochmals der Funken bei ihm übersprang, so wie das damals bei ihnen beiden war. Das ist auch bestimmt passiert, sagt sie, als spräche es gegen Eduard und seinen Charme, wenn es anders gewesen wäre. »Was soll man da machen, etwa heulen? Es gibt ein Zusammengehörigkeitsgefühl, Vertrauen, da muß man verzeihen. Es hat unsere Ehe nicht gefährdet. Was auch immer war, wenn wir dann abends nach so vielen Jahren zusammensaßen, und dann kommt seine Hand herüber, und er sagt, ich liebe dich, da ist doch alles gut, mehr braucht man doch nicht.«

Diese Hand vermißt sie, auch sein Grollen, seinen westfälischen Dickschädel, seine Kompetenz für den gräßlichen Papierkram wie Steuererklärungen und Rechnungen. Sie sehnt sich nach seiner schönen Stimme. Was gäbe sie um seine abwehrenden Handbewegungen, wenn sie geschickt schmeichelnd das Gespräch auf den Tod lenkte. Er wollte nicht, daß sie »Totengeschichten« mache, und beendete das Thema jeweils unwirsch mit dem Vorschlag: »Es ist sowieso das Ende, schmeiß mich dann einfach weg.« Seinen Tod, unerwartet beschleunigt durch eine Lungenentzündung im Krankenhaus und »unnötig wie nur irgend was«, hat er nach ihrer Meinung ein bißchen selbst verschuldet. Eben typisch Eduard. »Mein Mann war immer ziemlich bockig, er sollte nicht aufstehen, tat es aber trotzdem. Er hatte dann immer eine Klingel, aber einer der Helfer hatte vergessen, ihm die Klingel zu geben. Er saß am Fenster, stand auf, wollte sich etwas holen und ist gefallen. Er lag dann mehr als eine halbe Stunde auf dem kalten Boden, weil er nicht warten konnte. Er war eben bockig. Er hatte einen Dickkopf, er hat sich und seine Kräfte überschätzt, so kam das.« Sie erzählt mit einem Unterton, der etwas von jahrelangen vergeblichen Erziehungsmethoden gegen seine Starrköpfigkeit preisgibt. Gleichzeitig scheint sie geradezu erleichtert zu sein, daß ihr Mann sich bis zum Tod treu geblieben ist. Ein westfälischer Dickschädel eben, dem sie auf ihre Art Paroli bieten konnte. Ein grantelnder Sturkopf, zu dem sie hinaufschaut, für den sie sich das bezauberndste, liebste Lächeln bewahrt hat. »Wenn ich mir mein Frühstück mache, jeden Morgen, ist er mir ganz nahe. Wir hatten da zwei etwas angeknabberte Tassen, die eine hatte richtig eine kleine Ecke und die andere einen Sprung. Mein Mann haßte sie, aber ich wollte die bis zum Ende aufbrauchen. Und es gibt sie noch immer, ich hatte die mit dem Loch, mein Mann die mit dem Sprung. Er hat sich darüber geärgert, aber sie ist immer noch da. Daran denke ich jeden Morgen, das ist wehmütig und schön, aber es wird alles so harmonisch, es hat einen Glanz. Und daher rührt auch die Tollkühnheit, daß ich im Alter von 95 Jahren noch einen Soloabend mache. Ich habe so vieles hinter mich gebracht, vor zwei Jahren hatte ich Krebs, ich habe einen Herzschrittmacher, aber ich mache einen Soloabend. Solange es geht, warum denn nicht? Eduard wird staunen.«

In ihrem Solostück wird sie Eugenie spielen, jene Kaiserin, über die ihr Vater urteilte, sie sei eine böse Frau gewesen, die sich am Krieg begeistert habe. In diesem Stück kommt Eugenie 94jährig aus dem Londoner Exil unerkannt in ihr einstiges Schloß in Frankreich. Allein in ihrem ehemaligen Schlafzimmer kommen ihr Erinnerungen an vergangene Zeiten, Bilder werden heraufbeschworen, wie sie unter den Ratten und Mäusen gelitten hat, wie mühsam der Kronleuchter entzündet werden mußte. Sie fragt sich, ob sie der einzige noch lebende

Mensch ist, der die Kenntnis hat, wie das gemacht wird. Sie erinnert sich an die Rechnungen für 300.000 Kerzen, die die Tuillerien erhellten. Geschichten aus dem vergangenen Jahrhundert, längst vergangen, aus weiter Ferne, unwirklich, unvorstellbar. »Das ist meine Zeit, ich komme ihr näher, je älter ich werde«, schwärmt die 95jährige, die selbst fast das gesamte Jahrhundert überblicken kann. Sie spürt Kontinuität, Verwurzelung, Tradition. Geschichte und Geschichten, ein kostbares Gut. Sie weiß, über welche Schätze sie verfügt, und gibt endlich preis, warum der Großvater dann doch nicht bei der Uraufführung der Meistersinger als David auftrat: »Er traf Richard Wagner, sah sich die Partitur an und sagte zu ihm, das könne kein Mensch singen. Diesen ungeheuren Umbruch von Lortzing zu Wagner, diese Revolution in der Musik, diese Umwälzung hat er nicht begriffen und empört abgelehnt. Diese Musik war für ihn unmöglich, aber es war alles in einer kurzen Zeitspanne seines Lebens. Wenn ich heute moderne Literatur lese und manches nicht verstehe, denke ich an meinen Großvater und die Geschichte mit Lortzing und Wagner.« Und sie triumphiert mit einer kleinen Portion Überlegenheit über ihren geliebten Eduard, dem diese Flexibilität wegen des westfälischen Dickschädels gefehlt hat. Er kam ja auch aus einer ganz anderen Tradition, kleinbürgerlich, enger. Modernität war nicht seine Sache. »Peter Zadek war als Regisseur groß im Kommen, auch Claus Peymann und wie diese Wilden alle heißen. Und mein Mann war so voller Grundsätze und war entsetzt und fragte immer, wie kann man Shakespeare nur so spielen. Er war so empört, und deshalb hat er sich im Vertrag ausbedungen, nicht unter Zadek, nicht unter Peymann spielen zu müssen. Dafür mußte er in Kauf nehmen, daß man ihm die Gage kürzt. Er war damit einverstanden. Ich habe das mitgetragen. Ihm waren seine Grundsätze wichtiger als die Gage.« Ein standhafter Traditionalist, längst nicht so neugierig, weltoffen und risikobereit wie seine Frau. Sie hat diesem Beharren durchaus Respekt gezollt. Ein Rollenangebot von Peter Zadek nach Eduards Tod lehnt sie rücksichtsvoll ohne Bedauern ab. »Das habe ich meinem Mann nicht antun können. Ich wollte ihm nicht wehtun.«

Auch das ein kleiner Punktsieg. Eduard hätte allen Grund, zu ihr hochzuschauen.

An Rollenangeboten fehlt es ihr trotz des Korbes an den unkonventionellen Regisseur auch im 95. Lebensjahr nicht. Sie steht im Hamburger Ernst-Deutsch-Theater auf der Bühne, spielt Rollen im Fernsehen und Film. Polyxana würde staunen, wieviel Energie sie noch hat, und das im Alter von 95 Jahren. Und erst Eduard. Eine unwürdige Greisin im Sinne Bertolt Brechts, die aus jedem Tag des Lebens noch etwas herausholt. Sie will sich nicht schonen – für wen auch –, sie lebt alle Möglichkeiten eines freien und ungebundenen Lebens aus. Sorgen um die Zukunft des Theaters und der Familientradition quälen sie nicht. Die Kinder und Enkel haben sich der Vorfahren erinnert und beim Theater ihren Lebensinhalt gefunden. Um die Tradition kümmern sich andere. Sie hat Zeit für sich. Nur für sich und das, was sie erfüllt, bestärkt, beglückt und vom Reflektieren über Alter und Vergänglichkeit ablenkt. »Wenn ich etwas will, vergesse ich fast, daß ich schon alt bin.« Beschwörend formt sie lautlos eine Fünfundneunzig mit den Lippen. Es ist kein Geheimnis, aber fast unglaublich. Ein Geschenk, für das sie sich revanchieren möchte. »Hin und wieder treffe ich alte Männer auf der Straße oder im Theater. Die grüßen mich überschwenglich, oft erkenne ich sie gar nicht mit ihren weißen Haaren und den Falten. Doch dann merke ich, das sind ehemalige Schüler von mir. Alles alte, weißhaarige Männer, mindestens schon 60, einige schon in Pension. Und wenn die noch auf der Bühne stehen, kann ich das doch auch. Polyxana kann stolz auf mich sein, Eduard auch.«